U0598502

四书五经

何亚辉 编著

〔第六卷〕

光明日报出版社

桓公（元年～十八年）

五年经

五年春正月甲戌、己丑，陈侯鲍卒。

夏，齐侯、郑伯如纪。

天王使仍叔之子来聘。

葬陈桓公。

城祝丘。

秋，蔡人、卫人、陈人从王伐郑。

大雩。

螽。

冬，州公如曹。

五年传

【原文】

五年春正月，甲戌、己丑，陈侯鲍卒。再赴①也。于是陈乱，文公子佗杀大子免而代之。公疾病而乱作②，国人分散，故再赴。

夏，齐侯、郑伯朝于纪③，欲以袭④之，纪人知之。

【注释】

①赴：讣告。

②作兴起。

③纪：周代诸侯国名。

④袭：袭击。

【译文】

五年春季正月，去年十二月二十一日，今年正月初六，陈侯鲍逝世。《春秋》之所以记载两个日子，是由于陈国两次讣告日期不同。当时陈国发生动乱，文公的儿子佗杀了太子免而取代他。陈侯病危的时候动乱发生，国内臣民纷纷离散，因此发了两次讣告。

夏季，齐僖公、郑庄公去纪国访问，想要乘机袭击纪国。纪国人发觉了。

【原文】

王^①夺郑伯政，郑伯不朝。

秋，王以诸侯伐郑，郑伯御之。

王为中军；虢公林父将右军，蔡^②人、卫人属焉；周公黑肩将左军，陈人属焉。

郑子元请为左拒^③，以当蔡人、卫人；为右拒，以当陈人，曰："陈乱，民莫有斗心。若先犯之，必奔。王卒顾之，必乱。蔡、卫不枝^④，固将先奔。既而萃于王卒，可以集事^⑤。"从之。曼伯为右拒，祭仲足为左拒，原繁、高渠弥以中军奉公，为鱼丽之陈^⑥。先偏后伍，伍承弥缝。

【注释】

①王夺郑伯政：周桓王罢免郑庄公官职，不让其参与周朝政事。
②蔡：蔡国，姬姓，在今河南汝南上蔡、新蔡等地。
③左拒：左边的方正。
④枝：支持之意。
⑤集事：成事。
⑥鱼丽：一种阵法。

【译文】

周桓王夺去了郑庄公的政权，郑庄公不再朝觐。

秋季，周王率领诸侯讨伐郑国，郑庄公出兵抵御。

周桓王率领中军；虢公林父率领右军，蔡军、卫军隶属于右军；周公黑肩率左军，陈军隶属于左军。

郑国的子元建议用左方阵来对付蔡军和卫军，用右方阵来对付陈军，说："陈国动乱，百姓都缺乏战斗意志，若先攻打他们，他们一定奔逃。周王的中军去照应他们，阵容必然发生混乱。蔡国和卫国的军队支撑不住，也一定会争先奔逃。这时我们可集中兵力对付周天子的中军，我们就可以获得成功。"郑伯同意了。曼伯做右方阵的主将，祭仲足做左方阵的主将，原繁、高渠弥率领中军护卫郑庄公，摆成一个鱼丽阵势，先排列二十五辆战车做前锋，又用一百二十五辆战车紧随其后，用以添补列阵间的空隙。

【原文】

战于繻葛①。命二拒曰："旝动而鼓！"蔡、卫、陈皆奔，王卒乱，郑师合以攻之，王卒大败。祝聃射王中肩，王亦能军②。祝聃请从③之。公曰："君子不欲多上人，况敢陵天子乎？苟自救也，社稷无陨，多矣。"夜，郑伯使祭足劳⑤王，且问⑥左右。

【注释】

①繻葛：位于今河南长葛北。
②能军：能够整饬军队。
③从：追击。
⑤劳（lào）：慰劳。
⑥问：指慰问。

【译文】

在繻葛双方交战。郑庄公命令左右两边方阵说："大旗一挥，就击鼓进军。"结果郑国的军队发起进攻，蔡、卫、陈军一起奔逃，周军因此混乱。祝聃一箭射中周桓王的肩膀，但他仍能指挥军队。祝聃请求郑伯下令追击，郑庄公说："君子不希望欺人太甚，又怎敢欺凌天子呢？只要能挽救自己，国家免于危亡，这就足够了。"

夜间，郑庄公派祭足慰劳周天子，同时问候周王的左右随从。

【原文】

仍叔之子来聘，弱①也。

秋，大雩②。书，不时③也。凡祀，启蛰而郊④，龙见而雩，始杀⑤而尝，闭蛰⑥而烝。过则书。

冬，淳于公如曹。度其国危，遂不复。

【注释】

①弱：年纪小。

②雩：古代为求雨而举行的祭祀方式。

③不时：不符合惯例。

④郊：在郊外祭祀。

⑤始杀：开始枯死。

⑥闭蛰：动物蛰伏，此时是孟冬时节。

【译文】

仍叔的儿子前来聘问。《春秋》所以记为"仍叔之子"而不记他的名字，是由于他年轻。

秋季，举行雩祭求雨。《春秋》记载这件事，是由于这不是按时的祭祀。凡是祭祀，昆虫惊动举行郊祭，苍龙角亢二宿出现举行雩祭，秋天寒气降临举行尝祭，昆虫蛰伏举行烝祭。如果过了规定的时间举行的祭祀，就加以记载，表示不是通常之祭。

冬季，淳于公到曹国。他观察出自己的国家将发生危难，便没有回国。

十六年经

十有六年春正月，公会宋公、蔡侯、卫侯于曹。

夏四月，公会宋公、卫侯、陈侯、蔡侯伐郑。

秋七月，公至自伐郑。

冬，城向。

十有一月，卫侯朔出奔齐。

十六年传

【原文】

十六年①春正月，会于曹，谋伐郑也。

夏，伐郑。

秋七月，公至自伐郑，以饮至②之礼也。

冬，城向，书，时也。

【注释】

①十六年：公元前 696 年。

②饮至：庆功的活动。

【译文】

十六年春季，正月，鲁桓公和宋庄公、蔡桓侯、卫惠公在曹国会见，又策划进攻郑国。

夏天，攻打郑国。

秋季七月，桓公进攻郑国回到国内，举行了祭告宗庙、大宴臣下的礼仪。

冬天，在向地筑城。《春秋》记载这事件，是因为工程不阻碍农时。

【原文】

初，卫宣公烝于夷姜①，生急子，属诸右公子。为之娶于齐，而美，公取之。生寿及朔，属寿于左公子。夷姜缢②。宣姜与公子朔构急子。公使诸齐。使盗待诸莘，将杀之。寿子告之，使行。不可，曰："弃父之命，恶用子矣？有无父之国则可也。"及③行，饮以酒。寿子载其旌以先④，盗杀之。急子至，曰："我之求也，此何罪？请杀我乎！"又杀之。二公子故怨⑤惠公。

十一月，左公子泄、右公子职立公子黔牟。惠公奔齐。

【注释】

①烝（zhēng）：以下淫上。
②缢：自尽。
③及：到了，指程度。
④旌：旗帜。
⑤怨：怨恨。

【译文】

当初，卫宣公和父亲的姬妾夷姜私通，生了急子。把他托付给右公子。后来卫宣公给急子在齐国娶妻，这个女人很美，卫宣公就自己娶了她。生下寿和朔，把寿托付给左公子抚养。夷姜因失宠悬梁自尽。宣姜和公子朔诬陷急子。卫宣公派急子出使到齐国，指使坏人在莘地等着，打算杀死他。寿子把这件事暗地里告诉了急子，让他逃离卫国。急子不同意，他说："违背父亲的命令，这算是什么儿子？如果世界上有无父的国家，我就可以遵照你的意见去做。"等到临走，寿子用酒把急子灌醉。寿子车上插着太子的旗帜走在前面，坏人就杀了寿子。急子赶到说："要杀的是我，他有什么罪？请杀我吧！"坏人又杀掉急子。左右二公子因此都怨恨卫惠公。

十一月，左公子泄、右公子职立公子黔牟为国君。卫惠公逃亡至齐国。

十八年经

十有八年春王正月，公会齐侯于泺。公与夫人姜氏遂如齐。

夏四月丙子，公薨于齐。

丁酉，公之丧至自齐。

秋七月。

冬十有二月己丑，葬我君桓公。

十八年传

【原文】

十八年春，公将有行①，遂与姜氏如齐。申繻曰："女有家②，男有室③，无相渎也。谓之有礼。易此必败。"

公会齐侯与泺④，遂及文姜如齐。齐侯通⑤焉。公谪之。以告。

夏四月丙子，享公。使公子彭生乘公，公薨于车。

【注释】

①行：外出。

②家：指丈夫。

③室：指妻室。

④泺：位于今山东省。

⑤通：通奸之意。

【译文】

十八年春季，鲁桓公准备外出旅行，便和姜氏到齐国去。申繻劝谏说："女人有丈夫，男人有妻子，不互相轻慢亵渎，这叫做有礼。违反这一点必然坏事。"

桓公和齐襄公在泺地会见，然后就和文姜到了齐国。齐襄公和文姜通奸。桓公责怪文姜，文姜把这件事告诉了齐襄公。夏季，四月初十日，齐襄公设宴招待鲁桓公。宴后齐襄公派公子彭生帮助桓公登车，桓公死在车中。

【原文】

鲁人告于齐曰："寡君畏君之威①，不敢宁居，来修旧好。礼成而不反②，无所归咎③，恶于诸侯。请以彭生除之。"齐人杀彭生。

秋，齐侯师于首止④；子亹会之，高渠弥相。七月戊戌，齐人杀子亹，而轘高渠弥。祭仲逆郑子于陈而立之。是行也，祭仲知之，故称疾不往。人曰："祭仲以知免。"仲曰："信也。"

周公欲弑庄王而立王子克。辛伯告王，遂与王杀周公黑肩。王子克奔燕⑤。

初，子仪有宠于桓王，桓王属诸周公。辛伯谏曰："并⑥后、匹嫡、两政、耦国，乱之本也。"周公弗从，故及。

【注释】

①威：威严。
②不反：不能回国。
③归咎：追究责任，归罪于某人身上。
④首止：春秋卫地，在今河南睢县东南。
⑤燕：国姓。
⑥并：等同，并列。

【译文】

鲁国人告诉齐襄公说："我们国君畏惧您的威严，不敢苟安，来到贵国重修旧好，礼仪完成后却没有回国。又无法追究罪责，在诸侯中造成很坏影响，请求用彭生来消除这种影响。"齐国人杀死了彭生。

秋季，齐襄公率领军队驻扎在首止。郑国公子子亹前往会见，高渠弥作为助手参加了会议。七月戊戌日，齐人杀掉子亹，车裂高渠弥。祭仲到陈国接回郑公子子仪，立为国君。这次会见，祭仲事先预料到情况，所以假称有病而没有去。有人说："祭仲由于有先见之明，所以才免灾祸。"祭仲说："的确是那样的。"

周公打算杀死周庄王而立王子克。辛伯把这个密谋报告给庄王，并帮助庄王杀掉周公黑肩。王子克逃亡到燕国。

当初，子仪受到桓王的宠信，桓王把他嘱托给周公。辛伯曾劝谏周公说："妾滕并同于王后，庶子相等于嫡子，权臣和卿士互争权力，大城和国都一样，这都是祸乱的根本。"周公不听从辛伯的意见，结果招致杀身之祸。

文公（元年～十八年）

六年经

六年春，葬许僖公。

夏，季孙行父如陈。

秋，季孙行父如晋。

八月乙亥，晋侯骓卒。

冬十月，公子遂如晋。葬晋襄公。

晋杀其大夫阳处父。

晋狐射姑出奔狄。

闰月不告月，犹朝于庙。

六年传

【原文】

六年春，晋蒐于夷①，舍二军。使狐射姑将中军，赵盾佐之。阳处父至自温，改蒐于董，易中军。阳子，成季之属也，故党②于赵氏，且谓赵盾③能，曰："使能，国之利也。"是以上之。宣子于是乎始为国政，制事典，正法罪，辟狱刑，董逋逃，由质要，治旧洿，本秩礼，续常职，出滞淹。既成，以授太傅阳子与大师贾佗，使行诸晋国，以为常法。

臧文仲以陈、卫之睦也，欲求好于陈。夏，季文子聘于陈，且娶焉。

秦伯任好④卒，以子车氏之三子奄息、仲行、针虎为殉，皆秦之良也。国人哀之，为之赋《黄鸟》⑤。

【注释】

①夷：见庄公十六年注。

②党：偏袒。

③赵盾：赵子衰。

④任好：即秦穆公。

⑤《黄鸟》：出于《诗·秦风》。

【译文】

六年春季，晋国在夷地检阅军队，撤去两个军。让狐姑射率领中军，赵盾辅助他。阳处父从温地来，改在董地检阅军队，调换了中军主将。阳处父，是赵衰的下属，所以偏袒赵氏，并且认为赵盾有才能，说："任用有才能的人，这是国家的利益。"所以让赵盾居于高位。赵宣子从这时开始掌握国家的政权，制定章程，修订法令，清理诉讼，督察逃亡，使用契约，清除政治上的污垢，恢复被破坏的次序，重建已经废弃的官职，提拔被压抑的贤能。新的政令法规完成以后，交给太傅阳处父和太师贾佗，让他们在晋国推行，作为经常的法则。

臧文仲由于陈、卫两国和睦，想要讨好陈国。夏季，季文子到陈国聘问，同时娶了家室。

秦穆公死了，用子车氏的三个儿子奄息、仲行、鍼虎陪葬。他们都是秦国有才能的人物，国都城内的人哀悼他们，为他们作了一首题为《黄鸟》的诗。

【原文】

君子曰："秦穆之不为盟主也宜哉！死而弃民。先王违世①，犹诒之法，而况夺之善人乎？《诗》云：'人之云亡，邦国殄②瘁。'无善人之谓。若之何夺之？古之王者知命之不长，是以并建圣哲，树之风声，分之采物，着之话言，为之律度，陈之艺极③，引之表仪，予之法制，告之训典④，教之防利，委之常秩，道之礼则，使毋失其土宜，众隶⑤赖之，而后即命。圣王同之。今纵无法以遗后嗣，而又收其良以死，难以在上矣。"君子是以知秦之不复东征也。

【注释】

①违世：离世、去世。

②殄（tiǎn）：尽，完。

③艺极：技艺达到很高的程度。

④训典：遗训典籍。

⑤隶：小臣。

【译文】

君子说："秦穆公没有当上盟主，活该！死了以后还抛弃百姓。以前的国君离世，还留下了法度，而何况夺百姓的好人呢！《诗》说：'好人死了，国家就会受到损伤。'这说的就是没有好人的意思。为什么还去夺走好人呢？古代身居王位的人知道寿命不能长久，因此就普遍选出贤能，给他们树立风气教化，分给他们旗帜服装，把对他们有益的话记录在典册上，为他们制订法度，对他们公布准则，设立表率来引导他们，给予规章让他们使用，告诉他们先王遗留下来的训导，教育他们防止谋求私利，委任他们一定的职务，开导他们使之合于礼仪，让他们不要违背了因地制宜，让大家都信赖他们，然后到死为止。圣人和先王都是一样的。如今秦穆公不但没有法则留给后代，反而夺走秦国有才干的人来殉葬，这就难以居于各诸侯之上了！"君子因此而知道秦国再也无法向东征伐了。

【原文】

秋，季文子将聘于晋，使求遭丧①之礼以行。其人曰："将焉用之？"文子曰："备豫不虞，古之善教也。求而无之，实难。过求，何害②？"

【注释】

①遭丧：遭遇丧事所应具备的礼物。
②害：害处。

【译文】

秋季，季文子准备到晋国聘问，让人代他请求如果遭到丧事以后应得的礼仪然后才动身。随从人员说："准备了做什么用？"文子说："预备好意外的事，这是古代的好教训。临时去请求而没有得到，这会遇到困难。所得虽然一时用不着，有什么害处？"

【原文】

八月乙亥，晋襄公卒。灵公少，晋人以难①故，欲立长君。赵孟②

曰："立公子雍。好善而长,先君爱之,且近于秦。秦,旧好也。置善则固,事长③则顺,立爱则孝,结旧则安。为难故,故欲立长君。有此四德者,难必抒④矣。"贾季曰:"不如立公子乐。辰嬴嬖于二君,立其子,民必安之。"赵孟曰:"辰嬴贱,班在九人,其子何震⑤之有?且为二君嬖⑥,淫也。为先君子,不能求大,而出在小国,辟也。母淫子辟,无威;陈小而远,无援,将何安焉?杜祁以君故,让偪姞而上之;以狄故,让季隗而己次之,故班在四。先君是以爱其子,而仕诸秦,为亚卿⑦焉。秦大而近,足以为援;母义子爱,足以威民。立之,不亦可乎?"使先蔑、士会如秦逆公子雍。贾季亦使召公子乐于陈,赵孟使杀诸郫。

贾季怨阳子之易其班也,而知其无援于晋也,九月,贾季使续鞫居杀阳处父。书曰:"晋杀其大夫",侵官也。

【注释】

①难:患难,晋国有何难,史无记载。

②赵孟:即赵盾。

③事长:侍奉年长的人。

④抒:通"纾",舒缓,缓解。

⑤震:威风,威严。

⑥二君嬖:为二君所宠爱。

⑦亚卿:周制,卿分上、中、下三级,次者为中卿,又称亚卿。

【译文】

八月十四日,晋襄公死了。晋灵公年幼,晋国由于发生祸难的缘故,要立年长的国君。赵孟说:"立公子雍,他爱好美好的事物而且年长,先君很喜欢他,并且亲近秦国。秦国,是老朋友了。能安排好人就巩固,立年长的人就名正言顺,立先君所爱就合于孝道,结交老朋友就安定。因为祸难的缘故,所以要立年长的国君。有了这四项德行的人,祸难就必定可以缓和了。"贾季说:"不如立公子乐。他母亲辰嬴受到两位国君的宠幸,立她的儿子,百姓必然安定。"赵孟说:"辰嬴地位低贱,位次排列第九,她的儿子有什么威严呢?况且为两位国君所宠幸,这是淫荡。作为先君的儿子,不能求得大国而出居小国,这是鄙陋。母亲淫荡，儿子鄙陋，就没有威严；陈国小而且远，有事不能救援，怎么能安定呢？杜祁由于国君的缘故，让位给偪姞而使她在上；由于狄人的缘故，让位给季隗而自己居她之下，所以位次第四。先君因此喜欢她的儿子，让他在秦国做官，做了亚卿。秦国强大而又邻近我国，有急事足以救援；母亲有德义，儿子受到喜爱，足以威临百姓。立他为君，不也可以吗？"于是派先蔑、士会到秦国接回公子雍。贾季也派人到陈国召回公子乐，赵孟派人在郫地杀了公子乐。

贾季怨恨阳子改变他的地位，又知道他在晋国没有人援助。九月，贾季派续鞫居杀死阳处父。《春秋》记载说"晋杀其大夫"，这是由于阳处父侵夺了官职的缘故。

【原文】

冬十月，襄仲如晋葬襄公。

十一月丙寅，晋杀续简伯。贾季奔狄。宣子使臾骈送其帑①。夷之搜，贾季戮臾骈，臾骈之人欲尽杀贾氏以报焉。臾骈曰："不可。吾闻《前志》②有之曰：'敌惠敌怨，不在后嗣，忠之道也。夫子礼于贾季，我以其宠报私怨，无乃不可乎？介人之宠，非勇也。损怨③益仇，非知④也。以私害公，非忠也。释此三者，何以事夫子？"尽具其帑与其器用财贿，亲帅扞之，送致诸竟⑤。

闰月不告朔，非礼也。闰以正时，时以作事，事以厚生⑥，生民之道于是乎在矣。不告闰朔，弃时政也，何以为民？

【注释】

①帑：通"孥"，妻子。
②《前志》：当指以前的志书。
③损怨：减少我之怨气。
④知：通"智"，智慧，聪明。
⑤竟：即"境"，边境。
⑥厚生：使人民生活充裕。

【译文】

冬季十月，襄仲到晋国参加晋襄公的葬礼。

十一月某一天，晋国杀了续简伯。贾季逃到狄。宣子派史骈把他的妻子儿女送到他那里去。在夷地阅兵的时候，贾季曾经侮辱过史骈。史骈手下的人因此要杀尽贾氏来图报复。史骈说："不行。我听说《前志》有这样的话：'有恩惠于人和有怨恨于人，跟他的后代都没有关系。'这合于忠恕之道。他老人家对贾季表示礼貌，我因为受到他的宠信而报复自己的私怨，恐怕不可以吧！因为别人的宠信而去报复，这不是勇敢。消减怨气而增加仇恨，这不是明智；清除怨气而增加仇恨，这不是聪明；为了私而损害公，这不是忠诚。舍弃了这三条，用什么去事奉他老人家？"所以就把贾季的妻儿以及他们的器用财货准备齐全，亲自领头保卫，把他们送到边境上。

闰月不举行告朔的仪式，这是不合于礼仪的。闰月来补正四时，根据四时来安排农事，农事合于时令可以使百姓富裕，养活百姓的方法就在于此了。不举行闰月的告朔仪式，这就是丢弃了政事的时令，怎么能治理百姓呢？

七年经

七年春，公伐邾。

三月甲戌，取须句。遂城郚。

夏四月，宋公王臣卒。宋人杀其大夫。

戊子，晋人及秦人战于令狐。

晋先蔑奔秦。

狄侵我西鄙。

秋八月，公会诸侯、晋大夫盟于扈。

冬，徐伐莒。

公孙敖如莒莅盟。

七年传

【原文】

七年春，公伐邾，间①晋难也。

三月甲戌，取须句，实文公子焉，非礼②也。

夏四月，宋成公卒。于是公子成为右师，公孙友为左师，乐豫③为

四书五经

一三二四

司马，鳞瞳为司徒，公于荡为司城④，华御事为司寇⑤。

【注释】

①间：钻空子，趁机。
②非礼：灭人国而以其君之子为守，故为无礼。
③乐豫：戴公玄孙。
④司城：官名。即司空。
⑤司寇：官名。管理刑事。

【译文】

七年春季，鲁文公发兵攻打邾国，这是鲁国利用晋国内乱的空子。

三月十七日，占取了须句，把邾文公的儿子安置在那里，这是不合于礼的。

夏季四月，宋成公死了。这时候公子成做右师，公孙友做左师，乐豫做司马，鳞瞳做司

马，鳞瞳做司徒，公子荡做司城，华御事做司寇。

【原文】

昭公①将去群公子，乐豫曰："不可。公族，公室之枝叶也，若去之，则本根无所庇荫矣。葛藟②犹能庇其本根，故君子以为比，况国君乎？此谚所谓'庇焉而纵寻③斧④焉'者也。必不可。君其图之！亲之以德，皆股肱也，谁敢携贰？若之何去之？"不听。

穆、襄之族率国人以攻公，杀公孙固、公孙郑于公宫。六卿和公室，乐豫舍司马以让公子印。昭公即位而葬。书曰："宋人杀其大夫"，不称名，众也，且言非其罪也。

【注释】

①昭公：成公少子，名杵臼。
②葛藟：蔓草，一种巨瓜，浆果可食用。
③寻：用。
④斧：刀斧。

宋昭公准备杀死公子们。乐豫说:"不行。公族,是公室的枝叶,如果去掉它,那么树干树根就没有遮盖了。葛藟还能遮蔽它的藤干和根子,所以君子用它作为比喻,何况是国君呢? 这就是俗话所说'树阴遮蔽,偏偏使用斧子',一定不可以。君王要考虑一下,如果用德行去亲近他们,那就都是左右辅弼的臣子,谁敢有二心? 怎么要杀他们呢?"宋昭公不听。

穆公、襄公的族人带领国内的人攻打昭公,在宫中杀死了公孙固和公孙郑。六卿和公室讲和,乐豫放弃了司马的官职来让给公子印。昭公即位后安葬被杀的人。《春秋》记载说:"宋人杀其大夫",不记载名字,这是由于人多而且他们没有罪。

【原文】

秦康公送公子雍于晋,曰:"文公之入也无卫^①,故有吕、郤之难。"乃多与之徒卫。

穆赢^②日抱大子以啼^③于朝,曰:"先君何罪? 其嗣亦何罪? 舍适嗣不立而外求君,将焉寘此?"出朝,则抱以适赵氏,顿首^④于宣子,曰:"先君奉此子也而属诸子,曰:'此子也才,吾受子之赐;不才,吾唯子之怨。'今君虽终,言犹在耳,而弃之,若何?"宣子与诸大夫皆患穆赢,且畏偪^⑤,乃背先蔑而立灵公,以御秦师。

【注释】

①无卫:没有护卫的人。
②穆赢:晋襄公夫人,灵公母。
③啼:啼哭,哭泣。
④顿首:磕头。
⑤畏偪:畏国人以大义相逼。

【译文】

秦康公送公子雍到晋国,说:"晋文公回国的时候没有卫士,所以有吕、郤发动的祸难。"于是就给了他许多步兵卫士。

穆嬴每天抱着太子在朝廷上啼哭，说："先君有什么罪？他的合法继承人有什么罪？丢开嫡子不立，反而到外边去求国君，你们准备怎样安置这个孩子？"走出朝廷，就抱着孩子到赵家去，向赵宣子叩头，说："先君在世时，捧着这个孩子托付给您，说：'这个孩子如果成材，我就是受了您的赐予；如果不成材，我就要怨您。'现在国君虽然去世，话音还在耳边，现在反而丢掉它，怎么办？"赵盾和大夫们都怕穆嬴，而且害怕威逼，就背弃了先蔑而立灵公为君，并且发兵抵御秦国军队。

【原文】

箕郑①居守。赵盾将中军，先克佐之；荀林父佐上军；先蔑将下军，先都佐之。步招御戎，戎津为右。及堇阴。宣子曰："我若受秦，秦则宾也；不受，寇也。既不受②矣，而复缓师，秦将生心。先人有夺人之心，军之善谋也。逐寇如追逃，军之善政也。"训卒，利兵③，秣马，蓐食，潜师夜起④。戊子，败秦师于令狐，至于刳首。

【注释】

①箕郑：时为上军元帅，因令其留守，故荀林父独自领上军。
②受：接受，指受公子雍。
③利兵：磨快兵器。
④潜师：秘密出兵。夜起：晚上行动。

【译文】

箕郑留守。赵盾率领中军，先克辅助他；荀林父辅助上军；先蔑率领下军，先都辅助他。步招驾驭戎车，戎津担任车右。到达堇阴时，赵盾说："我们如果接受秦国送公子雍回来，他们就是客人；不接受，他们就是敌人。已经不接受了，而又慢慢地出兵，秦国将会动别的念头。争取主动而有夺取敌人的决心，这是作战的好谋略。追击敌人好像追赶逃犯一样，这是作战的好方案。"便动员士卒，磨利武器，让部队吃饱，隐蔽行动，夜里出兵。四月初一日，在令狐打败秦军，一直追到刳首。

【原文】

己丑，先蔑奔秦，士会从之。

先蔑之使也，荀林父止之，曰："夫人、大子犹在，而外求君，此必不行。子以疾辞，若何？不然①，将及。摄卿②以往，可也，何必子？同官为寮③，吾尝同寮，敢不尽心乎？"弗听。为赋《板》之三章，又弗听。及亡，荀伯尽送其帑及其器用财赂于秦，曰："为同寮故也。"

【注释】

①然：这样。
②摄卿：以大夫代卿。
③寮：同"僚"，官。

【译文】

初二日，先蔑逃亡到秦国，士会跟着他。

先蔑出使秦国的时候，荀林父劝阻他，说："夫人和太子还在，反而到外边去求国君，这一定是行不通的。您以生病作借口，行吗？不这样，祸患将会惹到您身上。派一个代理卿前去就可以了，为什么一定要您去？在一起做官就是'寮'，我曾经和您同寮，岂敢不尽我的心意呢？"先蔑没有听从。荀林父给他吟诵《板》这首诗的第三章，先蔑又不听。等到逃亡出国，荀林父把他的妻子儿女和财货全部送到秦国，说："这是为了同寮的缘故。"

【原文】

士会在秦三年，不见士伯①。其人②曰："能亡人于国，不能见于此，焉用之？"士季曰："吾与之同罪，非义之也，将何见焉？"及归，遂不见。

狄侵我西鄙③，公使告于晋。赵宣子使因贾季问酆舒，且让之。酆舒问于贾季曰："赵衰、赵盾孰④贤？"对曰："赵衰，冬日之日也；赵盾，夏日之日也。"

【注释】

①世伯：即先蔑。
②其人：士会的从人。
③西鄙：西面边境。

④孰：哪一个。

【译文】

士会在秦国三年，没有和先蔑见面。随行的人说："能和别人一起逃亡到这个国家，而不能在这里见面，那有什么用处？"士会说："我和他罪过相同，并不是认为他有道义才跟他来的，见面干什么？"一直到回国，他们都没有见过面。

狄人进攻我国西部边境，文公派使者向晋国报告。赵宣子派贾季去问酆舒，并且责备他侵袭鲁国的事。酆舒问贾季说："赵衰、赵盾哪一个更贤明？"贾季回答说："赵衰，是冬天的太阳；赵盾，是夏天的太阳。"

【原文】

秋八月，齐侯①、宋公、卫侯、陈侯、郑伯、许男、曹伯会晋赵盾，盟于扈，晋侯立故也。公后至，故不书所会。凡会诸侯，不书所会，后也。后至，不书其国，辟不敏②也。

穆伯娶于莒，曰戴己，生文伯；其娣声己生惠叔。戴己卒，又聘于莒，莒人以声己辞，则为襄仲聘焉。

【注释】

①齐侯：齐昭公。
②辟不敏：避免出差错。

【译文】

秋季，八月，齐昭公、宋昭公、卫成公、陈共公、郑穆公、许昭公、曹共公和晋国的赵盾在扈地结盟，这是由于晋灵公即位的缘故。文公到晚了，所以《春秋》未记载他参加会议。凡是诸侯会盟，不记载与会的国家，就是因为晚到的缘故。晚到，不记载这些国家，这是为了避免弄不清而误记。

穆伯在莒国娶妻，名叫戴己，生了文伯；她的妹妹声己，生了惠叔。戴己死，穆伯又到莒国行聘，莒国人由于有声己而辞谢，所以就为襄仲行聘。

【原文】

冬，徐伐莒，莒人来请盟，穆伯如莒莅盟①，且为仲逆。及鄢陵②，登城见之，美，自为娶之。仲请攻之，公将许之。叔仲惠伯谏曰："臣闻之：'兵作于内为乱，于外为寇。寇犹及人，乱自及也。'今臣作乱而君不禁，以启寇仇，若之何？"公止之。惠伯成之，使仲舍之，公孙敖反之，复为兄弟如初。从之。

【注释】

①莅盟：亲自参加盟会。
②鄢陵：在今山东林沭县。

【译文】

冬季，徐国攻打莒国，莒国人前来请求结盟，穆伯到莒国参加盟会，同时为襄仲迎接莒女。到达鄢陵，登上城见到莒女，很美丽，就自己娶了她。襄仲请求攻打穆伯，文公准备同意。叔叔仲惠伯劝谏说："下臣听说：'战争起于内部叫做乱，起于外部叫做寇。寇尚且，伤害人，祸乱则是自己伤害自己了。'现在臣下作乱而国君不加禁止，如果因此而引起外部敌人的进攻，怎么办？"文公就阻止襄仲的进攻。惠伯给他们调解：让襄仲丢开莒女不娶，公孙敖就把莒女送回莒国，重新作为兄弟像起初一样。襄仲和公孙敖听从了。

【原文】

晋郤缺言于赵宣子曰："日①卫不睦，故取其地。今已睦矣，可以归之。叛而不讨，何以示威？服而不柔②，何以示怀？非威非怀，何以示德？无德，何以主盟？子为正卿，以主诸侯，而不务德，将若之何？《夏书》曰：'戒之用休③，董之用威，劝之以九歌，勿使坏。'九功之德皆可歌也，谓之《九歌》。六府、三事，谓之九功。水、火、金、木、土、谷，谓之六府；正德、利用、厚生，谓之三事。义而行之，谓之德、礼。无礼不乐④，所由叛也。若吾子之德，莫可歌也，其谁来之？盍⑤使睦者歌吾子乎？"宣子说之。

【注释】

①日：往日。

②柔：怀柔。

③休：美，喜庆。

④不乐：没有可歌颂的。

⑤盍：何，为什么。

【译文】

晋国的郤缺对赵宣子说："过去卫国不顺服，所以占取它的土地，现在已经顺服，可以还给它了。背叛了不进行讨伐，怎么能显示大国的威严？服从了不加以安抚，怎么能显示大国的恩惠？不显示威严和恩惠，用什么来显示德行？没有德行，如何主持盟会？您作为正卿，主持诸侯之事而不致力于德行，打算怎么办？《夏书》说：'把喜事告诉他，用威严督察他，用《九歌》勉励他，不要让他学坏。'有关九功的德行都可以歌唱，叫做《九歌》。六府、三事，叫做九功。水、火、金、木、土、谷，叫做六府；端正德行、利于使用、富裕民生，叫做三事。合于道义而推行这些，叫做德、礼。如果没有德、礼，就不快乐，这就是背叛的根由。假若您的德行没有地方可以歌颂的，又会有谁肯来归顺？何不让顺服的人来歌颂您呢？"赵宣子听了这番话很高兴。

宣公（元年～十八年）

二年经

二年春王二月壬子，宋华元帅师及郑公子归生帅师，战于大棘。宋师败绩，获宋华元。

秦师伐晋。

夏，晋人、宋人、卫人、陈人侵郑。

秋九月乙丑，晋赵盾弑其君夷皋。

冬十月乙亥，天王崩。

二年传

【原文】

二年春，郑公子归生命于楚伐宋，宋华元、乐吕御之。二月壬子，战于大棘。宋师败绩。囚华元，获①乐吕，及甲车四百六十乘，俘二百五十人，馘百。狂狡②辂郑人，郑人入于井。倒戟而出之，获狂狡。君子曰："失礼违命③，宜其为禽也。戎，昭果毅④以听之之谓礼。杀敌为果，致果为毅。易之，戮也。"

【注释】

①获：有生擒和俘获之意。

②狂狡：宋大夫。

③违命：违背天命。

④果：果断。毅：刚毅。

【译文】

二年春季，郑国公子归生接受楚国命令攻打宋国。宋国华元、乐吕带兵抵御。二月十日，在大棘地方开战，宋军大败。郑国囚禁了华元，得到乐吕的尸首，缴获战车四百六十辆，俘虏二百五十人，割了一百个被打死的敌人的耳朵。

狂狡迎战郑军，有个郑国人逃进井里。狂狡把戟柄放入井里去拉他上来，那个人出井以后却俘虏了狂狡。君子说："丢掉礼而违背命令，他的被俘就是活该了。战争，发扬果敢刚毅的精神并服从命令叫做礼。消灭敌人就是果敢，具有果敢就是刚毅。如果反过来，就要被杀戮。"

【原文】

将战，华元杀羊食士，其御①羊斟不与。及战，曰："畴昔②之羊，子为政；今日之事，我为政。"与入③郑师，故败。君子谓羊斟"非人也，以其私憾，败国殄民④，于是刑孰大焉？《诗》所谓'人之无良'者，其羊斟之谓乎！残民以逞"。

宋人以兵车百乘、文马百驷⑤以赎华元于郑。半入，华元逃归。立于门外，告而入。见叔牂，曰："子之马然也？"对曰："非马也，其人也。"既合而来奔。

【注释】

①御：这里指车夫。
②畴昔：从前，前时。
③与入：驱入。
④殄民：即残民，使民受害。
⑤文马：毛色有文采的马。

【译文】

准备开战的时候，华元杀羊犒赏士兵，他的车夫羊斟没有吃到。等到打起仗来，羊斟说："前天的羊，是你作主；今天打仗，是我作主。"驱车进入郑军，因此宋军失败。君子认为："羊斟不像个人，由于私怨，使国家战败、百姓受害，还有比这应当受到更重的刑罚吗？《诗》所谓'存心不良'，羊斟就是这样的人吧！他残害百姓以图痛快。"

宋国人用一百辆兵车、毛色漂亮的马四百匹，从郑国赎取华元。仅送去一半，华元就逃了回来。华元站在城门外，告诉门卫自己的身份，然后进城。见到羊斟说："您的马不受驾驭才会这样吧？"羊斟回答说："不在于马，在于人。"回答完就逃到鲁国来。

宋城，华元为植^①，巡功^②。城者讴^③曰："睅^④其目，皤^⑤其腹，弃甲而复。于思于思^⑥，弃甲复来。"使其骖乘谓之曰："牛则有皮，犀兕尚多，弃甲则那^⑦？"役人曰："从^⑧其有皮，丹漆若何？"华元曰："去之！夫其口众我寡。"

秦师伐晋，以报崇也，遂围焦。复，晋赵盾救焦，遂自阴地^⑨，及诸侯之师侵郑，以报大棘之役。楚斗椒救郑，曰："能欲诸侯，而恶其难乎？"

遂次于郑，以待晋师。赵盾曰："彼宗竞于楚，殆将毙矣。姑益其疾。"乃去之。

【注释】

①植：版筑时所定的木桩，以此来确定城的广狭。

②巡功：亦作"巡工"。巡视工役。

③讴：唱歌、讴歌。

④睅：鼓着眼睛，眼睛突出。

⑤皤：大肚子。

⑥于思：大胡子。

⑦那：奈何，算得了什么。

⑧从：同"纵"。

⑨阴地：春秋晋地，今陕西商县、河南陕县至嵩县皆是，南临终南山，北临大河，所谓河南山北也，今河南卢氏县东北有阴地城。

【译文】

宋国筑城，华元作为主持者，巡视工作。筑城的人唱歌说："鼓着眼，挺着肚，丢了皮甲往回走。连鬓胡，长满腮，丢盔卸甲逃回来。"华元让他的骖乘对他们说："有牛就有皮，犀牛兕牛多的是，丢了皮甲又有什么了不起？"做工的人说："即使有牛皮，又去哪里找红漆？"华元说："走吧！他们嘴多，我们嘴少。"

秦国攻打晋国，以报复晋军侵入崇地的那次战役，因此而包围焦地。夏季，晋国赵盾救援焦地，从阴地联合诸侯的军队袭击郑国，以报复郑国攻打大棘的那次战役。楚国斗椒救援郑国，说："难道想得到诸侯的拥护，而又害怕困难吗？"

楚军就驻扎在郑国，等待晋军。赵盾说："他那个宗族在楚国争权夺利，差不多要完蛋了。暂且让他加重弊病。"于是就离开郑国。

【原文】

晋灵公不君①：厚敛以雕墙；从台上弹人，而观其辟丸也；宰夫胹熊蹯不熟，杀之，寘诸畚②，使妇人载③以过朝。赵盾、士季见其手，问其故，而患之。将谏，士季曰："谏而不入，则莫之继也。会④请先，不入，则子继之。"三进⑤，及溜⑥，而后视之，曰："吾知所过矣，将改之。"稽首而对曰："人谁无过，过而能改，善莫大焉。《诗》曰：'靡不有初，鲜克有终⑦。'夫如是，则能补过者鲜矣。君能有终，则社稷之固也，岂惟群臣赖⑧之。又曰：'衮职有阙⑨，惟仲山甫补之'，能补过也。君能补过，衮不废矣。"犹不改。宣子骤谏，公患之，使钮麑⑩贼之。晨往，寝门辟矣，盛服将朝。尚早，坐而假寐。麑退，叹而言口："不忘恭敬，民之主也。贼民之主，不忠；弃君之命，不信。有一于此，不如死也。"触槐而死。

【注释】

①不君：不合为君之道。

②畚（běn）：筐篓一类盛物的器具。

③载：同"戴"，用头顶着。

④会：士季名会。

⑤三进：指进门，入庭，上阶。

⑥及：到。溜：屋檐下滴水的地方。

⑦出自《诗·大雅·荡》。靡：没有什么。初：开始，开端。鲜：少。克：能够。终：结束。

⑧赖：依靠。

⑨出自《诗·大雅·烝民》。衮：天子的礼服，借指天子，这里指周宣王。阙：过失。

⑩钮麑（chú mí）：晋勇士。

晋灵公做事不合为君之道：重重地收税用于墙壁彩画，从高台上用弹丸打人而看他们躲避弹丸的样子。有一次，厨子烧煮熊掌没有熟，灵公把他杀死，放在畚箕里，让女人用头顶着走过朝庭。赵盾和士会看到死尸的手，问起杀人的原因，他们感到担心，于是准备进谏。士会对赵盾说："你劝谏如果听不进去，就没有人继续劝谏了。请让士会先去，如果不听，你再接着劝谏。"士会前去三次，到达屋檐下，晋灵公才转身看他，说："我知道错了，打算改正。"士会叩头回答说："谁没有过错，有错就改，就没有比这更好的事情了。《诗》说：'事情无不有个好开始，很少能有个好结果。'像你这样，知错即改的人就很少了。君王能够有好结果，那就是国家的保障了，岂止仅仅臣下们依靠它。《诗》又说：'周宣王有了过失，只有仲山甫来弥补。'这说的是君王能够弥补错失，礼服就不会丢了。"晋灵公尽管口头上说要改错，行动上还是不改。赵盾屡次进谏，晋灵公非常讨厌，派遣钮麑去刺杀他。一天清晨，赵盾的卧室门已经开了，他穿得整整齐齐，正准备入朝。时间还早，赵盾正坐着打瞌睡，钮麑退出来，叹气说："不忘记恭敬，真是百姓的主人。刺杀百姓的主人，就是不忠；放弃国君的使命，就是不信。两件事情如果做了一件，不如死了好。"于是他撞在槐树上死去了。

【原文】

秋九月，晋侯饮赵盾酒，伏甲，将攻之。其右提弥明知之，趋①登，曰："臣侍君宴，过三爵，非礼也。"遂扶以下。公嗾②夫獒焉，明搏而杀之。盾曰："弃人用犬，虽猛何为！"斗且出。提弥明死之。

初，宣子田于首山③，舍于翳桑，见灵辄饿，问其病。曰："不食三日矣。"食之，舍其半。问之。曰："宦④三年矣，未知母之存否，今近焉，请以遗之。"使尽之，而为之箪食与肉，置诸橐以与之。既而与为公介⑤，倒戟以御公徒而免之。问何故。对曰："翳桑之饿人也。"问其名居，不告而退，遂自亡也。

【注释】

①趋：快步。

②嗾（sǒu）：用嘴发声。

③首山：首阳山。

④宦：给别人做奴仆。

⑤介：指卫兵。

【译文】

秋季，九月，晋灵公请赵盾喝酒，埋伏了甲士，准备攻击杀死赵盾。被赵盾的车右提弥明察觉，快步登上殿堂，说："臣下侍奉国君饮酒，超过三杯，就不合礼了。"于是就扶了赵盾下殿。晋灵公叫恶狗扑过去，提弥明上前搏斗，把狗杀了。赵盾说："不用人而利用狗，虽然凶猛，又有何用！"赵盾一边搏斗一边退了出去，提弥明被伏兵杀死。

当初，赵盾在首阳山打猎，住在翳桑，看见灵辄饿得厉害，问他有什么病，灵辄说："已经三天没吃东西了。"赵盾给他食物，他把一半留下。问他为什么，他说："在外学习做官已经三年了，不知道母亲是否还在，现在快到家了，请允许我把这个留给她。"赵盾让他吃完，并且又给他准备了一筐饭和一些肉，放进袋子里给了他。后来灵辄做了晋灵公的卫兵，在这次事件中倒过戟来抵御晋灵公的其他卫兵，使赵盾免于祸难。赵盾问他为何这样做，他回答说："我就是翳桑那个饿倒的人。"问他的姓名住处，他不回答而退了出去，就自己逃亡了。

【原文】

乙丑，赵穿杀灵公于桃园。宣子未出山①而复。太史书曰"赵盾弑其君"，以示于朝。宣子曰："不然。"对曰："子为正卿，亡不越竟，反不讨贼②，非子而谁？"宣子曰："呜呼③！《诗》曰'我之怀矣，自诒伊戚。'其我之谓矣。"孔子曰："董狐④，古之良史也，书法不隐。赵宣子，古之良大夫也，为法受恶⑤。惜也，越竟乃免。"

宣子使赵穿逆公子黑臀⑥于周而立之。壬申，朝于武宫。

【注释】

①山：指晋边境的山。

②贼：弑君的人，这里指赵穿。

③呜呼：感叹词。

④董狐：即晋太史。

⑤恶：指弑君的恶名。

⑥黑臀：襄公弟，即位为成公。

【译文】

九月二十六日，赵穿在桃园将晋灵公杀死。赵盾没有走出晋国国境就回来再度做卿。太史记载说："赵盾弑其君"，并在朝廷上公布。赵盾说："不是这样。"太史回答说："您是正卿，逃亡而没有走出国境，回来却不惩处凶手，弑君的人不是你还会是谁？"赵盾说："哎呀！《诗》说：'因为我的怀恋，给自己带来了忧伤。'恐怕就是说的我了。"孔子说："董狐，是古代的好史官，据事直书而不加隐讳。赵宣子，是古代的好大夫，因为法度而蒙受恶名。太可惜了，要是走出了国境，就可以避免背上弑君的罪名了。"

赵盾派遣赵穿去成周边接公子黑臀而立他为国君。下月初三，公子黑臀到武宫庙朝祭。

【原文】

初，丽姬①之乱，诅无畜群公子，自是晋无公族②。及成公即位，乃宦卿之适而为之田，以为公族。又宦其余子③，亦为余子；其庶子为公行。晋于是有公族、余子、公行。

赵盾请以括④为公族，曰："君姬氏之爱子也。微君姬氏，则臣狄人也。"公许之。

冬，赵盾为旄车之族，使屏季以其故族为公族大夫。

【注释】

①丽姬：即骊姬。

②公族：公室子弟的群体。

③余子：其他儿子。

④括：赵盾同父异母的弟弟。

【译文】

当初，丽姬作乱的时候，在神前诅咒，不允许收容公子们，从此晋国没有公族这个官职。晋成公即位之后，就把官职授予卿的嫡子，并且给他们土田，让他们做公族大夫。又把官职授予卿的其他儿子，让他们担任馀子的官，让他们的庶子担任公行的官。晋国从此有了公族、余子、公行三种官职。

赵盾请求让赵括担任公族大夫，说："他是君姬氏的爱子。若没有君姬氏，那么我就是狄人了。"晋成公答应了。

冬季，赵盾掌管旄车之族，让赵括率领他的旧族，担任公族大夫。

三年经

三年春王正月，郊牛之口伤，改卜牛。牛死，乃不郊。犹三望。

葬匡王。

楚子伐陆浑之戎。

夏，楚人侵郑。

秋，赤狄侵齐。

宋师围曹。

冬十月丙戌，郑伯兰卒。

葬郑穆公。

三年传

【原文】

三年①，春，不郊，而望，皆非礼也。望，郊之属也。不郊，亦无望可也。

晋侯伐郑，及郔。郑及晋平，士会入盟。

楚子伐陆浑之戎，遂至于雒，观兵于周疆。定王使王孙满劳楚子。楚子问鼎之大小、轻重焉。对曰："在德不在鼎。昔夏之方有德也，远方图物，贡金九牧，铸鼎象物，百物而为之备，使民知神、奸②。故民入川泽、山林，不逢不若③。螭魅罔两，莫能逢之，用能协于上下，以承天休。桀有昏德，鼎迁于商，载祀六百。商纣暴虐，鼎迁于周。德之休明，虽小，重也。其奸回昏乱，虽大，轻也。天祚明德，有所底止。成王定鼎④于郏鄏，卜世三十，卜年七百，天所命也。周德虽衰，天命未改。鼎之轻重，未可问也。"

夏，楚人侵郑，郑即晋故也。

【注释】

①三年：公元前 606 年。
②奸：怪物。
③不若：不顺，有危害的东西。
④定鼎：把鼎稳固的安置好。

【译文】

三年春季，没有举行郊祭却举行望祭，这都不合于礼。望祭，是属于郊祭的一种，不举行郊祭，也不必举行望祭了。

晋成公发兵攻打郑国，到达郔地。郑国和晋国议和，士会到郑国缔结和约。

楚庄王发兵攻打陆浑的戎人，到达雒水，在周朝的直辖地域陈兵示威。周定王派遣王孙满慰劳楚庄王。楚庄王问起九鼎的大小轻重如何。王孙满回答说："鼎的大小轻重在于德而不在于鼎本身。从前夏朝正是有德的时候，把远方的东西画成图像，让九州的长官进贡青铜，铸造九鼎并且把图像铸在鼎上，所有的图像都铸在上面了，让百姓知道神物和怪物。所以百姓进入川泽山林，就不会碰上不利于自己的东西。螭魅魍魉这些鬼怪都不会遇上因此能够上下和谐，以承受上天的庇佑。夏桀昏乱，把鼎迁到了商朝，前后六百年。商纣暴虐，鼎又迁到了周朝，德行如果美善光明，鼎虽然小，也是重的。若奸邪昏乱，鼎虽然大，也是轻的。上天赐福给明德之人，是有期限的。成王把九鼎固定在郏鄏，占卜的结果是传世三十代，享受七百年国家，这是上天的命令。周朝的德行虽然衰微，但天命不变。鼎的大小轻重，是不能询问的。"

夏季，楚国人入侵郑国，这是由于郑国倾向晋国的缘故。

【原文】

宋文公即位三年，杀母弟须及昭公子，武氏之谋也。使戴、桓之族攻武氏于司马子伯之馆，尽逐武、穆之族。武、穆之族以曹师伐宋。秋，宋师围曹，报武氏之乱也①。

冬，郑穆公卒。初，郑文公有贱妾曰燕姞，梦天使与己②兰，曰：

"余为伯儵。余，而祖也。以是为而子。以兰有国香，人服媚之如是。"既而文公见之，与之兰而御之。辞③曰："妾不才，幸而有子。将④不信，敢征兰乎？"公曰："诺。"生穆公，名之曰兰。

【注释】

① 以上事参见文公十三年传。
② 与已：给自己。
③ 辞：告。
④ 将：可能。

【译文】

宋文公即位的第三年，杀了同胞弟弟须和昭公的儿子，这是出下武氏的谋划。于是就让戴公、桓公的族人在司马子伯的客馆里攻打武氏，把武公、穆公的族人全部驱赶出国。武公、穆公的族人利用曹国的军队攻打宋国。秋季，宋国军队包围曹国，以报复武氏的叛乱。

冬季，郑穆公去世。当初，郑文公有一个贱妾名叫燕姞，梦见天使给她一支兰花，说："我是伯儵。是你的祖先，把兰作为你的儿子。因为兰花的香味全国第一，佩带着它，别人就会像爱兰花一样地爱你。"不久以后，文公见到燕姞，给她一支兰花而让她侍寝，燕姞告诉文公说："妾地位低贱，侥幸怀了孩子，如果别人不相信，请把兰花用来作为信物。"文公说："好。"于是生下穆公，取名兰。

【原文】

文公报①郑子之妃曰陈妫，生子华、子臧。子臧得罪而出。诱子华②而杀之南里，使盗杀子臧于陈、宋之间。又娶于江，生公子士。朝于楚，楚人鸩之，及叶③而死。又娶于苏，生子瑕、子俞弥。俞弥早卒。泄驾恶瑕，文公亦恶之，故不立也。公逐群公子，公子兰奔晋，从晋文公伐郑。石癸曰："吾闻姬、姞耦，其子孙必蕃。姞，吉人也，后稷之元妃④也。今公子兰，姞甥也，天或启之，必将为君，其后必蕃。先纳之，可以亢宠。"与孔将钼，侯宣多纳之，盟于大宫而立之，以与晋平。

穆公有疾，曰："兰死，吾其死乎！吾所以生也。"刈⑤兰而卒。

【注释】

①报：指奸淫。

②诱子华：事见僖公二十六年。

③叶：楚地，在今河南叶县南。

④元妃：国君或诸侯的嫡妻。

⑤刈（yì）：割掉。

【译文】

　　郑文公奸淫了郑子的妃子叫做陈妫的，生了子华、子臧。子臧得了罪而离开了郑国。郑文公将子华诱骗到南里并杀死了他。又派坏人把子臧杀死在陈、宋两国之间。又在江国娶妻，生下了公子士。公子士到楚国朝见，楚国人给他喝下了毒酒，公子士到叶地就死了。又在苏国娶妻，生了子瑕、子俞弥。俞弥早死。泄驾讨厌子瑕，郑文公也讨厌他，所以没有立为太子。郑文公赶走公子们，公子兰逃亡到晋国，跟随晋文公攻打郑国。石癸说："我听说姬、姞两姓适合联姻，他们的子孙也必定蕃衍。姞，就是吉人的意思，是后稷的嫡妻。如今公子兰是姞氏的外甥，上天或许要赐福与他，一定会当国君，他的后代必然昌盛，如果先接纳他为国君，就可以长久保持他的宠信。"于是石癸就和孔将鉏、侯宣多接纳了公子兰，在大宫里盟誓以后而立了公子兰为国君，借此与晋国讲和。

　　郑穆公有病，说："兰花死了，我也许要死了吧！我是因为它出生的。"将兰花割掉，郑穆公就死了。

九年经

九年春王正月，公如齐。

公至自齐。

夏，仲孙蔑如京师。

齐侯伐莱。

秋，取根牟。

八月，滕子卒。

九月，晋侯、宋公、卫侯、郑伯、曹伯会于扈。

晋荀林父帅师伐陈。

辛酉，晋侯黑臀卒于扈。

冬十月癸酉，卫侯郑卒。

宋人围滕。

楚子伐郑。

晋郤缺帅师救郑。

陈杀其大夫泄冶。

九年传

【原文】

九年春，王使来征聘^①。夏，孟献子聘于周。王以为有礼，厚贿之。
秋，取根牟，言易也^②。

滕昭公卒。

会于扈，讨不睦也。陈侯^③不会。晋荀林父以诸侯之师伐陈。晋侯
卒于扈，乃还。

【注释】

①王使：周王使者，征聘：谓征召诸侯聘问。

②言易也：此释"取"字。

③陈侯：陈灵公。

【译文】

九年春季，周定王的使者来鲁国要求派人去聘问。夏季，孟献子去
成周聘问。周定王认为有礼，赠给他丰厚的财礼。

秋天，鲁国占领根牟。《春秋》这样记载，是因为很容易。

滕昭公死了。

晋成公、宋文公、卫成公、郑襄公、曹文公在扈地会见，这是由于
准备攻打不听从晋国的国家。陈灵公没有参加会见，晋国的荀林父率领
诸侯的军队进攻陈国。晋成公死在扈地，荀林父便率兵回国。

【原文】

冬，宋人围滕，因其丧也。

陈灵公与孔宁、仪行父①通于夏姬，皆衷其衵服，以戏于朝。泄冶谏曰："公卿宣淫，民无效②焉，且闻③不令。君其纳④之！"公曰："吾能改矣。"公告二子。二子请杀之，公弗禁，遂杀泄冶。孔子曰：《诗》云：'民之多辟，无自立辟⑤。'其泄冶之谓乎！"

【注释】

①孔宁、仪行父：陈大夫。

②无效：没有效法对象。

③闻：名声。

④纳：收藏。

⑤辟：法度。

【译文】

冬季，宋军包围滕国，这是乘滕国有丧事的机会。

陈灵公和孔宁、仪行父与夏姬通奸，都把夏姬的汗衣贴身穿着，而且在朝廷上开玩笑。泄冶进谏说："国君和卿宣扬淫乱，百姓就无所效法，而且名声不好。君王还是把那件汗衫收藏起来吧！"陈灵公说："我能够改过。"陈灵公告诉了孔宁和仪行父两个人，他们请求杀掉泄冶。陈灵公没有反对，于是就将他杀了。孔子说："《诗》说：'百姓多行邪恶，就不要再去自立法度。'这说的就是泄冶吧！"

【原文】

楚子为厉之役①故，伐郑。

晋郤缺救郑。郑伯败楚师于柳棼。国人皆喜②，唯子良忧曰："是国之灾也，吾死无日③矣。"

【注释】

①厉之役：指宣公六年楚伐郑之役。

②喜：兴奋。

③无日：不久之后。

【译文】

楚庄王为了厉地战役的缘故，进攻郑国。

晋国的郤缺出兵救援郑国。郑襄公在柳棼打败了楚军。国内的人们都很欢喜，只有子良担心说："这是国家的灾难，我离死期不远了。"

十年经

十年春，公如齐。

公至自齐。

齐人归我济西田。

夏四月丙辰，日有食之。

己巳，齐侯元卒。

齐崔氏出奔卫。

公如齐。

五月，公至自齐。

癸巳，陈夏征舒弑其君平国。

六月，宋师伐滕。

公孙归父如齐。葬齐惠公。

晋人、宋人、卫人、曹人伐郑。

秋，天王使王季子来聘。

公孙归父帅师伐邾，取绎。

大水。

季孙行父如齐。

冬，公孙归父如齐。齐侯使国佐来聘。

饥。

楚子伐郑。

十年传

【原文】

十年春，公如齐。齐侯以我服故，归济西之田。

夏，齐惠公卒。崔杼有宠于惠公，高、国^①畏其偪也，公卒而逐之，奔卫。书曰"崔氏"，非其罪也；且告以族，不以名。凡诸侯之大夫违^②，告于诸侯曰："某氏之守臣某，失守宗庙，敢告。"所有玉帛之使者^③则告；不然，则否。

公如齐奔丧。

【注释】

①高、国：高氏、国氏，氏为齐上卿。
②违：离开，背离。
③玉帛之使者：指互相聘问往来的国家。

【译文】

十年春季，鲁宣公到了齐国。齐惠公因为我国顺服的缘故，将济水以西的土田归还了。

夏季，齐惠公去世。崔杼受到齐惠公的宠信，高、国两族惧怕他威逼，惠公死后就赶走了崔杼，崔杼逃亡到卫国。《春秋》记载说"崔氏"，这是因为不是他的罪过；而且在通告诸侯时也只称族，而不称他个人的名字。凡是诸侯的大夫离开本国，就通告诸侯说："某氏的守臣某，不能奉守宗庙，谨此通告。"凡是有友好往来的国家就发给通告，不是，就不发通告。

宣公奔赴齐国参加丧礼。

【原文】

陈灵公与孔宁、仪行父饮酒于夏氏。公谓行父曰："征舒似女。"对曰："亦似君。"征舒病之^①。公出，自其厩^②射而杀之。二子^③奔楚。

滕人恃晋而不事宋，六月，宋师伐滕。

郑及楚平，诸侯之师伐郑，取成而还。

秋，刘康公来报聘^④。

师伐邾，取绎^⑤。

【注释】

①病之：对这件事很生气。

②厩：马房。

③二子：指孔宁、仪行父。

④报聘：旧时指代表本国政府到友邦回访。

⑤绎：位于今山东邹县境内。

【译文】

陈灵公和孔宁、仪行父在夏征舒家喝酒。陈灵公对仪行父说："征舒长得像你。"仪行父回答说："也像君王。"夏征舒对此感到愤恨。灵公出去后，夏征舒从马房里用箭射死灵公。孔宁、仪行父逃亡到楚国。

滕国人依靠晋国而不事奉宋国，六月，宋国的军队进攻滕国。

郑国和楚国讲和。诸侯军攻打郑国，讲和以后回国。

秋季，刘康公前来鲁国回聘。

鲁国出兵进攻邾国，占领了绎地。

【原文】

季文子初聘于齐。

冬，子家如齐，伐邾故也。

国武子来报聘。

楚子伐郑。晋士会救郑，逐楚师于颍北①。诸侯之师戍郑。

郑子家卒。郑人讨幽公之乱，斫子家之棺，而逐其族。改葬幽公②，谥之曰"灵"。

【注释】

①颍北：颍水之北，颍水出河南登封县而入沙河。

②幽公：即郑灵公。

【译文】

季文子第一次来到齐国聘问。

冬季，子家到了齐国，这是为了向齐国解释鲁国进攻了邾国的缘故。

国武子前来鲁国回聘。

楚庄王进攻郑国。晋国的士会去救郑国，在颍水北面赶走了楚军。诸侯军留驻郑国进行防守。郑国的子家死。

郑国人为了讨伐杀害幽公的那次动乱，打开了子家的棺材，并赶走了他的族人。改葬幽公，把他的谥号改为"灵"。

十一年经

十有一年春王正月。

夏，楚子、陈侯、郑伯盟于辰陵。

公孙归父会齐人伐莒。

秋，晋侯会狄于攒函。

冬十月，楚人杀陈夏征舒。

丁亥，楚子入陈。

纳公孙宁、仪行父于陈。

十一年传

【原文】

十一年春，楚子伐郑及栎①。子良②曰："晋、楚不务德而兵争，与其来者可也。晋、楚无信，我焉得有信？"乃从楚。夏，楚盟于辰陵③，陈、郑服也。

【注释】

①栎：即河南禹县。

②子良：公子去疾。

③辰陵：在河南淮阳县西六十里。

【译文】

十一年春季，楚庄王发兵进攻郑国，到达栎地。子良说："晋国、楚国不讲德行，而用武力争夺，谁来我们就接近他。晋国、楚国既然不讲信用，我们又怎么能够讲信用！"于是顺从了楚国。夏季，楚国在辰陵会盟，这是由于陈、郑两国都顺服了。

【原文】

楚左尹子重①侵宋，王待诸郔。令尹艻艾猎城沂，使封人②虑事，以授司徒。量功命日^③，分^④财用，平板干^⑤，称^⑥畚筑，程土物，议远迩，略基趾^⑦，具糇粮，度^⑧有司。事三旬而成，不愆^⑨于素。

晋郤成子求成于众狄。众狄疾赤狄之役，遂服于晋。秋，会于攒函，众狄服也。

【注释】

①子重：即公子婴齐，庄王弟。

②封人：筑城的主事官。

③量功：估量工程量的多少。命日：限定日期。

④分：分配。

⑤板：筑墙是所用甲板。

⑥称：均衡。

⑦基趾：建筑物的地基、基础。

⑧度：审度、选定。

⑨愆：超过，延误。

【译文】

楚国的左尹子重袭击宋国，楚庄王住在郔地等待。楚令尹蒍艾猎在沂地筑城，派掌管建筑城郭的官员考虑工程计划，报告给司徒。计量工程，预定日期，分配材料和用具，放平夹板和支柱，规定土方和器材劳力的多少，研究取材和工作的远近，巡视城基各处，准备粮食，审查监工的人选，工程三十天就完成，没有超过原定的计划。

晋国的郤成子向狄人各部族谋求友好。狄人各部族憎恨赤狄对他们的役使，于是顺服晋国。秋天，晋侯住攒函同众狄会见，这是由于众狄顺服了晋国。

【原文】

是行也，诸大夫欲召狄。郤成子曰："吾闻之：非德，莫如勤，非勤，何以求人？能勤，有继^①。其从之也。《诗》曰：'文王既勤止。'文王犹勤，况寡德乎？"

冬，楚子为陈夏氏乱故，伐陈。谓陈人"无动^②！将讨于少西氏"。遂入陈，杀夏征舒，坏诸栗门。因县陈^③。陈侯在晋。

【注释】

①有继：勤则功继之。

②无动：不要惊慌。

③县陈：以陈为县。

【译文】

在这次攒函之行以前，大夫们要召集狄人前来。郤成子说："我听说，没有德行，就只能勤劳；没有勤劳，如何能要求别人服从我？能够勤劳，就有好的结果。还是去会见狄人吧！《诗》说：'文王已经做到勤劳了。'文于尚且勤劳，更何况缺少德行的人呢？"

冬季，楚庄王由于陈国夏氏作乱的缘故，进攻陈国；对陈国人说："不要惊惧，我将要讨伐少西氏。"就进入陈国，杀了夏征舒，把他五马分尸在栗门。因而就把陈国设置为县。这时陈成公正在晋国。

【原文】

申叔时①使于齐，反，复命而退。王使让之，曰："夏征舒为不道，弑其君，寡人以诸侯讨而戮之。诸侯、县公皆庆寡人，女独不庆寡人，何故？"对曰："犹可辞乎？"王曰："可哉！"曰："夏征舒弑其君，其罪大矣；讨而戮之，君之义也。抑人亦有言曰：'牵牛以蹊②人之田，而夺之牛。牵牛以蹊者，信有罪矣；而夺之牛，罚已重矣。'诸侯之从也，曰讨有罪也。今县陈，贪其富③也。以讨召诸侯，而以贪归之，无乃不可乎？"王曰："善哉！吾未之闻④也。反之，可乎？"对曰："吾侪小人所谓'取诸其怀而与之'也。"乃复封陈。乡取一人焉以归，谓之夏州⑤。故书曰"楚子入陈。纳公孙宁、仪行父于陈"，书有礼也。

厉之役，郑伯逃归，自是楚未得志焉。郑既受盟于辰陵，又徼事⑥于晋。

【注释】

①申叔时：楚大夫。

②蹊：践踏。

③富：财富。

④未之闻：没有听说过。

⑤夏州：在今湖北汉阳北。

⑥徼：求，要求。

【译文】

申叔时在齐国出使，回国，向楚庄王复了命以后就退下去。楚王派人责备说："夏征舒做大逆不道的事，杀死他的国君，我带领诸侯讨伐而杀了他，诸侯、县公都庆贺我，你独独不庆贺我，什么缘故？"申叔时回答说："还可以陈述理由吗？"楚王说："可以呀！"申叔时说："夏征舒杀害自己的国君，当然是罪大恶极了。讨伐而杀了他，这是君王所应当做的事。不过人们也有话说：'牵牛践踏别人的田地，就把他的牛夺过来。'牵牛践踏田地的人，肯定是有过错的了；但夺走他的牛，惩罚就太重了。诸侯跟从君王出兵，说的是讨伐有罪的人。现在把陈国改成一个县，这就是贪爱它的财富了。以伐罪的名义号召诸侯，而以贪婪结束，恐怕不可以吧？"楚王说："好啊！我没听说过这样的意见。归还陈国的土地，可以吗？"申叔时回答说："这就是我们这一班小人所说的'从怀里拿出来给他'呀。"楚庄王就重新封立陈国，从每个乡带一个人回楚国，集中住在一地，称为夏州。因此《春秋》记载说："楚子入陈，纳公孙宁、仪行父于陈。"这是表扬这一举动合于礼。

厉地这一战，郑伯逃回国，由此楚国就没有得志。郑国既在辰陵接受楚国的盟约，又要求侍奉晋国。

十五年经

十有五年春，公孙归父会楚子于宋。

夏五月，宋人及楚人平。

六月癸卯，晋师灭赤狄潞氏，以潞子婴儿归。

秦人伐晋。

王札子杀召伯、毛伯。

秋，螽。

仲孙蔑会齐高固于无娄。

初税亩。

冬，蝝生。饥。

十五年传

【原文】

十五年春，公孙归父会楚子于宋。

宋人使乐婴齐告急于晋，晋侯欲救之。伯宗曰①："不可。古人有言曰：'虽鞭之长，不及马腹。'天方授楚，未可与争。虽晋之强，能违天乎？谚曰：'高下在心。'川泽纳污②，山薮藏疾③，瑾瑜匿瑕④，国君含垢⑤，天之道也。君其待之！"乃止。

【注释】

①伯宗：晋大夫。
②污：污垢。
③疾：指对人有害的东西。
④瑾瑜：美玉。匿：隐藏。
⑤含垢：含耻忍辱。

【译文】

十五年春季，鲁国的公孙归父在宋国会见楚庄王。

宋国人派乐婴齐到晋国报告急难，晋景公想要救援宋国。伯宗说："不行。古人有话说：'鞭子虽然长，达不到马肚子。'上天正在帮助楚国，不能和它相争。晋国虽然强盛，能够违背上天的意愿吗？俗话说：'高高下下，都在心里。'河流湖泊里容纳污泥浊水，山林草野里暗藏毒虫猛兽，美玉也藏匿着斑痕，国君也得忍受点耻辱，这是上天的常道。君王还是等着吧！"晋侯停止发兵救宋。

【原文】

使解扬①如宋，使无降楚，曰："晋师悉起，将至矣。"郑人因而献诸楚，楚子厚赂之，使反其言。不许。三而许之。登诸楼车②，使呼宋而告之。遂致其君命。楚子将杀之，使与之言曰："尔既许不谷，而反之，何故？非我无信，女则弃之，速即尔刑！"对曰："臣闻之：君能制命为义，臣能承命为信，信载义③而行之为利。谋不失利，以卫社稷，民之主也。义无二信，信无二命。君之赂臣，不知命也。受命以出，有死无陨，又可赂乎？臣之许君，以成命也。死而成命，臣之禄也。寡君有信臣，下臣获考^④，死又何求？"楚子舍之以归。

【注释】

①解扬：晋壮士，字子普。
②楼车：古代战车。上设望楼，用以瞭望敌人。
③信载义：以信实去承受道义。
④考：完成。考死：善终。

【译文】

晋侯派遣解扬到宋国去，让宋国不要投降楚国，说："晋国的援军都已经出发，快要到达了。"解扬经过郑国时，郑人把他抓了起来献给楚国。楚王重重贿赂他，让他说晋国没有出兵；解扬不答应。经过三次劝说以后才答应了。楚国人让解扬登上楼车，向宋国人喊话，而将楚国人要说的话告诉他们。解扬就乘机传达晋君的命令。楚王准备杀掉他，先派人对他说："你已经答应了我，现在又后悔，是什么原因？不是我没有信用，是你抛弃了它。快去接受你的刑罚吧！"解扬回答说："臣听说，国君能制订命令就是道义，臣下能接受命令就是信用，信用贯彻了道义然后去做就是利益。谋划不失去利益，以保卫国家，才是百姓的主人。道义不能有两种信用，信用不能接受两种命令。君王贿赂下臣，就是不了解命令的道理。接受国君的命令出使他国，宁可去死也不能废弃国君的命令，难道可以用贿赂收买吗？下臣所以答应您，那是为了借机会完成国君的使命。死而能完成使命，这是下臣的福气。寡君有守信的下臣，下臣死得其所，又有什么可以追求的？"楚庄王赦免了解扬放他回去。

【原文】

夏五月，楚师将去宋。申犀稽首于王之马前曰："毋畏^①知死而不敢废王命，王弃言焉。"王不能答。申叔时仆^②，曰："筑室，反耕者，宋必听命。"从之。宋人惧，使华元夜入楚师，登子反^③之床，起之曰："寡君使元以病告，曰：'敝邑易子而食，析骸以爨。虽然，城下之盟⑦，有以国毙，不能从也。去我三十里，唯命是听。'"子反惧，与之盟，而告王。退三十里，宋及楚平。华元为质。盟曰："我无尔诈，尔无我虞④。"

【译文】

夏季，五月，楚军准备离开宋国，申犀在楚庄王马前叩头说："无畏知道死而不敢废弃君王的命令，君王丢掉自己的话了？"楚王不能回答。当时申叔时为楚王驾车，说："修建房子，让种田的人回去，宋国必然会听从命令！"楚王接受了。宋国人害怕，派华元在夜里进入楚军营，登上子反的床，叫他起来，说："寡君派元把困难情况告诉你，说：'敝邑交换着儿子杀了吃掉，把尸骨拆开来烧着做饭。尽管如此，无条件投降，宁可让国家灭亡，也是不能这样做的。贵军退兵三十里，宋国将遵命办理。"子反感到害怕，便和华元盟誓，然后把实情报告给楚王。楚军退兵三十里，宋国和楚国讲和。华元作为人质。盟誓说："我不骗你，你不欺我。"

【原文】

潞子婴儿之夫人，晋景公之姊也。酆舒①为政而杀之，又伤潞子之目。晋侯将伐之。诸大夫皆曰："不可。酆舒有三俊才②，不如待后之人。"伯宗曰："必伐之。狄有五罪，俊才虽多，何补焉？不祀，一也。耆酒，二也。弃仲章而夺黎氏地，三也。虐我伯姬，四也。伤其君目，五也。怙③其俊才而不以茂德④，兹益罪也。后之人或者将敬奉德义以事神人，而申固⑦其命，若之何待之？不讨有罪，曰'将待后'，后有辞而讨焉，毋乃不可乎？夫恃才与众，亡之道也。商纣由之，故灭。天反时⑧为灾，地反物⑤为妖，民反德⑩为乱。乱则妖灾生。故文⑥反正为乏，尽在狄矣。"晋侯从之。六月癸卯，晋荀林父败赤狄于曲梁，辛亥，灭潞。酆舒奔卫，卫人归诸晋，晋人杀之。

【注释】

①酆舒：潞国大臣。
②俊才：才艺胜人者。
③怙：恃、凭借。
④茂德：盛德，隆盛的德泽。
⑤反物：违反万物本性。
⑥文：文字。

【译文】

潞子婴儿的夫人，是晋景公的姐姐。酆舒执政以后杀了她，又伤了潞子的眼睛。晋景公准备进攻他，朝中大夫都说："不行！酆舒有三项突出的才干，不如等到酆舒的后人继位再去攻打。"伯宗说："一定要攻打他。狄人有五条罪状，突出的才干尽管多，有什么补益？不祭祀，这是一。喜欢喝酒，这是二。废弃仲章而夺取黎氏的土地，这是三。杀害我们伯姬，这是四。伤了他国君的眼睛，这是五。凭仗自己突出的才干而不用美德，这是罪上加罪。接替他的人也许会奉行道义，推行德政，敬事神灵，从而巩固国家的命运，到那时，我们又如何对待呢？不进攻有罪的人，说'将等待后继人'，以后有了理由再去进攻，恐怕不可以吧！依仗才能和人多，这是亡国之道。商纣按这样去做，所以被灭亡。天违反时令就是灾难，地违反物性就是妖异，百姓违反道德就是祸乱。有祸乱就会有妖异和灾害发生。因此在文字上，'正'字反过来就是'乏'字。所有这些反常的事都已发生在狄人那里了！"晋景公听从了。六月十八日，晋国荀林父在曲梁打败赤狄。二十六日，灭潞国。酆舒逃亡到卫国，卫国人把他送还到晋国，晋国人杀死了他。

【原文】

王孙苏与召氏、毛氏争政，使王子捷杀召戴公及毛伯卫，卒立召襄①。

秋七月，秦桓公伐晋，次于辅氏。壬午，晋侯治兵于稷，以略狄土。立黎侯而还。及雒②，魏颗败秦师于辅氏，获杜回，秦之力人也。

初，魏武子有嬖妾，无子。武子疾，命颗曰："必嫁③是。"疾病，则曰："必以为殉⑥!"及卒，颗嫁之，曰："疾病则乱，吾从其治也。"及辅氏之役，颗见老人结草④以亢杜回。杜回踬而颠⑤，故获之。夜梦之曰："余，而所嫁妇人之父也。尔用先人之治命，余是以报。"

【注释】

①召襄：召戴公之子。
②雒：在陕西大荔县东南。
③嫁：改嫁。
④结草：草打成结。
⑤踬：被绊倒。颠：跌倒。

【译文】

王孙苏与召氏、毛氏争夺政权，指使王子捷杀死了召戴公和毛伯卫，最后立了召襄为执政卿士。

秋季，七月，秦桓公进攻晋国，驻扎在辅氏。二十七日，晋景公在稷地进行武装演习，来占领狄人的土地，立了黎侯然后回来。至雒水时，魏颗任辅氏击败了秦军，俘虏了杜回，这个秦国的大力士。

当初，魏武子有一个爱妾，没有生儿子。魏武子生病，分咐魏颗说："等我死去以后，一定要嫁了她"病重时，又说："我死后一定让她殉葬!"等到魏武子死后，魏颗嫁了她，说："病重了就神志不清，我依父亲清醒时候的话。"等到辅氏这一役，魏颗看到一个老人把草打成结来遮拦杜回。杜回绊倒在地，所以俘虏了他。夜里梦见老人说："我，是你所嫁女人的父亲。你执行你先人清醒时候的话，我以此作为报答。"

【原文】

晋侯赏桓子狄臣①千室，亦赏士伯以瓜衍之县。曰："吾获狄土，子之功也。微子，吾丧伯氏②矣。"羊舌职③说是赏也，曰："《周书》所谓'庸庸祗祗'者，谓此物也夫。士伯庸中行伯，君信之，亦庸士伯，此之谓明德矣。文王所以造周，不是过也。故《诗》曰'陈锡载周'，能施也。率是道也，其何不济?"

晋侯使赵同献狄俘于周，不敬。刘康公曰："不及十年，原叔必有大咎④，天夺之魄矣。”

初税亩⑤，非礼也。谷出不过藉，以丰财也。

冬，螽⑥生，饥。幸⑦之也。

【注释】

①狄臣：狄人的奴隶。

②伯氏：荀林父。

③羊舌职：晋大夫，叔向之父。

④大咎：非常的灾祸。

⑤初税亩：古代废除井田制，按田亩征税的开始。

⑥螽：未生翅的幼蝗。

⑦幸：庆幸。

【译文】

晋景公赏给桓子狄国的臣民一千家，也把瓜衍的县城赏给士伯，说：“我得到狄国的土地，是您的功劳。若没有您，我就损失荀林父子。”大夫羊舌职说：“《周书》所谓‘用其所用，敬其所敬’，说的就是这一类情况吧！士伯认为中行伯为可以任用，国君相信他，就任用他，这就叫做明德了。文王所以能创立周朝，也不超过这些了。所以《诗》说‘布施恩惠，创立周朝’，这是说文王能够施恩于百姓。遵循这个道理去做，还有什么不能成功的。”

晋侯派赵同到周室进献俘获的狄人，献礼时不恭敬。刘康公说：“出不了十年，原叔必定有大灾难。上天已经夺去了他的魂魄！”

鲁国开始按田亩征税，这是不合于礼的。过去的征税方法是所征的稻谷不超过“藉”的规定，这是用以增加财货的办法。

冬季，蝗的幼虫蜉化，造成饥荒。《春秋》所以记载这件事，是由于庆幸这件事没有造成严重灾害。

成公（元年～十八年）

二年经

二年春，齐侯伐我北鄙。

夏四月丙戌，卫孙良夫帅师及齐师战于新筑，卫师败绩。

六月癸酉，季孙行父、臧孙许、叔孙侨如、公孙婴齐帅师会晋郤克、卫孙良夫、曹公子首及齐侯战于鞍，齐师败绩。

秋七月，齐侯使国佐如师。己酉，及国佐盟于袁娄。

八月壬午，宋公鲍卒。

庚寅，卫侯速卒。

取汶阳田。

冬，楚师、郑师侵卫。

十有一月，公会楚公子婴齐于蜀。

丙申，公及楚人、秦人、宋人、陈人、卫人、郑人、齐人、曹人、邾人、薛人、鄫人盟于蜀。

二年传

【原文】

二年春，齐侯伐我北鄙，围龙[1]。顷公之嬖人卢蒲就魁门焉，龙人囚之。齐侯曰："勿杀！吾与而盟，无入而封[2]。"弗听。杀而膊诸城上。齐侯亲鼓，士陵城。三日，取龙。遂南侵，及巢丘。

卫侯使孙良夫、石稷、宁相、向禽将侵齐，与齐师遇。石子欲还。孙子曰："不可。以师伐人，遇其师而还，将谓[3]君何？若知不能，则如无出。今既遇矣，不如战也。"

夏，有……[4]

【注释】

①围龙：在今山东泰安县西南。
②封：境。

③谓：说，回答。

④阙文。

【译文】

二年春季，齐顷公攻打我国北部边境，包围龙地。齐顷公的宠臣卢蒲就魁攻打城池，龙地的人捉住他并囚禁起来。齐顷公说："不要杀他，我和你们盟誓，不进入你们的境内。"龙地的人不听，把他杀了，暴尸城上。齐顷公亲自击鼓，兵士攀上城墙。三天，便占领了龙地。于是就向南攻打；到达巢丘。

卫穆公派遣孙良夫、石稷、宁相、向禽率兵入侵齐国，和齐军相遇，石稷想要回去，孙良夫说："不行。用军队攻打别人，遇上敌人就回去，将怎样对国君说呢？如果知道不能作战，就应当不出兵。现在既然和敌军相遇，不如打一仗。"

夏季，有……

【原文】

石成子曰："师败矣，子不少须①，众惧尽。子丧师徒，何以复命？"皆不对。又曰："子，国卿也。陨②子，辱矣。子以众退，我此乃止。"且告车来甚众。齐师乃止，次于鞫居③。新筑人仲叔于奚救孙桓子，桓子是以免。

既，卫人赏之以邑，辞，请曲县、繁缨以朝。许之。仲尼闻之曰："惜也，不如多与之邑。唯器与名，不可以假人，君之所司也。名以出信，信以守器，器以藏④礼，礼以行义⑤，义以生利，利以平民，政之大节也。若以假人，与人政也。政亡，则国家从之，弗可止也已。"

【注释】

①须：等待。

②陨：损失。

③鞫居：在今河南封丘县。

④藏：包含。

⑤义：道义。

【译文】

石稷说："军队战败了，您如果不稍稍等待，顶住敌军，将会全军覆灭。您丧失了军队，如何向君王交代？"大家都不回答。石稷又说："您，是国家的卿。损失了您，就是一种羞耻了。您带着大家撤退，我停在这里。"同时通告军中，说援军的战车来了不少。齐国的军队就停止前进，驻扎在鞫居。新筑大夫仲叔于奚救助了孙良夫，孙良夫因此免于灾难。

不久，卫国人把城邑赏给仲叔于奚。仲叔于奚辞谢，请求得到诸侯所用三面悬挂的乐器，并用繁缨装饰马匹以朝见，卫君允许了。孔子闻知这件事，说："可惜啊，还不如多给他城池。器物和名号，不能随便借给别人，这是国君掌握的。"名号用来赋予威信，威信用来保持器物，器物用来体现礼制，礼制用来推行道义，道义用来产生利益，利益用来治理百姓，这是政权中的大节。如果把名位、礼器假借给别人，这就是把政权交给了别人。失去政权，国家也就跟着失去，这是不能阻止的。

【原文】

孙桓子还于新筑，不入^①，遂如晋乞师。臧宣叔亦如晋乞师。皆主郤献子^②。晋侯许之七百乘。郤子曰："此城濮之赋也。有先君之明与先大夫之肃^③，故捷。克于先大夫，无能为役，请八百乘。"许之。郤克将中军，士燮佐上军，栾书将下军，韩厥为司马，以救鲁、卫。臧宣叔逆晋师，且道^④之。季文子帅师会之。

及卫地，韩献子将斩人，郤献子驰，将救之。至，则既斩之矣。郤子使速以徇，告其仆曰："吾以分谤^⑤也。"

【注释】

①不入：不入国都。
②主郤献子：以郤克为主人。
③肃：敏捷。
④道：通"导"，作向导。
⑤分谤：分担指责。

【译文】

孙桓子回到新筑，没有进入国都，就到晋国请求发兵，臧宣叔也到晋国请求出兵。两人都投奔郤克。晋景公答应派出七百辆战车。郤克说："这是城濮之战的战车数。当时有先君的明察和先大夫的敏捷，所以取得胜利。克和先大夫相比，做他们的仆人都不够资格。请批准八百乘战车。"晋景公允许了。郤克率领中军，士燮辅佐上军，栾书率领下军，韩厥做司马，以救援鲁国和卫国，臧宣叔迎接晋军，同时作向导开路，季文子率领军队与他们会合。

到达卫国境内，韩厥要杀人，郤克驾车急速赶去，想要救下那个人。等赶到，已经处死了。郤克派人把尸体在军中示众，还告诉他的御者说："我用这样的做法来分担指责。"

【原文】

师从①齐师于莘。六月壬申，师至于靡笄之下。齐侯使请战，曰："子以君师辱于敝邑，不腆敝赋，诘朝请见。"对曰："晋与鲁、卫，兄弟也，来告曰：'大国朝夕释憾于敝邑之地。'寡君不忍，使群臣请于大国，无令舆师淹②于君地。能进不能退，君无所辱命。"齐侯曰："大夫之许，寡人之愿也；若其不许，亦将见也。"齐高固入晋师，桀③石以投人，禽之而乘其车，系桑本焉，以徇齐垒，曰："欲勇者贾④余余勇！"

【注释】

①从：追上，莘，今山东莘县。
②淹：久留。
③桀：举起，拿起。
④贾：买。

【译文】

晋、鲁、卫联军在莘地追上齐军。六月十六日，军队到达靡笄山下。齐顷公派人请战，说："您带领国君的军队光临敝邑，敝国的士兵不强，也请在明天早晨相见决战。"郤克回答说："晋和鲁、卫是兄弟国家，他们前来告诉我们说：'大国不分早晚都在敝邑的土地上发泄气愤。'寡君不忍，派下臣们前来向大国求和，同时又不让我军长时间留在贵国。我们只能进不能退，您的命令是不会遵照的。"齐顷公说："大夫允许，正是齐国的愿望；若不允许，也要兵戎相见的。"齐国的高固攻入晋军，将石头扔向晋军，抓住晋军的战俘，坐上他的战车，然后把桑树根子系在车上，巡行到齐营说："想获得勇气的人可以过来买我剩下的勇气！"

【原文】

癸酉，师陈于鞌。邴夏^①御齐侯，逢丑父^②为右。晋解张御郤克，郑丘缓为右。齐侯曰："余姑翦灭此而朝食^③。"不介马而驰之。郤克伤于矢，流血及屦^④，未绝鼓音，曰："余病^⑤矣！"张侯曰："自始合，而矢贯余手及肘，余折以御，左轮朱殷^⑥，岂敢言病？吾子忍之！"缓曰："自始合，苟有险，余必下推车，子岂识^⑦之？然子病矣！"张侯曰："师之耳目，在吾旗鼓，进退从之。此车一人殿之，可以集事^⑧。若之何其以病败君之大事也？擐甲执兵，固即死也。病未及死，吾子勉之！"左并辔^⑨，右援枹而鼓，马逸不能止，师从之。齐师败绩。逐之，三周华不注^⑩。

【注释】

①邴夏：齐大夫。

②逢丑父：齐大夫。

③姑：暂且。翦灭：消灭。此：指晋军。朝食：吃早饭。

④屦：鞋。

⑤病：负伤。

⑥朱：殷红，深红。

⑦识：知道。

⑧集事：成事。

⑨并：合在一起。辔：驾驭牲口用的缰绳。

⑩华不注：山名，在今山东济南。

【译文】

十七日，齐、晋两军在鞌地摆开阵势。邴夏为齐顷公驾车，逢丑父作为车右。晋国的解张为郤克驾车，郑丘缓作为车右。齐顷公说："我暂且消灭了这些人再吃早饭。"马不披甲，驰向晋军。郤克受了箭伤，血流到鞋子上，但是鼓声不断，说："我受伤了！"解张说："从一开始交战，箭就射穿了我的手和肘，左边的车轮都染成黑红色，哪里敢说受伤？您忍着点吧！"郑丘缓说："从一开始交战，如果遇到危险，我必定下车推车，您难道了解吗？不过您真是受伤了！"解张说："军队的耳目，在于我的旗子和鼓声，前进后退都要听从它。这辆车子由一个人镇守，战事就可以完成。为何要为了一点痛苦而败坏国君的大事？身披盔甲，手执武器，本来说抱定必死的决心，受伤还没有到死的程度，你还是尽力而为吧！"于是就左手一把握着马缰，右手拿着鼓槌击鼓。马开始狂奔，全军就跟上去。齐军失败，晋军追击齐军，绕了华不注山三圈。

【原文】

韩厥梦子舆①谓己曰："旦辟左右②！"故中御而从齐侯。邴夏曰："射其御者，君子也。"公曰："谓之君子而射之，非礼也。"射其左，越于车下。射其右，毙于车中。綦毋张丧车，从韩厥曰："请寓乘！"从左右，皆肘之，使立于后。韩厥俛，定其右。逢丑父与公易位。将及华泉，骖絓于木而止。丑父寝于辏中，蛇出于其下，以肱击之，伤而匿之，故不能推车而及。韩厥执絷马前，再拜稽首，奉觞加璧以进，曰："寡君使群臣为鲁、卫请，曰：'无令舆师陷入君地。'下臣不幸，属当戎行③，无所逃隐。且惧奔辟，而忝④两君。臣辱戎士，敢告不敏⑤，摄官承乏。"丑父使公下，如华泉⑥取饮。郑周父御佐车，宛茷为右，载齐侯以免。韩厥献丑父，郤献子将戮之，呼曰："自今无有代其君任患者，有一于此，将为戮乎？"郤子曰："人不难以死免其君，我戮之，不祥。赦之，以劝⑦事君者。"乃免之。

【注释】：

①子舆：韩厥父亲。

②左右：车左或车右。

③戎行：军队。

④忝：辱，耻辱。

⑤不敏：无能，能力不足。

⑥华泉：泉名，在华不注山下。

⑦劝：劝勉，鼓励。

【译文】

韩厥梦见他父亲子舆对他说："明天不要站在战车的两侧。"因此韩厥就在中间驾战车追赶齐顷公。邴夏说："射那位驾车的人，他是君子。"齐顷公说："认为他是君子而射他，这不合于礼节。"射车左，车左死在车下。射车右，车右死在车里。綦毋张丢失了战车，跟上韩厥说："请准许我搭乘您的战车。"上车后，准备站存左边或右边，韩厥用肘推他，让他站在身后。韩厥弯下身子，放稳车右两边的尸体。逢丑父和齐顷公乘机交换位置。将要到达华泉的时候，骖马被树木绊住不能前行。头几天，逢丑父睡在战车里，有一条蛇爬到他身边，他用小臂去打蛇，小臂受伤，但隐瞒了这件事，因为这样，他不能用臂椎车前讲，这样才被韩厥追上。韩厥拿着马缰走向马前，跪下叩头，捧着酒杯加上玉璧献上，说："寡君派臣下们替鲁、卫两国求情，说：'不要让军队进入齐国的地界。'下臣不幸，正好在军队服役，不能逃避兵役。而且也害怕奔走逃避为两国国君带来耻辱，下臣勉强充当一名战士，谨向君王报告我的无能，但由于人手缺乏，只好承当这个官职。"逢丑父要齐顷公下车，到华泉去取水。郑周父驾御副车，宛茷作为车右，带着齐顷公逃走免于被俘。韩厥将逢丑父献上，郤克要杀死逢丑父。逢丑父喊叫说："从今以后再没有代替国君受罪的人了，有一个在这里，还要杀掉吗？"郤克说："一个人不怕用死来使国君免于灾祸，我却将他杀死，这不吉利。赦免了他，用来勉励事奉国君的人。"于是就将逢丑父赦免了。

【原文】

齐侯免，求丑父，三入三出①。每出，齐师以帅退②，入于狄卒，狄卒皆抽戈楯冒之，以入于卫师，卫师免之。遂自徐关入。齐侯见保者，曰："勉之！齐师败矣！"辟女子。女子曰："君免乎？"曰："免矣。"曰："锐司徒免乎？"曰："免矣。"曰："苟君与吾父免矣，可若何？"乃奔。齐侯以为有礼，既而问之，辟司徒③之妻也。予之石窌。

①三入三出：三进三出。

②以帅退：掩护着他退出。

③辟：通"壁"，壁垒。

【译文】

齐顷公免于被俘以后，为了寻找逢丑父，在晋军中三进三出。每次出来的时候，齐军都簇拥护卫着他。进入狄人军队中，狄人的士兵都抽出戈和盾以保护齐顷公。进入卫国的军队中，卫军也不伤害他们。于是，齐顷公从徐关进入齐国临淄。齐顷公看到守军，说："你们好好努力吧！齐军战败了！"齐顷公的座车前进时叫一个女子躲开，这个女子说："国君免于灾祸了吗？"说："免了。"她说："锐司徒免于灾祸了吗？"说："免了。"她说："如果国君和我父亲免于祸难了，那还要怎样呢？"就跑开了。齐顷公认为她知礼，不久查询，才知道是辟司徒的妻子，就赐给她石窌地方作为封邑。

【原文】

晋师从齐师，入自丘舆，击①马陉。

齐侯使宾媚人②赂以纪甗、玉磬与地。"不可，则听客之所为"。宾媚人致赂。晋人不可，曰："必以萧同叔子为质，而使齐之封内尽东其亩。"对曰："萧同叔子非他，寡君之母也。若以匹敌，则亦晋君之母也。吾子布大命于诸侯，而曰：'必质其母以为信'，其若王命何？且是以不孝令也。《诗》曰：'孝子不匮，永锡尔类。'若以不孝令于诸侯，其无乃非德类③也乎？先王疆理天下，物土之宜，而布其利。故《诗》曰④：'我疆我理，南东其亩。'今吾子疆理诸侯，而曰'尽东其亩'而已，唯吾子戎车是利，无顾土宜，其无乃非先王之命也乎？反先王则不义，何以为盟主？其晋实有阙。四王之王也，树德而济同欲⑤焉；五伯之霸也，勤而抚之，以役王命。今吾子求合诸侯，以逞无疆之欲。《诗》曰'布政优优，百禄是遒'。子实不优，而弃百禄，诸侯何害焉？不然，寡君之命使臣，则有辞矣。曰："子以君师辱于敝邑，不腆敝赋，以犒从者。畏君之震，师徒桡败。吾子惠徼齐国之福，不泯⑥其社稷，使继旧好，唯是先君之敝器、土地不敢爱。子又不许，请收合余烬，背城借一。敝邑之幸，亦云从也；况其不幸，敢不唯命是听？"

【注释】

①击：攻打。
②宾媚人：国佐，齐大夫。
③德类：道德法事。
④出自《诗·小雅·信南山》。
⑤济同欲：完成共同的理想。
⑥泯：灭亡。

【译文】

晋军追赶齐军，从丘舆进入齐国，攻打马陉。

齐顷公派遣宾媚人把纪甗、玉磬和土地送给战胜诸国，说："如果他们不同意和谈，就随他们怎么办吧。"宾媚人送去财礼，晋国人不答应，说："一定要让萧同叔子作为人质，同时使齐国境内的田陇全部向东。"宾媚人回答说："萧同叔子不是别人，是寡君的母亲，若从对等地位来说，那也就是晋军的母亲。您在诸侯中发布重大的命令，反而说一定要把人家的母亲作为人质以获得信任，您又将要怎样对待周天子的命令呢？而且这样做，就是命令诸侯不孝。《诗》说：'孝子的孝心没有竭尽，永远可以感染你的同类。'如果用不孝号令诸侯，这恐怕不是道德的准则吧！先王对天下的土地定疆界、分地理，因地制宜，作有利的布置。所以《诗》说："我划定疆界、分别地理，南向东向开辟田亩。"现在您让诸侯定疆界、分地理，反而只说什么"田垄全部东向"，不顾地势是否适宜，只管自己兵车进出的有利，恐怕不是先王的政令吧！违反先王的遗命就是不合道义，怎么能做盟主？晋国确实是有缺点的。四王统一天下，树立德行而满足诸侯的共同要求；五伯领导诸侯，自己勤劳而安抚诸侯，使大家为天子的命令而服役。现在您要求会合诸侯，来满足没有止境的欲望。《诗》说：'政事的推行宽大和缓，各种福禄都将积聚。'您确实不能宽大，丢弃了各种福禄，这对诸侯有什么害处呢？如果您不肯答应，寡君命令我使臣，就有话可说了："您带领国君的军队光临敝邑，敝邑用很少的财富，来犒劳您的左右随员。害怕贵国国君的愤怒，我军战败。您惠临而求齐国的福祉，不灭亡我们的国家，让我们两国继续过去的友好，那么先君的破旧器物和土地我们是不敢爱惜的。您如果又不肯允许，我们就请求收集残兵败将，背靠自己的城下再决最后一战。敝邑有幸而战胜，也会依从贵国的；何况不幸而败，哪敢不听从您的命令？"

【原文】

鲁、卫谏曰："齐疾我矣。其死亡者，皆亲昵也。子若不许，雠我必甚。唯子则又何求？子得其国宝，我亦得地，而纾①于难，其荣多矣。齐、晋亦唯天所授，岂必晋？"晋人许之，对曰："群臣帅赋舆，以为鲁、卫请。若苟有以借口，而复②于寡君，君之惠也。敢不唯命是听？"

禽郑自师逆公。

秋七月，晋师及齐国佐盟于爰娄，使齐人归我汶阳之田。公会晋师于上鄍，赐三帅先路③三命之服。司马、司空、舆帅、候正、亚旅皆受一命之服。

【注释】

①纾：消除。
②复：答复，复命。
③路：通"辂"，车。

【译文】

鲁、卫两国劝谏郤克说："齐国怨恨我们了。齐国死去和溃散的，都是齐侯亲近的人。您如果不肯答应，必然更加仇恨我们。即使是您，还有什么可追求的？如果您得到齐国的国宝，我们也得到土地，而且缓和了祸难，这荣耀也就足够了。齐国和晋国都是由上天授予的，难道一定只有晋国永久获胜吗？"晋国人答应了鲁、卫的意见，回答说："下臣们率领兵车，来为鲁、卫两国请求。如果有话可以向寡君复命，这就是君王的恩惠了。岂敢不从命？"

禽郑从军中去迎接鲁成公。

秋季，七月，晋军和齐国宾媚人在爰娄结盟，让齐国归还我国汶阳的土田。成公在上鄍会见晋军，把先路和三命的车赐给三位高级将领，司马、司空、舆帅、候正、亚旅全都接受了一命的车服。

【原文】

八月，宋文公卒，始厚葬，用蜃①炭，益车马，始用殉。重器备，椁有四阿②，棺有翰、桧。君子谓华元、乐举"于是乎不臣。臣，治烦③去惑者也，是以伏死④而争。今二子者，君生则纵其惑，死又益其侈，是弃君于恶⑤也。何臣之为？"

九月，卫穆公卒，晋三子自役吊焉，哭于大门之外。卫人逆之，妇人哭于门内，送亦如之。遂常以葬。

【注释】

①蜃（shèn）：大蚌哈。

②四阿：棺材旁边的装饰。

③烦：烦乱。

④伏死：甘愿舍弃生命。

⑤恶：邪恶。

【译文】

八月，宋文公去世。开始厚葬，用蚌蛤和木炭，增加陪葬的车马，开始用活人殉葬，用很多器物陪葬。椁有四面呈坡形，棺有翰、桧等装饰。君子认为："华元、乐举，在这里有失为臣之道。臣子，是为国君治理烦乱解除迷惑的，因此要冒死去谏诤。现在这两个人，国君活着的时候由他去放纵作恶，死了以后又增添他的奢侈，这是把国君推进邪恶之中，这算是什么臣子？"

九月，卫穆公去世，晋国的三位将领从战地率兵返国途中顺便去吊唁，在大门外哭吊。卫国人迎接他们，女人在门内哭泣。送他们的时候也是这样。以后别国官员来吊唁就遵循这样的规矩，直到下葬为止。

【原文】

楚之讨陈夏氏①也，庄王欲纳夏姬。申公巫臣曰："不可。君召诸侯，以讨罪也；今纳夏姬，贪其色也。贪色为淫。淫为大罚。《周书》曰：'明德慎罚。'文王所以造周也。明德，务崇之之谓也；慎罚，务去之之谓也。若兴诸陕，以取大罚，非慎之也。君其图之！"王乃止。子反欲取之，巫臣曰："是不祥②人也。是夭③子蛮，杀御叔，弑灵侯，戮夏南，出孔、仪，丧陈国，何不祥如是？人生实难，其有不获死④乎！天下多美妇人，何必是？"子反乃止。王以予连尹襄老。襄老死于邲，不获其尸。其子黑要烝焉。巫臣使道焉，曰："归⑤，吾聘女。"又使自郑召之，曰："尸可得也，必来逆之。"姬以告王。王问诸屈巫。对曰："其信。知罃之父，成公之嬖也，而中行伯之季弟也，新佐中军，而善郑皇戌，甚爱此子。其必因郑而王子与襄老之尸以求之。郑人惧于邲之役，而欲求媚于晋，其必许之。"王遣夏姬归。将行，谓送者曰："不得尸，吾不反矣。"巫臣聘诸郑，郑伯许之。及共王即位，将为阳桥⑥之役，使屈巫聘于齐，且告师期，巫臣尽室以行。申侯跪从其父，将适郢，遇之，曰："异哉！夫子有三军之惧，而又有《桑中》之喜，宜将窃妻⑦以逃者也。"及郑，使介反币，而以夏姬行。将奔齐，齐师新败，曰："吾不处不胜之国。"遂奔晋，而因郤至，以臣于晋。晋人使为邢大夫。子反请以重币锢⑧之，王曰："止！其自为谋也则过矣。其为吾先君谋也，则忠。忠，社稷之固也，所盖多矣。且彼若能利国家，虽重币，晋将可乎？若无益于晋，晋将弃之，何劳锢焉？"

【注释】

① 楚之讨陈夏氏：事在襄公十一年。
② 不祥：不吉利。
③ 夭：短命，早死。未成年而死。
④ 不获死：不得善终。
⑤ 归：指回郑国。
⑥ 阳桥：位于今山东泰安县西北。
⑦ 窃妻：带走别人的妻子。
⑧ 锢：束缚，闭塞。

【译文】

楚国在攻打陈国夏氏的时候，楚庄王想收纳夏姬。申公巫臣说："不可以。君王召集诸侯，是为了讨伐有罪的人；现在收纳夏姬，就是贪恋她的美色。贪恋美色叫做淫，淫就会受到重大惩罚。《周书》说：

'宣扬道德，小心惩罚'，文王因此而创立周朝。宣扬道德就是致力于提倡；小心惩罚就是致力于不做。如果出动诸侯的军队反而得到重大处罚，就是不谨慎了。君王还是考虑一下吧！"楚庄王就不要夏姬了。子反想要娶夏姬，巫臣说："这是个不祥的人。她使子蛮早死，杀了御叔，弑了灵侯，诛了夏南，使孔宁、仪行父逃亡在外，陈国因此被灭亡，为何如此不吉利！人生在世实在很不容易，如果娶了夏姬，恐怕不得好死吧！天下多的是漂亮女人，为什么一定要她？"子反也就不要她了。楚庄王把夏姬给了连尹襄老。襄老在邲地战役中死去，没有找到尸首。他的儿子黑要和夏姬私通。巫臣派人向夏姬示意，说："回娘家去，我来娶你。"又派人从郑国召唤她说："襄老尸首可以得到，一定要亲自来接。"夏姬将这话告诉了楚庄王。楚庄王就问巫臣。巫臣回答说："也许是靠得住的。知䓨的父亲，是成公的宠臣，又是中行伯的兄弟，新近做了中军佐，和郑国的皇戌有很好的交情，非常喜欢这个儿子，他一定是想通过郑国归还王子和襄老尸首而来交换知䓨。郑国人对邲地战役感到害怕，同时要讨好于晋国，他们一定会答应。"楚庄王就打发夏姬回去。将要动身的时候，夏姬对送行的人说："如果不能得到尸首，我就不回来了。"巫臣在郑国聘她为妻，郑襄公允许了。楚共王即位之后，要发动阳桥战役，派巫臣到齐国聘问，同时将出兵的日期告诉齐国。巫臣带走一切家财。申叔跪跟着他的父亲要到郢都去，碰上巫臣，说："怪哉！这个人具有肩负军事重任的戒惧之心，却又有'桑中'幽会的喜悦之色，也许是要带着别人的妻子私奔吧！"到了郑国，巫臣派副使带回财礼，就带着夏姬走了。准备逃亡到齐国，齐国又新近战败，巫臣说："我不住在打败仗的国家。"就逃亡到晋国，并且由于郤至的关系在晋国做臣下。晋国人让他做邢地的大夫。子反请求把巨款送给晋国，以此要求晋国对巫臣永不录用，楚共王说："不能那样！他为自己打算是错误的，但是他为我的先君打算则是忠诚的。忠诚，国家靠着它来巩固，所能保护的东西就很多。而且他如果能有利于晋国，即使送去重礼，晋国会同意永不录用吗？如果他对晋国没有好处，晋国将会不要他，何必求永不录用呢？"

【原文】

晋师归，范文子后入。武子①曰："无为②吾望尔也乎？"对曰："师有功，国人喜以逆之，先入，必属耳目焉，是代帅受名也，故不敢。"
武子曰："吾知免矣。"

郤伯见，公曰："子之力也夫！"对曰："君之训也，二三子之力也，
臣何力之有焉？"范叔见，劳之如郤伯，对曰："庚所命也，克之制也，
燮何力之有焉？"栾伯见，公亦如之，对曰："燮之诏③也，士用命也，
书何力之有焉？"

【注释】

①武子：士会。
②为：同"谓"。
③诏：命令。

【译文】

晋国军队回国，范文子最后回来。他的父亲范武子说"你不也知
道我在盼望你吗？"范文子回答说："带兵有功劳，国内的人们高兴地欢
迎他们。先回来的人，一定受到人们的注意，这是代替统帅接受荣誉，
我不敢这样做。"武子说："你这样谦让，可以免于灾祸了。"

郤伯进见，晋景公说："这是您的功劳啊！"郤伯回答说："这都是
君王的教诲，诸位将帅的功劳，下臣有什么功劳呢？"范文子进见，晋
景公慰劳他像对郤伯一样。范文子回答说："这是范庚的命令，郤克的
节制，小臣士燮有什么功劳呢？"栾伯进见，晋景公也如同慰劳郤伯他
们一样慰劳他。栾伯回答说："这是士燮的指令，士兵服从命令，小臣
栾书又有什么功劳呢？"

【原文】

宣公使求好于楚，庄王卒，宣公薨，不克作好。公即位，受盟于
晋，会晋伐齐。卫人不行使于楚，而亦受盟于晋，从于伐齐。故楚令尹
子重为阳桥之役以救齐。将起师，子重曰："君弱①，群臣不如先大夫，
师众而后可。《诗》曰：'济济多士②，文王以宁。'夫文王犹用众，况
吾侪乎？且先君庄王属之曰：'无德以及远方，莫如惠恤其民，而善用
之。'"乃大户，已责③，逮鳏，救乏，赦罪④。悉师，王卒尽行。彭名
御戎，蔡景公为左，许灵公为右。二君弱，皆强冠之。

【注释】

①弱：年幼。

②出自《诗·大雅，文王》。

③已责：免除人民的债务。

④赦罪：赦免罪行。

【译文】

鲁宣公曾派遣使者到楚国要求建立友好关系，由于楚庄王去世了，不久鲁宣公也去世了，因此没能成功。鲁成公即位，在晋国接受盟约，会合晋国进攻齐国。卫国人不派使者去楚国聘问，也在晋国接受盟约，跟从着进攻齐国。因此楚国的令尹子重发动阳桥战役来救齐国。将要发兵，子重说："国君年幼，臣下们又比不上先大夫，军队人数众多然后才可以取胜。《诗》说'众多的人士，文王借以安宁。'文王尚且使用大众，何况我们这些人呢？而且先君庄王把国君嘱托给我们说：'如果德行没有到达很远的地方，还不如加恩体恤百姓而很好地使用他们。'"于是楚国就大事清查户口，免除拖欠的税收，施舍鳏夫，救济困乏，赦免罪人。动员全军，楚王的警卫军也全部出动。彭名驾御战车，蔡景公担任车左，许灵公担任车右。两位国君还没有成年，也勉强行了冠礼。

【原文】

冬，楚师侵卫，遂侵我师于蜀。使臧孙①往。辞曰："楚远而久，固将退矣。无功而受名，臣不敢。"楚侵及阳桥，孟孙②请往赂之以执斫、执针、织纴，皆百人，公衡为质，以请盟。楚人许平。

【注释】

①臧孙：即臧孙许。

②孟孙：即孟献子仲孙蔑。

③出自《诗·大雅·假乐》。

【译文】

冬季，楚军入侵卫国，乘机在蜀地进攻我国。派臧孙去到楚军中求和。臧孙辞谢说："楚军远离本土很久了，本来就快退兵了。没有功劳而接受荣誉，下臣不敢。"楚军进攻到达阳桥，孟孙请求前去送给楚军木工、缝工、织工各一百人，公衡作为人质，请求结盟。楚国人答应媾和。

十一月，鲁成公和楚国公子婴齐、蔡景侯、许灵公、秦国右大夫说、宋国华元、陈国公孙宁、卫国孙良夫、郑国公子去疾和齐国大夫于蜀地结盟。《春秋》没有记载卿的名字，这是因为结盟缺乏诚意的缘故。在这种情况下害怕晋国而偷偷和楚国结盟，所以说"结盟缺乏诚意"。《春秋》没有记载蔡景侯、许灵公，这是由于他们乘坐了楚国的战车，叫做失去了身份。君子说："身份是不可以不慎重的啊！蔡、许两国国君，一旦失去身份，就不能列在诸侯之中，何况在他们之下的人呢！《诗》说：'位高的人不懈怠，百姓就能得到修养。'说的就是这种情况。"

【原文】

楚师及宋，公衡逃归。臧宣叔曰："衡父不忍数年之不宴①，以弃鲁国，国将若之何？谁居？后之人必有任是夫！国弃矣。"

是行也，晋辟楚，畏其众也。君子曰："众之不可已也。大夫为政，犹以众克，况明君而善用其众乎？《大誓》所谓商兆民离，周十人同者，众也。"

【注释】

①宴：安宁，和平。

【译文】

楚军到达宋国，公衡逃了回来。臧孙说："衡父不能忍耐几年的不安宁，抛弃鲁国，国家将怎么办？谁来承受灾祸？他的后代一定会有受到祸患的！国家将被抛弃"

在这次军事行动中，晋军避开楚军，因为害怕他们人多。君子说："大众是不可以不用的。大夫当政，尚且可以利用大众来战胜敌人，何况是贤明的国君而且又善于使用大众呢？《大誓》所说商朝亿万人离心离德，周朝十人同心同德，都是说的大众啊。"

晋侯使巩朔献齐捷于周。王弗见，使单襄公辞焉，曰："蛮夷戎狄，不式王命，淫湎毁常^①，王命伐之，则有献捷。王亲受而劳之，所以惩不敬、劝有功也。兄弟甥舅，侵败王略，王命伐之，告事而已，不献其功，所以敬亲昵、禁淫慝也。今叔父克遂，有功于齐，而不使命卿镇抚王室，所使来抚余一人，而巩伯实来，未有职司于王室，又奸先王之礼。余虽欲于巩伯，其敢废旧典^②以忝叔父？夫齐，甥舅之国也，而大师之后也，宁不亦淫从其欲以怒叔父，抑岂不可谏诲^③？"士庄伯不能对。王使委于三吏，礼之如侯伯克敌使大夫告庆之礼，降于卿礼一等。王以巩伯宴，而私贿之。使相告之曰："非礼也，勿籍^④！"

【注释】

①淫湎：沉迷于酒色之中。
②旧典：先前的法规秩序。
③谏诲：规劝教诲。
④籍：载入史册。

【译文】

晋景公派遣巩朔到成周进献战胜齐国的战利品，周定王不见，派遣单襄公辞谢，说："蛮夷戎狄，不遵奉天子的命令，迷恋酒色，败坏天子的制度，天子要讨伐他，就有了进献战利品的礼仪。天子亲自接受而加以慰劳，用这来处罚不敬，勉励有功。如果是兄弟甥舅的国家侵犯败坏天子的法度，天子命令讨伐他，不过报告战争的胜利情况罢了，不用进献俘虏，用这来尊敬亲近，禁止邪恶。现在叔父能够顺利成功，在齐国建立了功勋，而不派遣曾受天子任命的卿来安抚王室，所派遣来安抚我的使者，只有巩伯，他在王室中没有担任职务，又违反了先王的制度。我虽然喜爱巩伯，怎么敢废弃旧的典章制度以羞辱叔父？齐国和周室是甥舅之国，而且都是姜太公的后代，叔父进攻齐国，难道是齐国放纵私欲以激怒了叔父？还是已经不可劝谏教诲了呢？"巩朔不能回答。周天子把接待的事情委任给三公，让他们用侯、伯战胜敌人派大夫告捷的礼节接待巩朔，比接待卿的礼节低一等。周定王和巩伯饮宴，私下里送给他财物，让相礼者告诉他说："这是不合于礼仪的，不用记载在史册上。"

十六年经

十有六年春王正月，雨，木冰。

夏四月辛未，滕子卒。

郑公子喜帅师侵宋。

六月丙寅朔，日有食之。

晋侯使栾黡来乞师。

甲午晦，晋侯及楚子、郑伯战于鄢陵。楚子、郑师败绩。

楚杀其大夫公子侧。

秋，公会晋侯、齐侯、卫侯、宋华元、邾人于沙随，不见公。

公至自会。

公会尹子、晋侯、齐国佐、邾人伐郑。

曹伯归自京师。

九月，晋人执季孙行父，舍之于苕丘。

冬十月乙亥，叔孙侨如出奔齐。

十有二月乙丑，季孙行父及晋郤犨盟于扈。

公至自会。

乙酉，刺公子偃。

十六年传

【原文】

十六年春，楚子自武城使公子成以汝阴之田求成于郑。郑叛晋，子驷从楚子盟于武城①。

夏四月，滕文公卒。

郑子罕伐宋，宋将鉏、乐惧败诸汋陂②。退，舍④于夫渠，不儆。郑人覆之，败诸汋陵，获将鉏、乐惧。宋恃胜也。

卫侯伐郑，至于鸣雁③，为晋故也。

晋侯将伐郑。范文子曰："若逞④吾愿，诸侯皆叛，晋可以逞。若惟郑叛，晋国之忧，可立俟也。"栾武子曰："不可以当吾世而失诸侯，必伐郑。”乃兴师。栾书将中军，士燮佐之；郤锜将上军，荀偃佐之；韩厥将下军；郤至佐新军。荀罃居守。郤犨如卫，遂如齐，皆乞师焉。栾黡来乞师。孟献子曰："晋有胜矣。"戊寅，晋师起。

【注释】

①武城：河南南阳县北。
②汋陂：位于今河南宁陵一带。
③鸣雁：郑国地名。在河南杞县北。
④逞：满足。

【译文】

十六年春季，楚共王从武城派公子成用汝阴的土田向郑国求和。郑国背叛了晋国，子驷跟随楚子在武城地结盟。

夏四月，滕文公死了。

郑国的子罕进攻宋国，宋国的将钽将、乐惧在汋陂打败了郑国。宋军退兵，驻扎在夫渠，不加警戒。郑军伏兵袭击，在汋陵将他们打败，俘虏了将钽、乐惧。这是由宋国打了胜仗而不加戒备造成的。

卫献公发兵攻打郑国，到达鸣雁，这是因为晋国的缘故。

晋厉公打算讨伐郑国，范文子说："如果按照我的愿望，诸侯都背叛的话，晋国的危机可以得到缓和。如果只是一个郑国背叛，晋国的忧患，可能马上就来了。"栾武子说："不能在我们这一辈执政的时候失去诸侯，一定要进攻郑国。"于是便出兵。栾书率领中军，士燮作为辅助，郤锜率领上军，荀偃作为辅助；韩厥率领下军，郤至作为新军辅助。荀罃留守。郤犨去到卫国，乘机到齐国，请求两国出兵。栾黡前来请求出兵，孟献子说："晋国可能得胜了。"四月十二日，晋军发兵。

【原文】

郑人闻有晋师，使告于楚，姚句耳与往。楚子救郑。司马将中军，令尹将左，右尹子辛将右。过申，子反入见申叔时，曰："师其何如？"对曰："德、刑、详、义、礼、信，战之器也。德以施惠，刑以正邪，^①详以事神，义以建利，礼以顺时，信以守物^②。民生厚而德正，用利而事节，时顺^③而物成，上下和睦，周旋不逆，求无不具，各知其极。故

《诗》曰④：'立我烝民，莫匪尔极。'是以神降之福，时无灾害，民生敦庬⑤，和同以听，莫不尽力以从上命，致死以补其阙，此战之所由克也。今楚内弃其民，而外绝其好；渎齐盟，而食话言；奸时以动，而疲民以逞。民不知信，进退罪也。人恤所底，其谁致死？子其勉之！吾不复见子矣。"姚句耳先归，子驷问焉。对曰："其行速，过险而不整。速则失志，不整，丧列。志失、列丧，将何以战？楚惧不可用也。"

【注释】

①刑：刑罚。正：纠正。

②守物：守护万物。

③时顺：顺时。

④出自《诗·周颂·思文》。

⑤敦庬（páng）：丰厚，富足。

【译文】

郑国人听到晋国出兵，就派使者报告楚国，姚句耳同行。楚共王救援郑国。司马子反带领中军，令尹子重带领左军，右尹子辛带领右军。路过申地，子反进见申叔，说："这次出兵会怎么样？"申叔时回答说："德行、刑罚、和顺、道义、礼法、信用，是战争的手段。德行用来施予恩惠，刑罚用来纠正邪恶，和顺用来侍奉神灵，道义用来建立利益，礼法用来适合时宜，信用用来守护事物。人民生活丰厚，道德就端正；举动有利，事情就合于礼节，时宜合适，生产就有所收获；这样就能上下和睦，相处没有矛盾，有所需求无所不有，各人都知道行动的准则。所以《诗》说：'安置百姓，没有不合乎准则。'这样，神灵就赐福于他，四季没有灾害，百姓生活优厚，齐心一致地听命，没有不尽力以服从上面命令的，不顾性命来弥补死去的战士的空缺，这样就是能够取得战争胜利的原因。现在楚国内部丢弃他的百姓，外部断绝他的友好，亵渎神圣的盟约而说话不算话，违反时令发动战争，使百姓疲劳以求快意。人们不知道什么是信用，进退都是罪过。人们为他们的结局在担忧，还有谁肯去送命？您还是尽力做吧！我不会再看见您了。"姚句耳先回来，子驷询问情况，他回答说："楚军行军迅速，经过险要的地方队伍不整齐。动作太快就会考虑不周，不整齐就丧失了秩序。考虑不周、行列丧失，如何能打仗？楚国恐怕无法依靠了。"

【原文】

五月，晋师济河。闻楚师将至，范文子欲反，曰："我伪①逃楚，可以纾忧。夫合诸侯，非吾所能也，以遗能者。我若群臣辑睦以事君，多矣。"武子曰："不可。"

六月，晋、楚遇于鄢陵②。范文子不欲战。郤至曰："韩之战，惠公不振旅③；箕之役，先轸不反命④；邲之师，荀伯不复从⑤，皆晋之耻也。子亦见先君之事矣。今我辟楚，又益耻也。"文子曰："吾先君之亟战也，有故。秦、狄、齐、楚皆彊，不尽力，子孙将弱。今三彊服矣，敌楚而已。惟圣人能内外无患。自非圣人，外宁必有内忧，盍释楚以为外惧乎？"

【注释】

①伪：同"为"，如果，假如。
②鄢陵：郑国地名，在今河南鄢陵。
③不振旅：军旅不振，意思为战败。
④反命：回复命令。
⑤复从：没有原路回兵。

【译文】

五月，晋国军队渡过黄河。他们听说楚军将要到达，范文子想要返回，说："我们假装逃避楚国，这样就能够缓和忧患。会合诸侯，使我们做不到的，还是遗留给有能力的人吧。我们如果群臣和睦以侍奉国君，这就够了。"栾武子说："不行。"

六月，晋、楚两军在鄢陵相遇。范文子不想作战。郤至说："韩地这一战，惠公失败而归；箕地这一役，先轸无法回国复命；邲地这一仗，荀伯又战败，这些都是晋国的耻辱。您也了解先君时代的情况了。如今我们逃避楚国，这又是增加耻辱。"范文子说："我们先君的屡次作战，是有原因的。秦国、狄人、齐国、楚国都很强大，如果我们不尽全力，子孙将会被削弱。现在三强已经服从，只有楚国是敌人。只有圣人才能够内外都没有祸患。如果不是圣人，外部安定，内部必然有忧患，何不放掉楚国把它作为外部的戒惧呢？"

【原文】

甲午晦，楚晨压^①晋军而陈。军吏患之。范匄趋进，曰："塞井夷灶，陈于军中，而疏行首^②。晋、楚唯天所授，何患焉？"文子执戈逐之，曰："国之存亡，天也，童子何知焉？"栾书曰："楚师轻窕，固垒而待之，三日必退。退而击之，必获胜焉。"郤至曰："楚有六间^③，不可失也。其二卿相恶^④，王卒以旧^⑤，郑陈而不整，蛮军而不陈，陈不违晦，在陈而嚣，合而加嚣。各顾其后，莫有斗心；旧不必良，以犯天忌^⑥，我必克之。"

【注释】

①压：迫近。
②疏行首：将行列间道路隔宽。
③间：缺陷。
④二卿：指子重和子反。相恶：不和。
⑤旧：一言老兵，一言旧家弟子。
⑥犯天忌：触犯上天所禁忌之事。指晦日用兵。

【译文】

二十九日（阴历月终），楚军在清早逼近晋军而摆开阵势。晋国的军吏很担心。范匄快步向前，说："填井平灶，就在军营里摆开阵势，把行列间的距离放宽。晋、楚两国都是上天的赐予，有什么可担心的？"范文子拿起戈来驱逐他，说："国家的存亡，这是天意，小孩子知道什么？"栾书说："楚军轻佻，加固营垒等待他们，三天一定退军。乘他们退走而加以追击，一定可以得胜。"郤至说："楚国有六个问题，我们不可失掉时机：楚国的两个卿不和；楚共王的亲兵们从旧家中选拔，都已衰老；郑国虽然摆开阵势却不整齐；士兵在阵中喧闹，和敌军相遇就更加喧闹，各军彼此观望，没有战斗意志，旧家子弟的士兵不一定是强兵，所以这些都触犯了天意和兵家大忌。我们一定能战胜他们。"

【原文】

楚子登巢车^①，以望晋军。子重使大宰伯州犁侍于王后。王曰：

"驰而左右，何也?"曰:"召军吏也。""皆聚于军中矣。"曰:"合谋也。""张幕矣。"曰:"虔卜②于先君也。""彻幕矣。"曰:"将发命也。""甚嚣，且尘上矣。"曰:"将塞井夷灶而为行也。""皆乘矣，左右执兵而下矣。"曰:"听誓也。""战乎?"曰:"未可知也。""乘而左右皆下矣。"曰:"战祷也。"伯州犁以公卒告王。苗贲皇③在晋侯之侧，亦以王卒告。皆曰:"国士④在，且厚，不可当也。"苗贲皇言于晋侯曰:"楚之良⑤，在其中军王族而已。请分良以击其左右，而三军萃于王卒，必大败之。"公筮之。史曰:"吉。其卦遇'《复》☷☳',曰:'南国蹙，射其元王⑥，中厥目。'国蹙、王伤，不败，何待?"公从之。

【注释】

①巢车:有瞭望台的战车。
②虔:虔诚。卜:占卜。
③苗贲皇:楚国令尹同椒的儿子。
④国士:指伯州犁。
⑤良:精兵。萃:集中。
⑥元王:元首，指国王。

【译文】

　　楚共王登上楼车了望晋军。子重让大宰伯州犁侍立在楚共王身后。楚共王说:"车子向左右驰骋，干什么?"伯州犁说:"这是召集军官们。"楚共王说:"那些人都集合在中军了。"伯州犁说:"这是一起谋划。""帐幕张开了。"伯州犁说:"这是在先君的神主前占卜。""帐幕撤除了。"伯州犁说:"这是将要发布命令了。""喧闹得厉害，而且尘土飞扬起来了。"伯州犁说:"这是准备填井平灶摆开阵势。"楚共王说:"都登上战车了，将帅和车右都拿着武器下车了。"伯州犁说:"这是宣布号令。"楚共王说:"他们要作战吗?"伯州犁说:"还不能知道。"楚共王说:"晋军上了战车，将帅和车右又下来了。"伯州犁说:"这是战前的祈祷。"伯州犁把晋厉公亲兵的情况向楚共王报告。苗贲皇在晋厉公的旁边，也把楚共王亲兵的情况向晋厉公报告。晋厉公左右的将士们都说:"有国家中杰出的人物在那里，而且军阵厚实，不能抵挡。"苗贲皇对晋厉公说:"楚国的精兵在于他们中军的王族而已。请求把我们的精兵分开去攻击他们的左右军，再集中三军攻打楚王亲兵，一定可以把他们打得大败。"晋厉公让太史占筮。太史说："吉利。得到《复》。卦辞说：'南方的国家局促，射杀它的国王，箭头中目。'国家局促，国王受伤，不战败，还等待什么？"晋厉公听从了建议。

【原文】

有淖于前①，乃皆左右相违于淖。步毅御晋厉公，栾针为右。彭名御楚共王，潘党为右。石首御郑成公，唐苟为右。栾、范以其族夹公行，陷于淖。栾书将载晋侯，鍼曰："书退！国有大任，焉得专之？且侵官，冒也；失官，慢也；离局，奸也。有三罪焉，不可犯也。"乃掀公以出于淖。

癸巳，潘尪之党与养由基蹲甲而射之，彻七札焉。以示王，曰："君有二臣如此，何忧于战？"王怒曰："大辱国！诘朝尔射，死艺②。"吕锜梦射月，中之，退入于泥。占之，曰："姬姓，日也；异姓③，月也，必楚王也。射而中之，退入于泥，亦必死矣。"及战，射共王中目⑤。王召养由基，与之两矢⑥，使射吕锜。中项，伏弢④。以一矢复命。

【注释】

①淖（nào）：泥沼。
②死艺：死于这样的技艺上面。
③异姓：不同姓的人。
④弢（tāo）：装弓的袋子。

【译文】

晋军营前头有泥沼，于是晋国军对都或左或右地避开泥沼而行。步毅驾御晋厉公的战车，栾针担任车右。彭名驾御楚共王的战车，潘党担任车右。石首驾驭郑成公的战车，唐苟作为车右。栾、范领着他们私族部队左右护卫着晋厉公前进。战车陷在泥沼里。栾书打算将晋厉公装载在自己车上。他儿子栾鍼说："书退下去！国家有大事，你哪能一人揽了？而且侵犯别人的职权，这是冒犯；丢掉自己的职责，这是怠慢；离开自己的军队，这是扰乱。有三件罪名，不能违犯啊。"于是就掀起晋厉公的战车离开了泥沼。

六月二十八日，潘尪的儿子潘党和养由基把皮甲重叠而射它，穿透了七层。拿去给楚共王看，说："君王有这样两个臣下在这里，还有什么可担心的？"楚共王发怒说："真丢人！明早作战，你们射箭，将会死在你们的武艺上。"吕锜梦见自己射月亮，射中，自己却掉进了泥塘里。占卜，说："姬姓，是太阳；异姓，是月亮，这一定是楚共王了。射中了他，自己又掉进泥里，就一定会战死。"等到作战时，吕锜射中了楚共王的眼睛。楚王召唤养由基，给他两支箭，让他射吕锜。结果射中吕锜的脖子，伏在弓袋上死了。养由基拿了剩下的一支箭向楚共王复命。

【原文】

郤至三遇楚子之卒，见楚子，必下，免胄而趋风。楚子使工尹襄问之以弓，曰："方事之殷也，有韎韦之跗注①，君子也。识见不穀而趋，无乃伤乎？"郤至见客，免胄承命②，曰："君之外臣至从寡君之戎事③，以君之灵，间④蒙甲胄，不敢拜命。敢告不宁，君命之辱。为事之故，敢肃使者。"三肃使者而退。

晋韩厥从郑伯，其御杜溷罗曰："速从之？其御屡顾，不在马，可及也。"韩厥曰："不可以再辱国君⑤。"乃止。郤至从郑伯，其右茀翰胡曰："谍辂之，余从之乘，而俘以下。"郤至曰："伤国君有刑⑥。"亦止。石首曰："卫懿公唯不去其旗，是以败于荧。"乃内旌于弢中。唐苟谓石首曰："子在君侧，败者壹大。我不如子，子以君免，我请止⑦。"乃死。

【注释】

①跗注：古代的一种军服。

②承命：受命。

③戎事：军事，战事。

④间：参加。

⑤再辱国君：韩厥曾追击齐顷公。

⑥有刑：受到刑罚。

⑦止：止而抵御晋军。

【译文】

郤至三次碰到楚共王的士兵，见到楚共王时，一定要下车，脱下头盔，快步向前走去。楚共王派工尹襄送上一张弓去问候，说："正是激战的时候，有一位身穿浅红色牛皮军服的人，是位君子啊！刚才见到我而快走，恐怕是受伤了吧！"，郤至见到客人，取下头盔接受命令，说："贵国君王的外臣郤至跟随寡君作战，托君王的福，参与了披甲的行列，不敢拜谢命令。谨向君王报告我没有受伤，感谢君王惠赐予我的命令。由于战事的缘故，谨向使者敬礼。"于是，三次向使者肃拜以后才离去。

晋国的韩厥追赶郑成公，他的车夫杜溷罗说："快追上去！他们的御者屡屡回头看，注意力不在马上，可以赶上。"韩厥说："不能再次羞辱国君。"于是停止追赶。郤至追赶郑成公，他的车右茀翰胡说："另外派轻车从小道迎击，我追上他的战车而把他捉下来。"郤至说："伤害国君是要受到惩罚的。"也停止了追赶。石首说："从前卫懿公由于不去掉他的旗子，所以才在荧地战败。"于是就把旗子放进弓袋里。唐苟对石首说："您在国君身旁，战败者应该一心保护国君。我不如您，您带着国君逃走，我请求留下。"于是唐苟战死了。

【原文】

楚师薄①于险，叔山冉谓养由基曰："虽君有命②，为国故，子必射。"乃射，再发，尽殪。叔山冉搏人以投，中车，折轼③。晋师乃止。囚楚公子茷。

栾针见子重之旌，请曰："楚人谓夫旌，子重之麾④也，彼其子重也。日臣之使于楚也，子重问晋国之勇，臣对曰：'好⑤以众整。'曰：'又何如？'臣对曰：'好以暇。'今两国治戎，行人不使，不可谓整；临事而食言，不可谓暇。请摄饮焉。"公许之。使行人执榼⑥承饮，造于子重，曰："寡君乏使，使鍼御持矛，是以不得犒⑥从者，使某摄饮。"子重曰："夫子尝与吾言于楚，必是故也。不亦识乎？"受而饮之，免使者而复鼓⑦。旦而战，见星未已。

【注释】

①薄：迫。

②虽君有命：楚共王曾斥责养由基。

③折轼：折断了车前的横木。

④麾：古代供指挥用的旌旗。

⑤好：喜欢。

⑥醯：酒器。

⑦复鼓：重新击鼓。

【译文】

楚军被逼在险阻的地带，叔山冉对养由基说："虽然国君有过命令，但是为了国家，您一定要射箭。"养由基就射晋军，再射，都将敌人射死。叔山冉举起晋国人投掷过去，掷中战车，砸断了车前的横木。晋军于是停下来。将楚国的公子茷囚禁了起来。

栾针见剑子重的旌旗，请求说："楚国人说那面旌旗是子重的旗号，他恐怕就是子重吧。当初下臣出使到楚国，子重问起晋国的勇武表现在哪里，下臣回答说：'喜爱整齐，按部就班。'子重说：'还有什么？'下臣回答说：'喜好从容不迫。'现在两国兴兵，不派遣使者，不是按部就班；事情临近而不讲信用，不是从容不迫。请君王派人替我给子重进酒。"晋历公答应了，派遣使者拿着酒器奉酒。到了子重那里，说："寡君缺乏使者，让栾鍼执矛侍立在他左右，因此不能犒赏您的从者，派我前来代他送酒。"子重说："他老人家曾经跟我在楚国说过一番话，送酒来一定是这个原因。他的记忆力不也是很强吗？"受酒而饮，不为难使者而重新击鼓。

【原文】

子反命军吏察夷伤①，补卒乘，缮甲兵，展②车马，鸡鸣而食，唯命是听。晋人患之。苗贲皇徇曰："蒐乘，补卒，秣马、利兵，修陈、固列，蓐食、申祷，明日复战！"乃逸楚囚。王闻之，召子反谋。榖阳竖献饮于子反，子反醉而不能见。王曰："天败楚也夫！余不可以待。"乃宵遁。晋入楚军，三日榖。范文子立于戎马之前，曰："君幼，诸臣不佞，何以及此？君其戒之！《周书》曰：'惟命不于常。'有德之谓。"

【注释】

①夷伤：创伤。

②展：陈列。

【译文】

子反命令军官视察伤情，补充步兵车兵，修理盔甲武器，陈列战车马匹，鸡叫的时候吃饭，唯主帅的命令是听。晋国因此担心。苗贲皇通告全军说："检阅战车、补充士卒，喂好马匹，磨快武器，整顿军阵、巩固行列，饱吃一顿、再次祷告，明天再战！"就故意放走楚国的俘虏。楚共王听到这些情况，召子反一起商量。毂阳竖献酒给子反，子反喝醉了不能进觐见。楚共王说："这是上天要让楚国失败啊！我不能等着。"于是就夜里逃走了。晋军进入楚国军营，吃了三天楚军留下的粮食。范文子站在兵马前面，说："君王年幼，下臣们不才，怎么能到达这个地步？君王要警惕啊！《周书》说，'天命不能常在不变'，说的是有德之人可享天命。"

【原文】

楚师还，及瑕①，王使谓子反曰："先大夫之覆师徒者，君不在。子无以为过，不毂之罪也。"子反再拜稽首曰："君赐臣死，死且不朽。臣之卒实奔，臣之罪也。"子重使谓子反曰："初陨师徒者，而②亦闻之矣。盍图之！"对曰："虽微先大夫有之，大夫命侧，侧敢不义？侧亡君师，敢忘其死？"王使止之，弗及而卒。

战之日，齐国佐、高无咎至于师，卫侯出于卫，公出于坏隤。宣伯通于穆姜，欲去季、孟而取其室。将行，穆姜送公，而使逐二子。公以晋难告，曰："请反而听命。"姜怒，公子偃、公子钼趋过③，指之曰："女不可④，是皆君也。"公待于坏隤，申宫、儆备，设守，而后行，是以后。使孟献子守于公宫。

【注释】

①瑕：在今安徽蒙城县北。
②而：同尔。
③趋过：快步走过。
④不可：不允许。

【译文】

楚军回去，到达瑕地，楚共王派人对子反说："先大夫让军队覆没，当时国君不在军中。现在您没有过错，这是我的罪过。"子反再拜叩头说："君王赐下臣去死，死而不朽。下臣的士兵的确战败逃跑了，这是下臣的罪过。"子重也派人对子反说："先前让军队覆没的人，他的结果你也听到过了。何不自己打算一下！"子反回答说："即使没有先大夫自杀谢罪的事，大夫命令侧死去，侧岂敢贪生而陷于不义？侧使国君的军队败亡，怎敢忘记一死？"楚共王派人去阻止他，还没来得及，子反就自杀了。

作战的第二天，齐国国佐、高无咎到达军中，卫献公从卫国出来，鲁成公从坏隤出来。宣伯和穆姜私通，想要除掉季、孟两人而占有他们的家财。成公将要出行，穆姜为他送行，让他驱逐这两个人。成公把晋国的危难告诉她，说："请等我回来再听取您的命令。"穆姜发怒，公子偃、公子鉏快步走过，穆姜指着他们说："你要不同意，他们都可以是国君！"鲁成公在坏隤等待，保卫宫室、加强戒备、安排守卫，然后才出行，所以去晚了。让孟献子在公宫留守。

【原文】

秋，会于沙随，谋伐郑也。宣伯使告郤犨曰："鲁侯待于坏隤，以待胜者①。"郤犨将新军，且为公族大夫，以主东诸侯。取货于宣伯，而诉②公于晋侯。晋侯不见公。

曹人请于晋曰："自我先君宣公即世，国人曰：'若之何？忧犹未弭。'而又讨我寡君，以亡曹国社稷之镇公子，是大泯曹也，先君无乃有罪乎？若有罪，则君列诸会矣。君唯不遗德、刑，以伯诸侯，岂独遗诸敝邑？取私布③之。"

【注释】

①待胜者：杜注："观晋、楚之胜负"。
②诉：毁谤。
③私布：私自陈述。

【译文】

秋季，鲁成公和晋厉公、齐灵公、卫献公、宋国华元、邾国人在沙随会见，商量攻打郑国的事情。宣伯派人告诉郤犨说："鲁侯在坏隤等着，等待胜利的人。"隰犨率领新军，同时担任公族大夫，主持东方诸侯的事务。他从宣伯那里拿了财物，而在晋厉公那里毁谤鲁成公。晋厉公就不和鲁成公见面。

曹国人向晋国请求说："自从我先君宣公去世，国内的人们说：'怎么办？忧患还没有去除。'而贵国又讨伐我国，因而使镇抚曹国国家的公子子臧逃亡，这是在大举灭曹，莫非是由于先君的罪过吧！可是如果有罪，君王又使他参加会盟。君王不丢失德行和刑罚，所以才能称霸诸侯，难道唯独要丢弃敝邑？谨在私下向贵国表达真情。"

【原文】

七月，公会尹武公及诸侯伐郑。将行，姜又命公如初，公又申守而行。诸侯之师次于郑西，我师次于督扬①，不敢过郑。子叔声伯②使叔孙豹请逆于晋师，为食于郑郊。师逆以至。声伯四日不食以待之，食使者而后食。

诸侯迁于制田③，知武子佐下军，以诸侯之师侵陈，至于鸣鹿⑤，遂侵蔡。未反，诸侯迁于颍上。戊午，郑子罕宵军之，宋、齐、卫皆失军。

曹人复请于晋。晋侯谓子臧："反，吾归而后。"子臧反，曹伯归。子臧尽致④其邑与卿而不出。

【注释】

①督扬：郑东地。
②子叔声伯：即公子齐婴。
③制田：在今河南新郑县东北。
④尽致：详尽细致，达到极点。

【译文】

七月，鲁成公会合尹武公和诸侯进攻郑国。成公将要出行，穆姜又像以前一样命令成公。成公又在宫中设了防备以后才离去。诸侯的军队在郑国西部驻扎，我国的军队在督扬驻扎，不敢经过郑国。子叔声伯派叔孙豹请求晋军前来迎接我军，又在郑国郊外为晋军准备饭食。晋军为迎接我军而来，子叔声伯四天没有吃饭等着他们，直到让晋国的使者吃了饭以后自己才吃。

诸侯迁移到制田，知武子担任下军副帅，率领诸侯的军队攻打陈国，到达鸣鹿，因此进攻蔡国。还没有回来，诸侯又迁移到颍上。七月二十四日夜，郑国的子罕发动袭击，宋国、齐国、卫国全都溃不成军。

曹国人再次向晋国请求。晋厉公对子臧说："你回去吧，我将你们国君送回。"子臧回国，曹成公也回来了，子臧把他的封邑和卿的职位全部交出去而不再做官。

【原文】

宣伯使告郤犨曰："鲁之有季、孟，犹晋之有栾、范也，政令于是乎成①。今其谋曰：'晋政多门②，不可从也。宁事齐、楚，有亡而已，蔑从晋矣。'若欲得志于鲁，请止行父而杀之，我毙蔑也，而事晋，蔑有贰矣。鲁不贰，小国必睦。不然，归必叛矣。"

【注释】

①成：达成。
②多门：出自各大卿族，不能统一。

【译文】

叔孙侨如派人告诉郤犨说："鲁国有季氏、孟氏，就好像晋国有栾氏、范氏，政令就是在那里制订的。现在他们商量说：'晋国的政令出于不同的家族，不能统一，这是不能服从的。宁可事奉齐国和楚国，哪怕亡国，也不能跟从晋国了。'晋国如果要在鲁国行使自己的意志，请留下季孙行父而杀了他，我把仲孙蔑杀死，侍奉晋国，仲孙蔑有二心了。鲁国没有二心，其他小国一定服从晋国。不这样的话，行父回国后就必定背叛晋国。"

【原文】

九月，晋人执季文子于苕丘。公还，待于郓①，使子叔声伯请季孙于晋。郤犨曰："苟去仲孙蔑，而止季孙行父，吾与子国，亲于公室。"对曰："侨如之情，子必闻之矣。若去蔑与行父，是大弃鲁国，而罪寡君也。若犹不弃，而惠徼周公之福，使寡君得事晋君，则夫二人者，鲁国社稷之臣也。若朝亡之，鲁必夕亡。以鲁之密迩仇雠，亡而为雠，治②之何及？"，郤犫曰："吾为子请邑。"对曰："婴齐，鲁之常隶也，敢介大国以求厚焉？承寡君之命以请，若得所请，吾子之赐多矣，又何求？"范文子谓栾武子曰："季孙于鲁，相二君矣。妾不衣帛，马不食粟，可不谓忠乎？信谗慝而弃忠良③，若诸侯何？子叔婴齐奉君命无私，谋国家不贰，图其身不忘其君。若虚其请，是弃善人也。子其图之！"乃许鲁平，赦季孙。

【注释】

① 郓：在今山东郓城县。

② 治：补救。

③ 谗慝：指邪恶奸佞之人。

【译文】

　　九月，晋国人在苕丘逮捕了季孙行父。成公回来。在郓地等待他，派子叔声伯向晋国请求放回季孙。郤犫说："如果去掉仲孙蔑而留下季孙行父，我给您鲁国的政权，对待您比对公室还亲近。"声伯回答说："侨如的情况，您一定听到了。如果去掉蔑和行父，这是大大丢弃鲁国而惩罚寡君。如果还能不丢弃鲁国，而承您向周公祈求福禄，让寡君能够侍奉晋国国君，那么这两个人，就是鲁国的社稷之臣。果早晨去掉他们，鲁国必然晚上灭亡。鲁国靠近晋国的仇敌，灭亡了以后就会变成仇敌，还来得及补救吗？"郤犫说："我为您请求封邑。"声伯回答说："婴齐，是鲁国的小臣，怎敢仗恃大国以求取丰厚的官禄？我奉了君王的命令前来请求，如果请求得到答应，您的恩赐就多很多了，还有什么请求？"范文子对栾武子说："季孙在鲁国，辅助过两个国君。他家中的妾不穿丝绸，他家中的马不喂粟米，能不认为他是忠诚吗？相信奸邪而丢弃忠良，怎么对付诸侯？子叔声伯接受国君的命令没有私心，为国家谋划也没有二心，为自己打算而不忘国君。如果拒绝他的请求，这是丢弃善人啊！您还是考虑一下吧！"于是准许鲁国讲和，赦免了季孙行父。

【原文】

　　冬十月，出叔孙侨如而盟之。侨如奔齐。

十二月，季孙及郤犨盟于扈。归，刺公子偃，召叔孙豹于齐而立之。

齐声孟子①通侨如，使立于高、国之间。侨如曰："不可以再罪。"奔卫，亦间于卿②。

晋侯使郤至献楚捷于周，与单襄公语，骤称其伐。单子语诸大夫曰："温季其亡乎！位于七人之下，而求掩其上。怨之所聚，乱之本也。多怨而阶乱，何以在位？《夏书》曰：'怨岂在明？不见是图。'将慎其细也。今而明之，其可乎？"

【注释】

①声孟子：齐灵公之母，宋女。
②间于卿：位于卿之间。

【译文】

冬季十月，放逐叔孙侨如并且和大夫们结盟。侨如逃亡往齐国。

十二月，季孙和郤犨在扈地结盟。回国，暗地里杀了公子偃，把叔孙豹从齐国召回，立他继承叔孙氏的禄位。

齐国的声孟子和侨如私通，让他位于高氏、国氏之间。侨如说："不能再犯罪了。"便逃亡到卫国，也位于各卿之间。

晋厉公派遣郤至到成周去献对楚国作战的战利品，郤至和单襄公说话，屡次夸耀自己的功劳。单襄公对大夫们说："郤至恐怕要被杀害吧！他的地位在七个人之下，却想要盖过他的上级。聚集怨恨，这是祸乱的根本。多招怨恨，是自己制造祸乱的阶梯，怎么还能据有官位？《夏书》说：'怨恨难道只是在明处？看不到的怨恨倒是应该考虑。'这是说在细微的地方也要小心谨慎。现在郤至把看不到的怨恨变得明显了，这样可以吗？"

襄公（元年～三十一年）

三年经

三年春，楚公子婴齐帅师伐吴。

公如晋。

夏四月壬戌，公及晋侯盟于长樗。

公至自晋。

六月，公会单子、晋侯、宋公、卫侯、郑伯、莒子、邾子、齐世子光。己未，同盟于鸡泽。

陈侯使袁侨如会。

戊寅，叔孙豹及诸侯之大夫及陈袁侨盟。

秋，公至自会。

冬，晋荀罃帅师伐许。

三年传

【原文】

三年春，楚子重伐吴，为简之师。克鸠兹①，至于衡山。使邓廖帅组甲三百、被练三千，以侵吴。吴人要而击之，获邓廖。其能免者，组甲②八十、被练三百而已。

子重归，既饮至③三日，吴人伐楚，取驾。驾，良邑也；邓廖，亦楚之良也。君子谓"子重于是役也，所获不如所亡"。楚人以是咎子重。子重病之，遂遇心疾而卒。

公如晋，始朝也。夏，盟于长樗。孟献子相。公稽首。知武子曰："天子在，而君辱稽首，寡君惧矣。"孟献子曰："以敝邑介在东表④，密迩仇雠，寡君将君是望，敢不稽首？"

【注释】

①鸠兹：古地名，春秋时属吴邑，今位于安徽芜湖县东。

②组甲：身着丝绳带联缀皮革或金属的甲片的士兵。

③指诸侯朝、会、盟、伐后回宗庙饮酒庆功。

④东表：东方边界之外。指临近东海的意思。

【译文】

鲁襄公三年，春季之时，楚国的子重征伐吴国，组织了一支精挑细选的军队。攻下鸠兹，到达衡山。子重派遣邓廖率领三百名组甲士兵进入吴国境内。吴军拦腰截断楚军，并俘虏邓廖。逃脱的只有车兵八十、步兵三百而已。

子重回国后，举行饮至之礼，过了三天，吴国人便征伐楚国，占取了驾地。驾，是上等的城邑。邓廖，也是楚国的良将。君子认为："子重在这次战役中，所得到的抵不过所失去的。"楚国人为这件事而责备子重。子重对此很苦恼，最终内心忧虑得病死去。

鲁襄公到晋国，这是第一次朝见。夏季，鲁襄公和晋悼公在长樗会盟。孟献子担任襄公的相礼。襄公晋悼公行跪拜礼。知武子说："周天子还在，你却屈辱地行跪拜礼，我们君王感到不安。"孟献子说："由于我们的城邑地近东海，紧挨着仇敌，君王还得期望你们的协助，所以哪儿敢不行跪拜大礼啊？"

【原文】

晋为郑服①故，且欲修吴好，将合诸侯。使士匄告于齐曰："寡君使匄，以岁之不易，不虞之不戒，寡君愿与一二兄弟相见，以谋不协。请君临之，使匄乞盟。"齐侯欲勿许，而难为不协，乃盟于耏②外。

祁奚③请老，晋侯问嗣焉。称解狐，其雠也，将立之而卒。又问焉。对曰："午④也可。"于是羊舌职死矣，晋侯曰："孰可以代之？"对曰："赤⑤也可。"于是使祁午为中军尉，羊舌赤佐之。

君子谓祁奚"于是能举善矣。称其仇，不为谄；立其子，不为比；举其偏，不为党。《商书》曰：'无偏无党，王道荡荡。'⑥其祁奚之谓矣。解狐得举，祁午得位，伯华得官，建一官而三物成，能举善也。夫唯善，故能举其类。《诗》云：'惟其有之，是以似之。'⑦祁奚有焉。"

【注释】

①服：归服，顺服。

②酾（ér）：古地名，酾水，即今山东临淄的时水。

③祁奚：字黄羊，晋国大臣，曾任晋国中军尉。

④午：祁午，祁垂的儿子。

⑤赤：羊舌赤，字伯华，羊舌职的儿子。

⑥出自《尚书·洪范》。王道：君王以仁义治理国家，以德政安抚臣民的统治方法。荡荡：宽广无边的样子，引申为公正无私之意。

⑦出自《诗·小雅·裳裳者华》。正因为本身具有美德，所以推举的人才能和他相似。

【译文】

晋国因郑国顺服的缘故，又想跟吴国修好，便打算会合各诸侯国。派遣士匄告知齐国说："君王派我前来，是由于近年来各国尚不太平，对意外之事没有足够的戒备，因此君王愿意跟几位同姓诸侯国的国君相见，来商量解决彼此的不和。希望君王参加，并派我来请求结盟。"齐灵公本想不答应，但又不好表示不和之意，就在酾水外同晋国结盟。

祁奚请求告老退休，晋悼公问由谁来接替他。祁奚举荐解狐。解狐，是祁奚的仇人，晋悼公正打算任用解狐，他却死了。于是晋悼公再问祁奚，祁奚回答说："祁午也可以。"这时候羊舌职去世了，晋悼公问："谁能接替他呢？"祁奚答："羊舌赤可以。"因此，晋悼公就任命祁午做中军尉，羊舌赤为副职。

君子认为："祁奚在这种情况下能够推举有德行的人。举荐他的仇人并不是为了讨好，安排他的儿子并不是因为偏袒，推举他的副手并不是要去结党。《商书》说：'无偏无党，王道荡荡。'这说的就是祁奚啊。解狐能被推举，祁午得到禄位，羊舌赤获取官职，设置一个官位而成全三件事，这就是善于推举有德行的人啊。正因为他自己有德行，才能推举跟他类似的人。《诗》说：'惟其有之，是以似之。'祁奚就是这样的。"

【原文】

六月，公会单顷公①及诸侯。己未，同盟于鸡泽②。晋侯使荀会逆吴子于淮上。吴子不至。

楚子辛为令尹，侵欲于小国，陈成公使袁侨如会求成。晋侯使和组父告于诸侯。秋，叔孙豹③及诸侯之大夫及陈袁侨盟，陈请服也。

【注释】

①单顷公：春秋时单国国君。
②鸡泽：古地名，在河北永年县西南。
③叔孙豹：春秋时鲁国大夫。

【译文】

鲁襄公三年六月，鲁襄公会见单顷公和各诸侯国。二十三日，在鸡泽共同举行会盟。晋悼公派荀会在淮水边上迎接吴国国君，但吴国国君没有到来。

楚国的子辛做令尹，想要侵犯小国以满足自己。陈成公派遣袁侨到会请求讲和。晋悼公让和组父告诉各诸侯国。秋季，叔孙豹及各诸侯国大夫同陈国的袁侨举行盟约，陈国请求顺服晋国。

【原文】

晋侯之弟扬干乱行于曲梁，魏绛戮其仆。晋侯怒，谓羊舌赤曰："合诸侯，以为荣也。扬干为戮，何辱如之？必杀魏绛，无失也！"对曰："绛无贰志，事君不辟难，有罪不逃刑，其将来辞①，何辱命焉？"言终，魏绛至，授仆人②书，将伏剑。士鲂、张老止之。公读其书曰："日君乏使，使臣斯司马③。臣闻'师众以顺为武，军迅死无犯为敬'。君合诸侯，臣敢不敬？君师不武，执事不敬，罪莫大焉。臣惧其死，以及扬干，无所逃罪。不能致训，至于用钺④。臣之罪重，敢有不从以怒君心？请归死于司寇。"公跣而出，曰："寡人之言，亲爱也；吾子之讨，军礼也。寡人有弟，弗能教训，使干大命，寡人之过也。子无重寡人之过，敢以为请。"

【注释】

①辞：说讲，陈述。
②仆人：古代太仆等官的通称。
③司马：官职名，掌握军政和军赋，与司徒、司空、司士、司寇并称五官。

④铖：斧铖，大斧子，这儿代指执行刑罚。

【译文】

晋悼公的弟弟扬干在曲梁扰乱军队的行列，魏绛杀掉了他的驾车之人。晋悼公发怒，对羊舌赤说："我会合诸侯，是要取得荣耀。如今扬干被侮辱，对我而言还能有如此的耻辱吗？你一定要杀掉魏绛，不容违背！"羊舌赤答道："魏绛对国家毫无二心，侍奉君王不躲避危难，有了罪过不逃脱惩罚，他会来交代的，哪用君王下这样的命令呢？"话刚说完，魏绛就来了，将一封信交给官员，便要伏剑自杀。士鲂、张老止住他。晋悼公看他信上这样写道："以前君王缺乏役使的人，让我担任司马的职务。我听说军队里的官兵们服从命令便叫做勇武，军队的事务宁死也不抵触便叫做恭敬。君王会合诸侯，我怎么敢不恭敬？君王的军队不勇武，执行任务的官兵不恭敬，没有比这更大的罪过了。我害怕失职而获死，所以连累到了扬干，罪责是无可逃脱的。我未能事先教导好全军，以至于动用斧铖。我的罪过很重，怎敢不服从惩罚，从而激怒君王呢？请司寇处死我吧。"晋悼公赶紧光着脚便走出来，说："我跟羊舌赤所说的话，是出于对兄弟的爱惜之情；你诛杀驾车的人，则是按照军队的制度规定。我有个弟弟，却没能好好教导，而让他触犯了军令，这本来就是我的过错啊。你不要（自杀）而再加重我的过失，我向你做这样的请求。"

【原文】

晋侯以魏绛为能以刑佐民矣，反役①，与之礼食②，使佐新军。张老为中军司马，士富为候奄③。

楚司马公子何忌侵陈，陈叛故也。许灵公事楚，不会于鸡泽。冬，晋知武子帅师伐许。

【注释】

①役：战事，这里指会盟之事。
②礼食：古代君王赐臣下进食的一种礼遇。
③候奄：官职名，在军中负责侦察敌情。晋国设此官职，与司空、司马等并列。

晋悼公认为魏绛有才干，能够采用刑罚来治理百姓。会盟后归国，赐魏绛进食，并任命他为新军副帅。张老做中军司马，士富做候奄。

楚国的司马公子何忌侵犯陈国，这是由于陈背叛了楚。许灵公侍奉楚国，因此没有参加鸡泽的会盟。冬季，晋国的知武子率领军队讨伐许国。

四年经

四年春王三月己酉，陈侯午卒。

夏，叔孙豹如晋。

秋七月戊子，夫人姒氏薨。

葬陈成公。

八月辛亥，葬我小君定姒。

冬，公如晋。

陈人围顿。

四年传

【原文】

四年春，楚师为陈叛故，犹在繁阳。韩献子①患之，言于朝曰："文王帅殷之叛国以事纣，唯知时也。今我易之，难哉！"

三月，陈成公卒。楚人将伐陈，闻丧乃止。陈人不听命。臧武仲②闻之，曰："陈不服于楚，必亡。大国行礼焉，而不服；在大犹有咎，而况小乎？"夏，楚彭名侵陈，陈无礼故也。

【注释】

①韩献子：春秋中期晋国卿大夫，始为赵氏家臣，后位列八卿之一，至晋悼公时，升任晋国执政。

②臧武仲：鲁国大夫，官司寇。

【译文】

鲁襄公四年，春季，楚军因为陈国的背叛，仍驻扎在繁阳。韩献子担心这件事，在朝廷上进言说："周文王带领背叛商的国家去侍奉商纣，这只是因为他知道时机未到。现在我们想改变目前的这种处境，难哪！"

三月，陈成公去世。楚军正要进攻陈国，听到丧事的消息便停止战事。陈国却不遵从楚国的指示。臧武仲听到这件事，说："陈国对楚国不服从，一定会灭亡。有大国实行礼仪，却不去顺服，处于大国地位尚且会有灾难，更何况是小国呢？"夏季，楚国的彭名侵伐陈国，便是因为陈国无礼的缘故。

【原文】

穆叔①如晋，报知武子之聘也。晋侯享之，金奏《肆夏》之三，不拜。工歌《文王》之三，又不拜。歌《鹿鸣》②之三，三拜。韩献子使行人子员问之曰："子以君命辱于敝邑，先君之礼，藉之以乐，以辱吾子。吾子舍其大，而重拜其细，敢问何礼也？"对曰："《三夏》，天子所以享元侯也。使臣弗敢与闻。《文王》，两君相见之乐也，使臣不敢及。《鹿鸣》，君所以嘉寡君也，敢不拜嘉？《四牡》，君所以劳使臣也，敢不重拜？《皇皇者华》，君教使臣曰'必谘于周'。臣闻之：'访问于善为咨，咨亲为询，咨礼为度，咨事为诹，咨难为谋。'臣获五善，敢不重拜？"

【注释】

①穆叔：名叔孙豹，春秋时鲁国大夫。

②《肆夏》、《文王》、《鹿鸣》：乐章的名称，古代不同场合奏不同的乐章。后两篇均出自于《诗经》。

【译文】

穆叔到晋国，通报对于知武子的聘用。晋悼公宴请他，用乐器演奏《肆夏》三章，穆叔没有答拜。让乐工歌唱《文王》三曲，穆叔仍没有答拜。歌唱《鹿鸣》三曲，穆叔就答拜了三回。韩献子派行人官子员去询问他，说："你奉君王之命屈尊驾临我们国家，我们按先君之礼用音乐来招待大夫。你却忽视较重的乐曲而再三拜其中较轻的，请问这是什么样的礼仪呢？"穆叔答道："《三夏》，是天子用来招待众多诸侯的，我不敢听闻。《文王》，是两国国君相见时演唱的音乐，我不敢领受。《鹿鸣》，是君王用来嘉奖本国君王的，我怎敢不拜谢呢？《四牡》，则是君王用来慰劳我这个使臣的，我怎敢不再三答拜呢?《诗·小雅·皇皇者华》所载，君王教导使臣说：'一定要向忠信的人咨询这些事。'我听说：'询问善道叫做咨，问亲戚之义叫做询，询问礼仪叫做度，询问战事叫做诹，询问患难叫做谋。'我得到这五种好的教导，怎敢不再三拜谢呢?"

【原文】

秋，定姒①薨。不殡于庙，无椑，不虞。匠庆谓季文子曰："子为正卿②，而小君③之丧不成，不终君也。君长，谁受其咎?"

初，季孙为己树六槚于蒲圃东门之外，匠庆请木，季孙曰："略。"匠庆用蒲圃之槚，季孙不御。君子曰：《志》所谓'多行无礼，必自及也'，其是之谓乎!"

冬，公如晋听政。晋侯享公，公请属鄫。晋侯不许。孟献子曰："以寡君之密迩于仇雠，而愿固狂，无失官命。鄫无赋于司马，为执事朝夕之命敝邑，敝邑褊小，阙而为罪，寡君是以愿借助焉。"晋侯许之。

楚人使顿④间陈而侵伐之，故陈人围顿。

【注释】

①定姒：鲁成公之妾，鲁襄公之母。

②正卿：春秋时部分诸侯国的执政大臣兼军事最高指挥官，上卿兼执政卿于一身。

③小君：最早称诸侯的妻子，后也用作妻子的通称。

④顿：国名，姬姓，春秋时为楚国所灭，即今河南项城北五里之南顿故城。

【译文】

秋季，定姒去世。没有在祖庙内停放灵柩，没有使用内棺，也没举行虞祭。官府中的木匠匠庆便对季文子说："您身为正卿，然而小君的丧事没有办完，这是让君王不能为其生母送终啊。等君王长大后，谁来承担这个责任呢?"

早些时候，季孙在蒲圃的东门外为自己种植了六棵楸树，匠庆要求将它们用做定姒的棺椁木料，季孙说："您去偷去抢吧。"匠庆最终还是用了蒲圃的楸树，季孙并未制止他。君子说："《志》所说的'不合礼仪的事做得太多，一定也会殃及到自己'，就是说季孙的这件事吧！"

冬季，鲁襄公到晋国决断贡赋之事。晋悼公宴请襄公，襄公要求把鄫国附属于鲁国，晋悼公不同意。孟献子便道："我们君王的国土紧靠着仇敌，但仍然坚决地侍奉您，从未违背过晋国的指示。鄫国没有对晋司马承担贡赋，但您的官员却时常向我国催缴赋税，我国地域狭小，缴不上赋税又是罪过，君王因此希望能得到您的帮助啊。"晋悼公这才答应了。

楚国让顿国趁着陈国的空子而攻打陈国，因此陈国军队便包围了顿国。

【原文】

无终①子嘉父使孟乐如晋，因魏庄子纳虎豹之皮，以请和诸戎。晋侯曰："戎狄无亲而贪，不如伐之。"魏绛曰："诸侯新服，陈新来和，将观于我。我德，则睦；否，则携贰。劳师于戎，而楚伐陈，必弗能救，是弃陈也。诸华必叛。戎，禽兽也。获戎、失华，无乃不可乎！《夏训》有之曰：'有穷后羿②……'"公曰："后羿何如？"对曰："昔有夏之方衰也，后羿自鉏迁于穷石，因夏民以代夏政。恃其射也，不修民事，而淫于原兽。弃武罗、伯因、熊髡、龙圉，而用寒浞。寒浞，伯明氏之谗子弟也，伯明后寒③弃之，夷④羿收之，信而使之，以为己相。

【注释】

①无终：山戎国名。

②有穷后羿：有穷，夏代国名，位于今河南。后，君王。羿（yì），君王的名字，擅长射箭。

③伯明后寒：伯明，人名。后，国君。寒，古国名。

④夷：羿的姓氏。

【译文】

无终国国君嘉父派孟乐进入晋国，通过魏绛的上缴了虎豹等毛皮，用来请求晋国与各山戎国讲和。晋悼公说："戎、狄无视于亲情而又贪婪，还不如攻取了他们。"魏绛说："各诸侯国刚刚归顺，陈国也刚刚前来讲和，都是要观察我们的行动。我们有德就相亲近，否则就会一起背离。如果攻打山戎让军队疲惫，那么要是楚国进攻陈国，我们一定不能前往救援，这是放弃了陈国了，中原诸国也一定随之背叛。山戎，是野蛮禽兽之国。得到戎而失去中原，恐怕是不可以的吧！《夏书》记载了这样一件事'有穷国的君王羿。"晋悼公说："君王羿怎么了？"魏绛回答说："那时候夏朝才刚刚衰落，后来羿从鉏地迁到穷石，依靠夏朝的百姓来夺取了夏朝的政权。羿倚仗他擅长射箭，不治理国政，反而沉溺于打猎之事。他废弃了武罗、伯因、熊髡、龙圉这些贤臣而重用寒国的浞。寒国的浞，是伯明氏一个奸诈的后辈；伯明做寒国国君的时候便废弃了他，夷羿却接收这个人，相信并且任用他，让他辅助自己。

【原文】

浞行媚于内，而施赂于外，愚弄其民而虞①羿于田，树之诈慝，以取其国家，外内咸服。羿犹不悛，将归自田，家众杀而亨之，以食其子。其子不忍食诸，死于穷门。靡奔有鬲氏②。浞因羿室，生浇及豷，恃其谗慝诈伪，而不德于民，使浇用师，灭斟灌及斟寻氏。处浇于过，处豷于戈。靡自有鬲氏，收二国之烬，以灭浞而立少康。

少康灭浇于过，后杼③灭豷于戈，有穷由是遂亡，失人故也。昔周辛甲之为大史④也，命百官，官箴王阙。于《虞人之箴》⑤，曰：'芒芒禹迹，画为九州，经启九道。民有寝、庙，兽有茂草；各有攸处，德用不扰。在帝夷羿，冒于原兽，忘其国恤，而思其麀牡。武不可重，用不恢于夏家。兽臣司原，敢告仆夫。'《虞箴》如是，可不惩乎？"于是晋侯好田，故魏绛及之。

【注释】

①虞：同"娱"，安乐。

②靡奔有鬲氏：靡，夏朝遗臣，后事羿。有鬲，国名，位于今山东陵县及德州德城区。

③后杼：少康的儿子。

④大史：即太史，史官及历官之长。西周、春秋时为地位很高的朝廷大臣，掌管起草文书、策命诸侯卿大夫、记载史事，兼管典籍、历法、祭祀等事。

⑤《虞人之箴》：亦称《虞箴》。虞人：掌管田猎的官员。

【译文】

浇在后宫中献媚，在外边则广施财物，欺骗国家的子民，同时让羿沉溺于打猎的安乐，而自己扶植奸诈邪恶之人，来夺取羿的江山。朝廷内外都相信了他的欺诈行为。羿还是不知悔改。在他打猎将要返回的时候，手下人便把他杀了并将他的肉煮熟，给他的儿子吃。羿的儿子不忍心吃这肉，便被杀死在有穷国的城门。靡逃亡到有鬲国。浇又占用羿的妻室，生下浇和豷两个儿子，他仗着自己的奸诈欺骗手段，对百姓并不施行德政。派遣浇率领军队，灭掉了斟灌国和斟寻国。让浇住在过地，让豷住在戈地。靡从有鬲国开始召集斟灌和斟寻两国的遗民，用他们灭掉了浇而立少康为王。

少康在过地灭掉浇，后杼在戈地灭掉豷，有穷国因此就灭亡了，这便是由于不任用贤良的缘故。从前周朝的辛甲做太史官时，命令各类官员，作官箴劝诫君王的过失。在《虞人之箴》中，说：'遥远的夏禹时代，将天下分为九州，并开通了九州之间的无数条道路。百姓居住于房屋，野兽则栖息于茂盛的草丛，各有处所，自然行事而无紊乱。夷羿做了君王，却贪恋打猎之事，忘记了他的国政，而只想着飞禽走兽。武事不能太多，用武力不能使夏朝强大。掌管田猎的臣子，谨以此告诫君王左右的人。'《虞箴》像这样说，我们难道能不以此为戒吗？"在那时候晋悼公也喜欢打猎，所以魏绛谈到羿这件事。

【原文】

公曰："然则莫如和戎乎？"对曰："和戎有五利焉：戎狄荐居，贵货易土，土可贾焉，一也。边鄙不耸，民狎①其野，穑人成功，二也。戎狄事晋，四邻振动，诸侯威怀，三也。以德绥戎，师徒不勤，甲兵不顿，四也。鉴于后羿，而用德度，远至迩安，五也。君其图之！"公说，使魏绛盟诸戎。修民事，田以时。

冬十月，邾人、莒人伐鄫，臧纥救鄫②，侵邾，败于狐骀。国人逆丧者皆髽③，鲁于是乎始髽。国人诵之曰："臧之狐裘，败我于狐骀。我君小子，朱儒是使。④朱儒朱儒，使我败于邾。"

【注释】

①狝：习，训练之意。

②臧纥救鄫：臧纥，即臧武仲，鲁国司寇。因鄫国附属于鲁国，所以前往救援。

③鬏（zhuā）：用麻系发。因死者人数众多，不能准备足够的丧服，所以用麻系发而已。

④我君小子，朱儒是使：按郑玄所说，鲁襄公体弱，因此被称为"小子"，臧武仲矮小，因此被称为"朱儒"。

【译文】

晋悼公说："那么就没有比跟山戎讲和更好的办法吗？"魏绛答道："跟山戎讲和有五个好处：戎狄逐水草而居，重视物品而轻视土地，他们的土地易于求取，这是其一。讲和后边境之地不用再害怕，百姓可以驯服那些野生动物，农夫可以让庄稼有收成，这是其二。戎狄来侍奉我们晋国，这会让周围的国家震惊，各诸侯国会感受到我们的威严，这是其三。用德行安定西戎人民，军队将士们不辛劳，武器装备不受损坏，这是其四。鉴于羿的教训，从而采用德政的法则，远国前来归服近国感到安心，这是其五。君王您好好考虑吧！"晋悼公听了很高兴，派遣魏绛跟西戎各国讲和，并治理当地农业事务，让他们按照时令进行田猎。

冬天，十月份，邾国、莒国攻打鄫国。臧纥领兵救援鄫国，进入邾国境内，在狐骀被击败。本国的百姓去迎丧时都用麻系发。鲁国从这时才开始有了鬏这种习俗。鲁国的百姓唱歌讥讽道："身穿狐皮袄的臧武仲，使我们在狐骀被打败。我们的国君是个小子，才会把侏儒用来差使。侏儒啊侏儒，让我们败给邾。"

二十九年经

二十有九年春王正月，公在楚。

夏五月，公至自楚。

庚午，卫侯衎卒。

阍弑吴子余祭。

仲孙羯会晋荀盈、齐高止、宋华定、卫世叔仪、郑公孙段、曹人、莒人、滕人、薛人、小邾人城杞。

　　晋侯使士鞅来聘。

　　杞子来盟。

　　吴子使札来聘。

　　秋九月，葬卫献公。

　　齐高止出奔北燕。

　　冬，仲孙羯如晋。

二十九年传

【原文】

　　二十九年春王正月，公在楚，释不朝正①于庙也。

　　楚人使公亲禭②，公患之。穆叔曰："袚殡③而禭，则布币也。"乃使巫以桃、茢先袚殡。楚人弗禁，既而悔之。

　　二月癸卯，齐人葬庄公于北郭④。

　　夏四月，葬楚康王，公及陈侯、郑伯、许男送葬，至于西门之外，诸侯之大夫皆至于墓。楚郏敖⑤即位，王子围⑥为令尹。郑行人⑦子羽曰："是谓不宜，必代之昌。松柏之下，其草不殖⑧。"

【注释】

　　①朝正：也称"贺正"、"元会"。指大臣在新年向皇帝拜贺。

　　②禭（suì）：为死人穿寿衣。诸侯之臣使于邻国之礼。

　　③袚殡：殡葬时扫除凶邪的祭祀。这是君临臣丧之礼。

　　④郭：外城，在城的外围加筑一道城墙。按照周代的礼法，死于兵者不能葬于兆域之内。齐庄公死于战事，因此被葬于外城。

　　⑤郏敖：楚康王的儿子。

　　⑥王子围：楚康王的弟弟。于昭元年杀郏敖而代之。

　　⑦行人：春秋时的复姓。行人子羽，姓行人，名子羽。

【译文】

　　鲁襄公二十九年，春季，周历的正月之时，"君王在楚国"，这是用来解释他为何没在祖庙接受大臣的朝正之礼。

楚国人让鲁襄公亲自为楚康王进行裓礼，襄公对这件事感到为难。穆叔说："先举行被殡的仪式然后向死者赠送衣服，这就像君王接受朝见时先陈列皮币一样。"于是让巫人用桃木、笤帚先进行被殡。楚国人当时没有禁止这个行为，之后就觉得后悔了。

二月初六，齐国人在北面外城安葬了齐庄公。

夏季四月份，安葬了楚康王。鲁襄公以及陈哀公、郑简公、许悼公都参加送葬仪式，直到西城门的外边。各诸侯国的大夫则都送到墓地。楚国的郏敖即位为君王。王子围任令尹。郑国的行人子羽说："这叫做不合理，王子围必然要取代郏敖而使楚国昌盛。松柏的下面，那些草是不可能繁殖茂盛的。"

【原文】

公还，及方城。季武子①取卞，使公冶②问，玺书追而与之，曰："闻守卞者将叛，臣帅徒以讨之。既得之矣。敢告。"公冶致使而退，及舍，而后闻取卞。公曰："欲之而言叛，只见疏也。"公谓公冶曰："吾可以入乎？"对曰："君实有国，谁敢违君？"公与公冶冕服，固辞，强之而后受。公欲无入。荣成伯赋《式微》③，乃归。五月，公至自楚。

公冶致其邑于季氏，而终不入焉。曰："欺其君，何必使余？"季孙见之，则言季氏如他日；不见，则终不言季氏。及疾，聚其臣，曰："我死，必无以冕服敛，非德赏也。且无使季氏葬我。"

【注释】

①季武子：即季孙宿，姬姓，姓季，名宿，谥"武"，史称季武子。春秋时鲁国正卿。

②公冶：名季冶，字公冶，季孙氏的族子。被认为是后来公冶姓氏的始祖。

③《式微》：出自《诗·邶风》。诗句有"式微式微，胡不归"，荣成伯以此劝襄公。

【译文】

鲁襄公返回，到达方城山。季武子这时夺取了卞邑，派季公冶请示襄公，并写好将一封加玺印的书信追上去交给公冶，信上说："听闻戌守卞的人将要叛变，我便率领部下讨伐此地。现在已经取得了卞，冒昧前来禀告。"公冶按照信上的意思说完就退了出去，到达营地，这以后才听到占取卞地的消息。鲁襄公说："季武子想得到卞却说该地叛变，这只会显出他对我的疏离。"鲁襄公便对季公冶说："那么我还可以进入国境吗?"公冶答道："君王您才是真正拥有国土的人，谁敢违背您呢?"鲁襄公要赐予季公冶冕服，季公冶坚决推辞，再三勉强他之后才接受。鲁襄公不想进入国境，荣成伯念了《式微》这首诗，襄公才回国。五月，鲁襄公从楚国回到了鲁国。

季公冶把他的封邑送还给季孙宿，却始终不再进入季孙的家门。说："季孙宿欺骗他的国君，为何一定派我去呢?"季孙宿和他见面的时候，还是像以前一样谈论季氏。不相见的时候，则始终不谈及季氏。季公冶病危时，召集来他的家臣，说："我死了以后，一定不能穿着冕服入殓，因为它并不是因为德行而获得的赏赐。并且不能请季氏来安葬我!"

【原文】

葬灵王，郑上卿有事。子展使印段往。伯有曰："弱，不可。"子展曰："与其莫往，弱，不犹愈②乎?《诗》云：'王事靡盬，不遑启处。'①东西南北，谁敢宁处? 坚事晋、楚，以蕃王室也。王事无旷，何常之有?"遂使印段如周。

吴人伐越，获俘焉，以为阍，使守舟。吴子余祭观舟，阍以刀弑之。

【注释】

①王事靡盬，不遑启处：出自《诗·小雅·四牡》。意思是战事没有止息，没有空闲歇下来。靡，无。盬（gǔ），不坚固。遑，空闲。启，跪，古时候的跪相当于现在的坐。

【译文】

周灵王的葬礼。郑国的上卿子展有事不能参加，他想派印段前往。伯有说："他太年幼官卑，派他不合适。"子展说："与不派人前往这种做法相比，派一个年轻的总好过没有人去吧?《诗》这样说：'王事靡盬，不遑启处。'各个国家的上卿，谁有胆量安安稳稳地住着呢？我坚决地侍奉晋国、楚国，是为了守卫王室。战事没有止歇，哪管什么常例呢？"便派印段前往周参加葬礼。

吴军攻打越国，抓到俘虏，便让他们做看门人，派他们看守船只。吴国国君余祭视察船只的时候，看门人用刀杀死了他。

【原文】

郑子展卒，子皮①即位。于是郑饥，而未及麦，民病。子皮以子展之命饩国人粟，户一钟，是以得郑国之民，故罕氏常掌国政，以为上卿。宋司城②子罕闻之，曰："邻于善，民之望也。"宋亦饥，请于平公，出公粟以贷；使大夫皆贷。司城氏贷而不书，为大夫之无者贷。宋无饥人。叔向③闻之，曰："郑之罕，宋之乐，其后亡者也，二者其皆得国乎！民之归也，施而不德，乐氏加焉，其以宋升降乎！"

【注释】

①子皮：子产的儿子。
②司城：春秋时宋以避武公之名，改司空为司城。
③叔向：姬姓，羊舌氏，名肸，字叔向。春秋后期晋国贤臣，公族大夫。历事晋悼公、平公和昭公。

【译文】

郑国的子展死后，子皮继位为上卿。在当时郑国闹饥荒并且还没到麦熟的时节，百姓们都极其困苦。子皮借助子展的临终遗命，将自己的粮食赠与国内的百姓，每户一钟，由此得到了郑国百姓的拥护。所以罕氏一直执掌国政，被任命为上卿。宋国的司城子罕听到这件事，说："君王向善靠近，这是百姓的期望。"宋国也发生了饥荒，子罕便向宋平公请求，拿出公家储存的粮食来借给百姓，命令大夫都给百姓借粮。司城家出借粮食不写还粮的契约，还替缺粮的大夫借粮。宋国没有挨饿之人。叔向听到了他们的事，说："郑国的罕氏，宋国的乐氏，以后再也不会有这样的人了，他们两家都得到了一国之民啊！百姓归依他们，施与而又不自恃恩德，乐氏更高出一筹啊，这一家会随着宋国的盛衰而盛衰吧！"

【原文】

晋平公，杞出也，故治①杞。六月，知悼子②合诸侯之大夫以城杞，孟伯会之，郑子大叔与伯石往。子大叔见大叔文子，与之语。文子曰："甚乎其城杞也！"子大叔曰："若之何哉？晋国不恤周宗之阙，而夏肄是屏。其弃诸姬，亦可知也已。诸姬是弃，其谁归之？吉也闻之，弃同即异，是谓离德。《诗》曰：'协比其邻，昏姻孔云③。'晋不邻矣，其谁云之！"

【注释】

①治：治其辖地，修其城墙。

②知悼子：晋国之卿，名荀盈、知盈。

③协比其邻，昏姻孔云：出自《诗·小雅·正月》。意思是王者之政先和谐近亲，昏姻就争相归附。邻，近。孔，副词，形容程度深，此处表示很多之意。

【译文】

晋平公，是杞国国君的女儿所生，所以要整治杞国。六月份，知悼子会合各诸侯国的大夫为杞国修筑城墙，孟孝伯参与了这件事。郑国的子太叔和伯石也前来。子太叔看到太叔文子，就同他交谈。文子说："为杞国修筑城墙这件事太过分了啊！"子太叔说："即便这样又能拿他怎么办呢？晋国不体谅周朝姬姓王室的衰微，却为夏朝的遗国杞修筑城墙。它抛弃姬姓诸侯国，也就可以看出来了。连姬姓诸侯国都要抛弃，还有谁会去归顺它呢？我还听说：'抛弃同姓同族而亲近异姓异族，这就叫做离德。'《诗》说：'协比其邻，昏姻孔云。'晋国连近亲都不能结交好，还有哪个国家会来归顺它呢？"

【原文】

齐高子容与宋司徒见知伯，女齐①相礼。宾②出，司马侯言于知伯曰："二子皆将不免。子容专，司徒侈，皆亡家之主也。"知伯曰："何如？"对曰："专则速及，侈将以其力毙，专则人实毙之，将及矣。"

范献子来聘，拜城杞也。公享之，展庄叔执币。射者三耦。公臣不足，取于家臣。家臣，展瑕、展王父为一耦；公臣，公巫召伯、仲颜庄叔为一耦，鄑鼓父、党叔为一耦。

【注释】

①女齐：人名，姓女名齐。下文的司马侯言官职，亦指此人。

②宾：宾客，客人，此处指高子荣、宋司徒二人等。

【译文】

齐国的高子容和宋国的司徒华定拜见知伯，晋国的司马女齐担任相礼。他们出去后，女齐对知伯说："这两人都难以逃脱祸患。子容独断专行，司徒挥霍无度，都是会让家族灭亡的大夫。"知伯说："为什么呢？"女齐答道："独断专行就会很快地招致灾祸，挥霍无度将因自己资财耗尽而灭亡，独断专行，别人就会想要消灭他，他将很快遭受祸患啊。"

晋国大夫范献子来鲁国拜访，答谢为杞国筑城之事。鲁襄公宴请他，展庄叔拿着束帛表示酬谢。参加射礼需要三对人。公臣人数不够，便从家臣中选取。家臣中，选取展瑕、展玉父作为一对，公臣，则有公巫召伯、仲颜庄叔作为一对，鄑鼓父、党叔作为一对。

【原文】

晋侯使司马女叔侯①来治杞田，弗尽归也。晋悼夫人愠曰："齐也取货，先君若有知也，不尚取之。"公告叔侯。叔侯曰："虞、虢、焦、滑、霍、杨、韩、魏②，皆姬姓也，晋是以大。若非侵小，将何所取？武、献③以下，兼国多矣，谁得治之？杞，夏余也，而即东夷。鲁，周公之后也，而睦于晋。以杞封鲁犹可，而何有焉？鲁之于晋也，职贡不乏，玩好时至，公卿大夫相继于朝，史不绝书，府无虚月。如是可矣，何必瘠鲁以肥杞？且先君而有知也，毋宁④夫人，而焉用老臣？"

杞文公来盟，书曰"子"，贱之也。

【注释】

①女叔侯：人名，担任晋国司马之职。

②虞、虢、焦、滑、霍、杨、韩、魏：这八个国家都是被晋国灭掉的。

③武、献：晋武公、晋献公，晋国刚开始变强盛时的君王。

④毋宁：宁。

【译文】

晋平公派司马女叔侯出使鲁国要求归还以前被侵占的杞国土地，鲁国没有全部还给杞国。晋悼公的夫人生气地说："让女齐去讨还土地，先王如果知道他办成这样，就不会看重他来办这件事了。"晋平公把夫人的话告诉了女叔侯。叔侯说："虞国、虢国、焦国、滑国、霍国、杨国、韩国、魏国，都是姬姓诸侯国，晋国通过消灭它们才得以扩大。如果不入侵小国，又要从哪里去获取领土啊？从武公、献公以来，就有无数兼并国家的情况，谁能够管制呢？杞国，是夏朝的遗国，而推行东夷的礼仪。鲁国，是周公的后代，却与晋国和睦。我们把杞国封给鲁国都可以，更何况它已经占领了该地呢？鲁国对晋国，贡赋从未欠缺，珍宝不时送来，公卿大夫这些官员一个接一个前来朝拜，史官没有停止记载对我们的朝聘，国库没有一个月不接受鲁国的贡品。像这样就可以了，为什么定要削弱鲁围而增强杞国呢？并且先王要真知道了这件事，宁可责怪夫人，怎么会怪罪于我啊？"

杞文公来同鲁国结盟，史书称他为"子"，这是轻视他用夷礼。

【原文】

吴公子札①来聘，见叔孙穆子，说之。谓穆子曰："子其不得死乎！好善而不能择人。吾闻君子务在择人。吾子为鲁宗卿，而任其大政，小慎举，何以堪之？祸必及子！"

请观于周乐。使工为之歌《周南》、《召南》，曰："美哉！始基④之矣，犹未也，然勤而不怨矣。"为之歌《邶》、《鄘》、《卫》②，曰："美哉渊乎！忧而不困者也。吾闻卫康叔、武公③之德如是，是其《卫风》乎！"为之歌《王》。曰："美哉！思而不惧，其周之东乎！"为之歌《郑》。曰："美哉！其细已甚，民弗堪也。是其先亡乎！"为之歌《齐》，曰："美哉，泱泱乎！大风也哉！表东海者，其大公乎！国未可量也。"为之歌《豳》。曰："美哉，荡乎！乐而不淫，其周公之东乎！"为之歌《秦》。曰："此之谓夏④声。夫能夏则大，大之至也，其周之旧乎！"为之歌《魏》，曰："美哉，沨沨乎！大而婉，险而易行，以德辅此，则明主也。"为之歌《唐》⑤，曰："思深哉！其有陶唐氏之遗民乎！不然，何其忧之远也？非令德之后，谁能若是？"为之歌《陈》。曰："国无主，其能久乎！"自《郐》以下无讥焉。为之歌《小雅》，曰："美哉！思而不贰，怨而不言，其周德之衰乎！犹有先王之遗民焉。"为之歌《大雅》，曰："广哉，熙熙乎！曲而有直体，其文王之德乎！"为之歌《颂》，曰："至矣哉！直而不倨，曲而不屈，迩而不偪，远而不携，迁而不淫，复而不厌，哀而不愁，乐而不荒，用而不匮，广而不宣，施而不费，取而不贪，处而不底，行而不流。五声和⑥，八风平。节有度，守有序，盛德之所同也。"

【译文】

①公子札：名季札，吴王寿梦的第四个儿子。

②《邶》、《鄘》、《卫》：邶、鄘、卫本为三个国家，叛周而被周公平定。其地域均位于今河南，商朝时曾为殷纣的王畿之地。

③康叔、武公：康叔，周公的弟弟，最初受封采邑为康，后徙封于卫。武公，康叔的九世孙。

④夏：古代称西方为夏。因西方多高山，所以夏又有大的意思。

⑤唐：在今山西太原。晋国的开国国君叔虞最初受封此地。

⑥五声和，八风平：五声，指宫、商、角、徵、羽。八风，指金、石、丝、竹、翰、土、革、本做成的八类乐器。这儿都用来形容音乐的悦耳动听。

【译文】

吴国的公子季札来鲁国聘问，与叔孙穆子见面后，很敬重他。对穆子说："你小心不得善终啊！你追求善却不能择人之善。我听说君子应致力于选择贤认。你担任鲁国的宗卿，并掌管着国家大政，不慎重举荐人才，那怎么可以啊？祸患一定会降临到你身上！"

季札又请求观看周朝的乐舞。便让乐工为他歌唱《周南》、《召南》。季札说："多美妙啊！开始为王业奠定基础，还没有成功，然而百姓虽然辛劳却并不抱怨。"为他歌唱《邶风》、《鄘风》、《卫风》。他说："美妙而又厚重啊！有些忧愁却不觉得困窘。我听说卫国的康叔、武公德行就像这样，这一定是《卫风》吧！"为他歌唱《王》。他说："多美妙啊！有忧思却不害怕，这是周王室东迁以后的乐曲吧！"为他歌唱《郑风》。他说："多美妙啊！但是它琐碎之事说得太多了，百姓不能忍受。这就是郑国很快灭亡的原因吧！"为他歌唱《齐风》。他说："多美妙啊！多深广啊，这才是大国的乐风啊！做东海诸侯国表率的，是姜太公的国家吧！这个国家前途不可限量啊。"为他歌唱《豳风》。他说：多美妙啊，多博大啊！欢乐却有节度，这是周公东征的乐曲吧！"为他歌唱《秦风》。他说："这就是西方的夏声。能够夏就是大，秦大到极点，是因为拥有了周朝的旧土吧！"为他歌唱《魏风》。他说："多美妙啊！宛转悠扬啊！粗鄙却言辞婉和，政令艰难却容易施行，要是再用德行来辅助，就是贤明的君王了。"为他歌唱《唐风》。他说："忧思很深啊！是唐尧的遗民吧？要不是这样，怎么会忧思如此深远呢？若不是美德者的后代，谁能够像这样？"为他歌唱《陈风》。他说："国家没有主人，它怎么能长久呢？"从《郐风》以下的诗歌，季札听后就没有加以评论。乐师为他歌唱《小雅》。他说："多美妙啊！有忧思却没有背叛之心，有怨恨却不溢于言表，这是周朝德行正在衰微吧！但还是有先王的遗民啊！"为他歌唱《大雅》，他说："多博大啊，多和谐啊！抑扬曲折而本质刚健，这是文王的德行吧！"为他歌唱《颂》。他说："到达极致了！正直而不倨傲，委曲而不卑下，亲近而不相逼，疏远而不离心，活泼而不邪乱，反复而不厌倦，哀伤而不忧愁，欢乐而不荒淫，用德而不匮乏，心宽广而不显露，施惠而不浪费，收取而不贪婪，静止而不停滞，行动而不流荡。五声和谐，八风协调。节拍有尺度，音阶有次序，所歌颂的盛德之人都具有一样的美德啊。"

【原文】

见舞《象箾》、《南籥》①者，曰："美哉！犹有憾。"见舞《大武》②者，曰："美哉！周之盛也，其若此乎！"见舞《韶濩》③者，曰："圣人之弘也，而犹有惭德，圣人之难也。"见舞《大夏》④者，曰："美哉！勤而不德，非禹，其谁能修之？"见舞《韶箾》⑤者，曰："德至矣哉，大矣！如天之无不帱也，如地之无不载也。虽甚盛德，其蔑以加于此矣，观止矣。若有他乐，吾不敢请已。"

其出聘也，通嗣君也。故遂聘于齐，说晏平仲，谓之曰："子速纳邑与政。无邑无政，乃免于难。齐国之政将有所归，未获所归，难未歇也。"故晏子因陈桓子以纳政与邑，是以免于栾、高之难⑥。

【注释】

①《象箾》、《南籥》：象箾，舞名，武舞，奏箫而为象舞。箾（xiāo），同"箫"。南籥，舞名，文舞，奏南乐而为籥舞。籥，音yuè，一种形似笛的乐器。

②《大武》：按杜预的说法，为周武王的乐舞。

③《韶濩》：《周礼》又称之为大濩。郑玄认为是商汤的乐舞。

④《大夏》：夏禹的乐舞。

⑤《韶箾》：虞舜的乐舞。《尚书》记载为"箫韶"。

⑥栾、高之难：栾指栾施，高指高强，二人于鲁昭公八年作乱。

【译文】

季札看见《象箾》、《南籥》的舞蹈，说："多美妙啊！但里面还包含着遗憾。"看见《大武》的舞蹈，说："多美妙啊！周朝兴盛的时候，就是像这样吧！"看见《韶濩》的舞蹈，说："圣人那样宏大，尚且有惭愧的行为，这是圣人的难处啊！"看见《大夏》的舞蹈，说："多美妙啊！有功劳而不据恩德，除了禹，还有谁能做到呢？"看见《韶箾》的舞蹈，说："美德到达极致了，多博大啊！像上天没有东西不覆盖，像大地没有东西不承载。即使有再高尚的德行，也不能超过这样了啊。停止观看吧。如果还有别的乐舞，我不敢再请求观赏了。"

季札的出国聘问，是想讨为了好新立的国君。因此又到齐国聘问，敬重晏平仲，便对他说："你赶快交出封邑和政权。没有封邑没有政权，才能免于祸患。齐国的政权，即将要有所归属，没有确定它归属于谁，祸患就不会停止。"所以晏婴通过陈桓子交还了政权和封邑，因为这样，得免于后来栾施、高强作乱带来的灾祸。

【原文】

聘于郑，见子产，如旧相识。与之缟带，子产献纻衣焉。谓子产曰："郑之执政①侈，难将至矣，政必及子。子为政，慎之以礼。不然，郑国将败。"

适卫，说蘧瑗、史狗、史鳅、公子荆、公叔发、公子朝，曰："卫多君子，未有患也。"

自卫如晋，将宿于戚^②，闻钟声焉，曰："异哉！吾闻之也，辩^③而不德，必加于戮。夫子获罪于君以在此，惧犹不足，而又何乐？夫子之在此也，犹燕之巢于幕上。君又在殡，而可以乐乎？"遂去之。文子闻之，终身不听琴瑟。

【注释】

①执政：指郑国的执政者伯有。子展刚去世，由他执掌国政。
②戚：地名，属晋国，为孙文子的封邑。
③辩：通"变"，发动变乱之意。孙文字因在戚发动叛乱而获罪。

【译文】

季札到郑国聘问，见到子产，好像以前就相互认识，他向子产赠与白绢大带，子产则奉送给他麻布衣服。季札又对子产说："郑国的执政者太放纵，祸难将降临在他身上了！政权一定会交到你手中。你执政，要根据礼仪来谨慎从事。要不这样，郑国将会衰亡。"

到了卫国，敬重蘧瑗、史狗、史鳅、公了荆、公叔发、公子朝这些人，说："卫国有很多贤能的君子，是不会有什么祸患的。"

又从卫国去到晋国，正要在戚邑过夜，听到了编钟的音乐，说："奇怪啊！我听说了：'发动叛乱却没有成功，必然会遭到诛戮。'你叛变得罪了国君还可以居住在这里，戒惧反省都不够，还有什么欢乐的呢？你在这个地方，就应该像燕子在帐幕上做窝一样觉察危机。况且先王献公停棺还未下葬，又可以奏乐了吗？"便就离开了戚。孙文子听到这番话，到死都不再听音乐。

【原文】

适晋，说赵文子、韩宣子、魏献子，曰："晋国其萃于三族乎！"说叔向^①。将行，谓叔向曰："吾子勉之！君侈而多良，大夫皆富，政将在家。吾子好直，必思自免于难。"

秋九月，齐公孙虿、公孙灶放^②其大夫高止于北燕。乙未，出。书曰"出奔^③"，罪高止也。高止好以事自为功且专，故难及之。

冬，孟孝伯如晋，报范叔也。

为高氏之难故，高竖④以卢叛。十月庚寅，闾丘婴帅师围卢。高竖曰："苟使高氏有后，请致邑。"齐人立敬仲之曾孙酀，良敬仲也。十一月乙卯，高竖致卢而出奔晋，晋人城绵而寘旃⑤。

【译文】

到了晋国，敬重赵文子、韩宣子、魏献子三人，说："晋国的政权将被这三家把持啊！"敬重叔向，要离开的时候，对叔向说："你要听我劝勉！你们的君王自大而又总把臣下看做好人，大夫们都很富裕，这样国家的政权将由公室转向士大夫家族。你过于正直，一定要想着自己如何免于祸患。"

秋季，九月份，齐国的公孙虿、公孙灶将齐国的大夫高止驱逐到北燕。两天后，到了国境之外。史书记载为"出奔"，是要表明高止的罪过。高止喜欢把事情的功劳都归结到自己身上，而且专横，所以祸患降临。

冬季，孟孝伯去往晋国，是为了回报范叔夏天来鲁国聘问。

因为高止受到责难的缘故，高竖凭借卢邑叛变。十月二十七日，闾丘婴带领军队围住了卢邑。高竖说："如果说高氏还有后代，我愿将城邑交给他。"齐军便推举了高傒的曾孙高酀掌管卢邑，这是因为他们认为高傒贤良。十一月二十三日，高竖交出卢邑而出国逃亡到晋。晋国将他安置在绵这个城邑。

【原文】

郑伯有使公孙黑如楚，辞曰："楚、郑方恶，而使余往，是杀余也。"伯有曰："世行也。"子晳曰："可则往，难则已，何世之有？"伯有将强使之。子皙怒，将伐伯有氏，大夫和之。十二月己巳，郑大夫盟于伯有氏。裨谌①曰："是盟也，其与几何？《诗》曰：'君子屡盟，乱是用长。'②今是长乱之道也，祸未歇也，必三年而后能纾。"然明曰："政将焉往？"裨谌曰："善之代不善，天命也，其焉辟子产？举不逾等，则位班也。择善而举，则世隆也。天又除之，夺伯有魄，子西即世，将焉辟之？天祸郑久矣，其必使子产息之，乃犹可以戾。不然，将亡矣。"

【注释】

①裨谌（pí chén）：郑国的大夫。下文的然明也是。

②君子屡盟，乱是用长：出自《诗经·小雅·巧言》。意思是人们一次又一次地誓盟，动乱因此得以滋生。

【译文】

郑国的伯有派公孙黑去楚国，公孙黑推辞说："楚国和郑国正交往恶劣，却派我前去，这是在杀我啊。"伯有说："你们家族世代都做郑国的行人官。"公孙黑说："能够去就去，有危难就算了，有什么世代不世代的。"伯有便要强迫他去楚国。公孙黑愤怒了，想要攻打伯有氏，大夫们劝解了他。十二月初七，郑国的大夫们在伯有家里举行誓盟。裨谌说："这次誓盟，能管多长时间呢？诗经里说：'君子屡盟，乱是用长。'现在这样只会是滋生动乱的做法。祸乱不会止息，必须三年之后才能解除。"然明说："政权会归属到谁手中呢？"裨谌说："善人取代恶人，这是上天的命令，政权哪能避开子产呢？要是不越级举荐执政者，按班次该轮到他了。若能选择贤人而举荐，就会为大家所敬重。上天又为子产的执政清除障碍，让伯有不得好死，子西也去世了，政权出除了子产还能给谁呢？老天降灾祸给郑国很久了，他一定会让子产平息它们，国家才可以安定。不这样，郑国就要灭亡了啊。"

三十一年经

三十有一年春王正月。

夏六月辛巳，公薨于楚宫。

秋九月癸巳，子野卒。

己亥，仲孙羯卒。

冬十月，滕子来会葬。

癸酉，葬我君襄公。

十有一月，莒人弑其君密州。

三十一年传

【原文】

三十一年春王正月，穆叔至自会。见孟孝伯，语之曰："赵孟将死矣。其语偷①，不似民主。且年未盈五十而谆谆焉如八、九十者，弗能久矣。若赵孟死，为政者其韩子乎！吾子盍与季孙言之，可以树善，君子也。晋君将失政矣，若不树焉，使早备鲁，既而政在大夫，韩子懦弱，大夫多贪，求欲无厌，齐、楚未足与也，鲁其惧哉！"孝伯曰："人生几何，谁能无偷？朝不及夕，将安用树？"穆叔出，而告人曰："孟孙将死矣。吾语诸赵孟之偷也，而又甚焉。"又与季孙语晋故，季孙不从。

【注释】

①偷：苟且偷安，毫无远虑。

【译文】

鲁襄公三十一年，春季，周历正月，叔孙豹从澶渊只会回国。拜见孟孝伯，对他说："赵孟快死了。他的言语苟且偷安，不像一国之主。而且他年纪还不满五十，却絮絮叨叨好像八九十岁的人，不会活得很长了。如果赵孟去世，晋国执政的人是韩起吧！您为何不去跟季孙说说，可以同韩起建立良好的关系，韩起是个有德的人。晋国国君快要失去权柄，如果不去建立关系，让韩起早点为鲁国做些准备，不久后晋国国政由大夫执掌，韩起为人懦弱，加上晋国大夫多数都很贪婪，求取私欲没有满足，到时既不能依靠齐国又不能依靠楚国，鲁国的状况就令人担心啊！"孟孝伯说："人生短暂，谁能没有苟且之意呢？早晨不能预测晚上的事，又哪用得着建立良好关系呢？"穆叔退出后告诉别人说："孟孝伯快要死了。我告诉他赵孟苟且偷安，他却还比孟伯更加严重。"又向季孙谈及同晋国建交的事，季孙也不听从。

【原文】

及赵文子卒，晋公室卑，政在侈家。韩宣子为政，不能图诸侯。鲁不堪晋求，谗慝弘多，是以有平丘之会^①。

齐子尾害闾丘婴，欲杀之，使帅师以伐阳州^②。我问师故。夏五月，子尾杀闾丘婴，以说于我师。工偻洒、渻灶、孔虺、贾寅出奔莒。出群公子。

公作楚宫。穆叔曰："《大誓》云：'民之所欲，天必从之。'君欲楚也夫，故作其宫。若不复适楚，必死是宫也。"六月辛巳，公薨于楚宫。叔仲带窃其拱璧，以与御人，纳诸其怀，而从取之，由是得罪。

【注释】

①平丘之会：晋昭公为树立霸主权威而举行的会盟，这次会盟，晋国扣押了鲁国上卿季孙意如。平丘，卫国的城邑，在今河北长垣。

②阳州：地名，属鲁国城邑，与齐国边境接壤。今山东东平有阳州城。

【译文】

到赵文去世后，晋国王室衰微，政权落入强盛的卿大夫家族手中。韩宣子执掌晋国政权，不能谋求称霸于诸国。鲁国无法忍受晋国的索求，国内奸邪的小人又很多，因此发生了平丘之会的事情。

齐国的子尾担心闾丘婴成为祸害，想杀掉他，便派他率领军队攻打阳州。我国派人质问齐出兵的原因。夏季五月，子尾杀掉闾丘婴，以向我军交待。工偻洒、渻灶、孔虺、贾寅这些闾丘婴的党羽逃亡到莒国。子尾又驱逐了群公子。

襄公效仿楚国修建宫殿。穆叔说："《尚书·大誓》篇说：'百姓想要的，上天一定听从。'君王想像楚国那样争霸吧，因此才修建楚式宫殿。如果不再归向楚国，一定会死在这座宫殿里的。"六月，二十八日，襄公果然死在楚宫里。叔仲带偷走襄公的大玉璧，交给驾车的人，放在他怀里，然后再从他那儿取走，因为这件事叔孙带的子孙总被鲁国人怪罪。

立胡女敬归之子子野，次于季氏。秋九月癸巳，卒，毁也。

己亥，孟孝伯卒。

立敬归之娣齐归之子公子裯。穆叔不欲，曰："大子死，有母弟，则立之；无则立长，年钧择贤，义钧则卜，古之道也。非适嗣，何必娣之子？且是人也，居丧而不哀，在戚而有嘉容，是谓不度。不度之人，鲜不为患。若果立之，必为季氏忧。"武子不听，卒立之。比及葬，三易衰，衰衽①如故衰。于是昭公十九年矣，犹有童心，君子是以知其不能终也。

冬十月，滕成公来会葬，惰而多涕。子服惠伯曰："滕君将死矣。怠于其位，而哀已甚，兆于死所矣，能无从乎？"

癸酉，葬襄公。

【注释】

①衰衽：古代丧服掩于裳际的衣襟。

【译文】

立胡国国君的女儿敬归所生的儿子子野为国君，寄养在季氏家中。秋季，九月十一日，子野去世，是由于哀伤过度而死的。

十七日，孟孝伯去世。

又立敬归的妹妹齐归所生的儿子公子裯为国君。穆叔不同意，说："太子去世后，有同母的弟弟就立他，没有就立年龄最大的，年龄一样就选择较为贤能的，德才相当就通过占卜决定，这是过去就确立的制度。不是嫡子就罢了，为何非要立一个小妾的儿子呢？况且公子裯这个人，居丧时脸色不哀痛，在父丧期间却面带喜色，这就叫不守礼制。不守礼制的人，很少有不制造祸端的。如果当真立他为国君，一定会成为季氏的祸患。"季武子不听劝告，最终还是立了公子裯。到襄公下葬的时候，公子裯换了三次孝服，衣襟还是脏得像穿了很久。在这个时候昭公（即公子裯）已经年满十九岁，却还是像个小孩子。君子因此知道他不能在位长久。

冬季十月，滕成公前来参加襄公的葬礼，神态轻慢却流了很多眼泪。子服惠伯说："滕成公快要死了。他对该做的事情表现怠慢，却哀伤得太过分，在葬礼中就表现出快死的征兆了。能够不跟着去世吗？'

二十一日，安葬了鲁襄公。

【原文】

公薨之月，子产相郑伯以如晋，晋侯以我丧故，未之见也。子产使尽坏其馆之垣而纳车马焉。士文伯①让之，曰："敝邑以政刑之不修，寇盗充斥，无若诸侯之属辱在寡君者何，是以令吏人完客所馆，高其闬闳②，厚其墙垣，以无忧客使。今吾子坏之，虽从者能戒，其若异客何？以敝邑之为盟主，缮完、葺墙③，以待宾客。若皆毁之，其何以共命？寡君使匄请命。"对曰："以敝邑褊小，介于大国，诛求无时，是以不敢宁居，悉索敝赋，以来会时事③。逢执事之不闲，而未得见；又不获闻命，未知见时。不敢输币，亦不敢暴露。其输之，则君之府实也，非荐陈之，不敢输也。

【注释】

①士文伯：晋国大夫，姓士，名久匄，字问伯。
②闬闳：指里巷的大门。闬，音 gàn。
③缮完葺墙：指修建客馆的行动。完，同"院"。葺（qì），用草覆盖。

【译文】

鲁襄公去世的这个月，子产随从郑简公到了晋国。晋平公因为我国有丧事的缘故，没有接见他们。子产让人将客馆的围墙全部推倒，从而安置车马。士文伯责怪他，说："我们这儿由于政事和刑罚没有制订好，强盗小偷到处都是，无奈各诸侯国大臣屈辱降临问候我国国君的很多，所以才派差役修缮宾客居住的馆舍，加高大门，筑厚围墙，以让各国的使者没有忧虑。现在您拆掉了它们，尽管您的随从能够戒备，但其他国家的宾客怎么办呢？因为我们是会盟的主持者，所以才修缮院落围墙，以让宾客住得安稳。如果把围墙都毁掉，那怎么满足其他人的要求呢？君王派我前来请教。"子产答道："因为我国地域狭小，又处在大国的中间，责求进贡没有固定的时候，因此我们不敢安心地住着，而是搜罗国内的全部财货，随时前来贵国朝会。正赶上你们国君没有空闲，因而没被召见，又没有接到命令，不知道朝见的日期。我们不敢私自将贡品送到府库，也不敢让它们经受日晒夜露。如果说送到府库，这些都是进献君王的贡品，不经过进献陈设的仪式，是不能送往府库的。

【原文】

其暴露之，则恐燥湿之不时而朽蠹，以重敝邑之罪。侨闻文公之为盟主也，宫室卑庳，无观台榭，以崇大诸侯之馆，馆如公寝；库厩缮修，司空以时平易道路，圬人以时塓馆宫室；诸侯宾至，甸设庭燎，仆人巡宫，车马有所，宾从有代，巾车脂辖，隶人、牧、圉①各瞻其事；百官之属各展其物；公不留宾，而亦无废事；忧乐同之，事则巡之；教其不知，而恤其不足。宾至如归，无宁灾患；不畏寇盗，而亦不患燥湿。

【注释】

①隶人、牧、圉：隶人，管洒扫之事。牧，管饲养牲畜之事。圉，管放牧牲畜之事。

【译文】

如果让它们经受日晒夜露，就会担心忽干忽湿而腐烂或遭受虫害，从而加重了我们的罪过。我听说晋文公做盟会主持者的时候，宫殿房屋低矮促狭，没有观赏所用的台榭，却把接待诸侯的馆舍修得又高又大。馆舍华华丽得就像君王的寝宫，里面的仓库马房修缮完好，司空派人按时平整道路，泥瓦工按时涂刷馆舍的房屋。诸侯国的客人一到，甸师便在庭中点起大火，仆人巡视馆舍听候差遣；宾客的车马有地方安置，随从有专人代替；巾车为车轴上油。隶人、牧、圉，各自掌管好分内之事。各个部门的属官，陈列出自己的礼品招待宾客。晋文公不会让宾客无故滞留，但也没有因此而荒废的事情。与宾客同苦同乐，有事就安抚他们。有不明白的就教导，有不足之处就体谅。宾客来到这里就像回到家中，还不能平息灾难祸患吗？不害怕被抢劫偷盗，也不担心被日晒露湿。

今铜鞮①之宫数里，而诸侯舍于隶人，门不容车，而不可逾越；盗贼公行，而天厉不戒。宾见无时，命不可知。若又勿坏，是无所藏币以重罪也。敢请执事：将何以命之？虽君之有鲁丧，亦敝邑之忧也。若获荐币，修垣而行，君之惠也，敢惮勤劳！"

文伯复命。赵文子曰："信。我实不德，而以隶人之垣以赢诸侯，是吾罪也。"使士文伯谢不敏焉。晋侯见郑伯，有加礼，厚其宴、好而归之。乃筑诸侯之馆。

【注释】

①铜鞮（dī）：晋国国君的离宫。在今山西沁县南面。

【译文】

如今晋君的铜鞮宫绵延数里，却让各国宾客住在隶人的房舍。大门狭窄得无法通过车子，却又无法翻墙进去。强盗小偷公然行动，并且天灾也无从防预。宾客的朝见没有定时，君王召见的命令何时发布也无法知道。如果又不能推倒围墙，就没有地方保藏贡赋从而会加重我们的罪过。冒昧请教您，要让我们怎么办呢？虽然贵国君王遇到了鲁国的丧事，这也是我国的忧戚啊。如果能让我们进献贡赋，然后修好围墙回国，这便是晋君的恩惠了。我们怎么会畏惧辛勤劳苦呢？"

士文伯回复了使命。赵文子说："子产说得对。我们的确缺乏德行，而用隶人居住的远墙来招待诸侯，是我们的过错啊！"派士文伯前为自己的不审慎道歉。到晋平公接见郑简公的时候，采用了更为敬重的礼仪，待客宴席、赠送货物都极其丰盛，再让郑伯回国。晋国这才修筑接待诸侯宾客的馆舍。

【原文】

叔向曰："辞之不可以已也如是夫！子产有辞，诸侯赖之，若之何其释辞也？《诗》曰：'辞之辑矣，民之协矣；辞之绎矣，民之莫矣。'①其知之矣。"

郑子皮使印段如楚，以适晋告，礼也。

莒犁比公^②生去疾及展舆，既立展舆，又废之。犁比公虐，国人患之。十一月，展舆因国人以攻莒子，弑之，乃立。去疾奔齐，齐出也。展舆，吴出也。书曰"莒人弑其君买朱鉏"，言罪之在也。

【注释】

①"辞之辑矣"句：出自《诗·大雅·板》。

②犁比公：莒国国君密州的号，买朱鉏则是他的字。

【译文】

叔向说："辞令不能废弃就因为它如此重要！子产善于辞令，各诸侯国都获得了好处，为什么要丢弃辞令呢？《诗》说：'言辞辑睦，百姓和同。言辞悦耳，百姓安定。'子产是明白这个道理的！"

郑国的子皮派印段去楚国，把到晋国的事报告给楚国，这是符合事大国之礼的。

莒国国君犁比公生了去疾和展舆两个儿子，已经立了展舆为太子，又废掉他。犁比公实行暴政，国内人民很厌恶他。十一月，展舆依靠都城的百姓攻打犁比公，杀掉他，才自立为国君。去疾出逃到齐国，这是因为他母亲是齐国女子的缘故。展舆，则是吴国女子所生。史书记载说"莒人弑其君买朱鉏"，是说罪过在于犁比公。

【原文】

吴子使屈狐庸聘于晋，通路也。赵文子问焉，曰："延州来季子^①其果立乎？巢陨诸樊，阍戕戴吴^②，天似启之，何如？"对曰："不立。是二王之命也，非启季子也。若天所启，其在今嗣君乎！甚德而度。德不失民，度不失事。民亲而事有序，其天所启也。有吴国者，必此君之子孙实终之。季子，守节者也。虽有国，不立。"

【注释】

①延州来季子：季子即季札。他最初被封于延陵，史称延陵季子，此处的"延"是省称。延陵即今江苏常州。州来是后来加封给他的城邑。今安徽凤台县。

②巢陨诸樊，阍戕戴吴：戴吴即馀祭，与诸樊都是吴国的国君。巢

是楚国的城邑。这句话意为：诸樊死于攻打巢邑的战争中，馀祭被看门人杀死。

【译文】

吴国国君派屈狐庸到晋国聘问，是为了两国互通来往。赵文子询问他，说："被封于延邑和州来的季札最终能立为国君吗？攻巢的战争中死了诸樊，越国的看门人杀掉馀祭，上天似乎为他做国君开启了大门，怎么样呢？"屈狐庸答道："季札不会立为国君。这是诸樊馀祭两位君王的命运不好，不是为季子开门。如果上天开启了大门，也是对如今的嗣君吧！他非常有德行而且守礼法。有德行就不会失去民心，守礼法就不会耽误国事，百姓亲近他并且国事有序运行，这才是上天所启请的吧！持有吴国政权的，一定是他的子孙直到最后。季子，是持守节操的人。即使要把国政传给他，他也是不肯被立为君王的。"

【原文】

十二月，北宫文子①相卫襄公以如楚，宋之盟故也。过郑，印段迋劳于棐林②，如聘礼而以劳辞。文子入聘。子羽为行人，冯简子与子大叔逆客。事毕而出，言于卫侯曰："郑有礼，其数世之福也。其无大国之讨乎！《诗》云：'谁能执热，逝不以濯？'礼之于政，如热之有濯也。濯以救热，何患之有？"

【注释】

①北宫文子：即北宫佗，春秋时卫国的卿，北宫括的儿子。
②棐林：地名，春秋属郑国，在今河南新郑县。

【译文】

十二月，北宫文子随同卫襄公出访楚国，是因为晋楚之间宋之盟的缘故。经过郑国，郑国派印段到棐林慰劳卫国队伍，仪节用聘问之礼但使用郊劳的辞令。北宫文子回报印段的慰劳而到郑国国都聘问，郑国派子羽充当行人官，派冯简子和子太叔迎接文子。事情结束后北宫文子出来，对卫襄公说："郑是有礼仪的国家，这是许多代人的福气。它不会遭受大国的征讨啊！《诗》说：'谁能在酷热之时，不去洗澡求得凉快呢？'礼仪对于国家政事来说，就像天热时的洗澡一样。用洗澡来消除酷热，哪还有什么好担忧的呢？"

【原文】

子产之从政也，择能而使之；冯简子能断大事；子大叔美秀而文，公孙挥能知四国①之为，而辨于其大夫之族姓、班位、贵贱、能否，而又善为辞令。裨谌能谋，谋于野则获，谋于邑则否。郑国将有诸侯之事，子产乃问四国之为于子羽，且使多为辞令；与裨谌乘以适野，使谋可否；而告冯简子使断之。事成，乃授子大叔使行之，以应对宾客，是以鲜有败事。北宫文子所谓有礼也。

【注释】

①四国：指国家周边四方的各个诸侯国。

【译文】

子产执掌郑国的政权，善于选取有才干的人而适当任用他们。冯简子能够认清大局；子太叔外貌举止秀雅而且熟悉典章制度诗乐；公孙挥能够获知四方诸侯国的动向，同时对各国大夫家族姓氏、官职爵位、地位尊卑、才能大小都能准确把握，还善于准备外交辞令；裨谌能出谋划策，在郊外谋划总能成功，但在城中谋划就有失妥当。郑国快要与其他诸侯国往来的时候，子产就向公孙挥询问四方诸侯国的动向，并且让他多多准备外交辞令；同裨谌乘车到郊外，让他思考策略是否恰当；再把这些告诉冯简子，让他决断；策略定好之后，便授意子太叔让他去实行，用该策略来应对各国使者。这样就很少有办不好的事情。这就是北宫文子所说的郑国遵守礼仪。

【原文】

郑人游于乡校①，以论执政。然明②谓子产曰："毁乡校何如？"子产曰："何为？夫人朝夕退而游焉，以议执政之善否。其所善者，吾则行之；其所恶者，吾则改之，是吾师也。若之何毁之？我闻忠善以损怨，不闻作威以防怨。岂不遽止？然犹防川，大决所犯，伤人必多，吾不克救也。不如小决使道，不如吾闻而药之也。"然明曰："蔑也今而后知吾子之信可事也。小人实不才，若果行此，其郑国实赖之，岂唯二三臣？”

仲尼闻是语也，曰："以是观之，人谓子产不仁，吾不信也。"

【注释】

①乡校：地方的学校。
②然明：郑国大夫鬷蔑，字然明。

【译文】

郑国人喜欢到乡校交游，谈论掌管国政的人。然明便对子产说："废除乡校，怎么样啊？"子产说："为什么呢？人们早晚闲下来后便到那儿交游，相互讨论国家政事的好坏。他们所赞许的，我就推行它；他们所讨厌的，我就修改它。乡校里的人都是我们的老师啊，为什么要废除它呢？我只听说推行忠善来消除怨言，没听说滥用威权来防止怨言。用威权怎会不很快停止怨言呢？但这就像阻止河流引起的水患一样，大决口涌出的水流侵害的地方，伤人一定很多，我想救都不能啊。防止水患不如开个小决口让它流通，防止怨言则不如让我听到它们像用药治病一样加以利用。"然明说："我从现在起才明白了您的确是值得侍奉的。我实在没有才能。如果当真这样做，郑国整个国家都会得到好处，怎么会仅仅是几位大臣呢？"

孔子听到这些话，说："从这件事看来，有人说子产不仁，我是不相信的。"

【原文】

子皮欲使尹何①为邑。子产曰："少，未知可否。"子皮曰："愿，吾爱之，不吾叛也。使夫往而学焉，夫亦愈知治矣。"子产曰："不可。人之爱人，求利之也。今吾子爱人则以政，犹未能操刀而使割也，其伤实多。子之爱人，伤之而已，其谁敢求爱于子？子于郑国，栋也。栋折榱崩，侨将厌焉②。敢不尽言？子有美锦，不使人学制焉。大官、大邑，身之所庇也，而使学者制焉，其为美锦不亦多乎？侨闻学而后入政，未闻以政学者也。若果行此，必有所害。譬如田猎，射御贯，则能获禽，若未尝登车射御，则败绩厌覆是惧，何暇思获？"子皮曰："善哉！虎不敏。吾闻君子务知大者、远者，小人务知小者、近者。我，小人也。衣服附在吾身，我知而慎之；大官、大邑所以庇身也，我远而慢之。微子之言，吾不知也。他日我曰，子为郑国，我为吾家，以庇焉，其可也。今而后知不足。自今请，虽吾家，听子而行。"子产曰："人心之不同如其面焉，吾岂敢谓子面如吾面乎？抑心所谓危，亦以告也。"子皮以为忠，故委政焉，子产是以能为郑国。

【注释】

①尹何：人名，为子皮家的小臣。
②侨将厌焉：侨，子产的自称。厌，同"压"。

【译文】

　　子皮想让尹何做宰邑。子产说："尹何太年轻，不知道是否适合呢？"子皮说："他为人谨慎敦厚，我很喜爱他，他是不会背叛我的。让他去那儿学习，就越来越懂得如何治理城邑了。"子产说："不行。其他人喜爱一个人，是要谋求对他有好处。现在您喜爱一个人却是让他掌管政事，就像还不会拿刀却让他去切东西，实在是对他的伤害更多。您喜爱一个人，便要伤害他，这样谁还愿博取您的喜爱呢？您对于郑国来说，就好比房屋的栋梁。栋梁和椽子毁坏后，我就会被压在倒塌的房屋下面。我怎敢不把话说完呢？您有好看的彩色绸缎，都不会让别人用它来学习裁制。大官大邑，是您赖以保护自己的，竟然让一个正在学习的人来治理。它的重要性与好看的绸缎相比，不是要超出很多吗？我只听说学习以后才参与政事，没有听说通过掌管政事来学习的。如果您当真这样做，一定会伤害到尹何。就好像去打猎，射箭与驾车都熟练了，才可以猎获禽兽，如果一个人从来没登车射箭和驾驶，那么他会只顾着担心车辆翻覆人被碾压，还哪里有空想着获取猎物啊？"子皮说："你说得好！是我考虑不周全。我听说君子谋求知晓大的深远的事情，小人则谋求了解小的浅显的道理。我，是个小人。衣服贴附在我身上，我了解它并慎重对待；大官大邑，是用来保护自己的，我却疏忽而加以轻视。没有您的这番话，我是不明白这个道理的。以前我曾说过：'你负责掌管郑国的国家政事，我负责治理自己的家族事务，这样来保护自身，是足够的了吧。'现在我才知道自己的能力不足。从今以后即使是我的家族事务，也按照你的意思去实行。”子产说：“人心不相同，好像人的面孔一样。我怎敢说您的面孔就跟我的一样呢？只是心里觉得这样做有危害，就如实告诉您了。”子皮认为子产忠诚，所以把政事全部托付给他。子产因此能够掌管郑国国政。

【原文】

卫侯在楚，北宫文子见令尹围之威仪[①]，言于卫侯曰：“令尹似君矣，将有他志。虽获其志，不能终也。《诗》云‘靡不有初，鲜克有终。’终之实难，令尹其将不免。”公曰：“子何以知之？”对曰：《诗》云：‘敬慎威仪，惟民之则[②]。’令尹无威仪，民无则焉。民所不则，以在民上，不可以终。”公曰：“善哉！何谓威仪？”对曰：“有威而可畏谓之威，有仪而可象谓之仪。君有君之威仪，其臣畏而爱之，则而象之，故能有其国家，令闻长世。

【注释】

①威仪：庄重的容仪。
②敬慎威仪，惟民之则：出自《诗·大雅·抑》。敬慎，即谨慎。

【译文】

卫襄公身在楚国，北宫文子看见楚国令尹子围的威仪，对卫襄公说：“子围的容仪像个君王，他肯定要篡位取代楚王。即使他的野心获得成功，也不可能长久的。《诗》说：‘事情都有好的开头，但很少有坚持到最后的。’得善终实在艰难，子围是免不了祸患的。”卫侯说：“你凭什么这样认为？”北宫文子答道：“《诗》说：‘要注重自己的威仪，它是百姓效法的榜样。’子围缺乏威仪，百姓不会效法他。一个没得到百姓认可的人的人，却位居百姓之上，是不可能长久的。”卫侯说：“好啊！那什么叫威仪呢？”北宫文子答道：“有威严使人敬畏叫做威，有仪态让人效仿叫做仪。国君有国君应有的威仪，他的臣民敬服和爱戴他，把他当做榜样来效仿，这样才能保有它的国家，并长久流传。

【原文】

臣有臣之威仪，其下畏而爱之，故能守其官职，保族宜家。顺是以下皆如是，是以上下能相固也。《卫诗》曰：'威仪棣棣，不可选也①。'言君臣、上下、父子、兄弟、内外、大小皆有威仪也。《周诗》曰：'朋友攸摄，摄以威仪②，'言朋友之道必相教训以威仪也。《周书》数文王之德，曰：'大国畏其力，小国怀其德。'言畏而爱之也。《诗》云：'不识不知，顺帝之则。'言则而象之也。纣囚文王七年，诸侯皆从之囚，纣于是乎惧而归之，可谓爱之。文王伐崇，再驾而降为臣，蛮夷帅服，可谓畏之。文王之功，天下诵而歌舞之，可谓则之。文王之行，至今为法，可谓象之。有威仪也。故君子在位可畏，施舍可爱，进退可度，周旋可则，容止可观，作事可法，德行可象，声气可乐，动作有文，言语有章，以临其下，谓之有威仪也。"

【注释】

①威仪棣棣，不可选也：出自《诗·邶风·柏舟》。棣棣，文雅安闲的样子。选（xùn），算，数。

②朋友攸摄，摄以威仪：出自《诗·大雅》。攸，所。摄，辅助。

【译文】

大臣有大臣应有的威仪，他的下属敬服和爱戴他，这样才能保有他的官职，并使家族兴旺家庭和谐。从大臣往下的人都是这样，因此国家上下各级便能稳固团结。《卫诗》说：'威仪文雅安闲，数量不可计算。'这是说君臣、上下、父子、兄弟、内外、大小都有各自应有的威仪。《周诗》说：'朋友所相互辅助的，就是用威仪来辅助对方。'这是说朋友相处之道，一定要用威仪来相互教导。《周书》列举文王的德行，说：'大国敬服于他的能力，小国归服于他的仁德。'是说人们敬服和爱戴他。《诗》说：'文王行事没有斟酌，顺从上天的准则。'是说人们把他作为榜样来效仿。纣王囚禁文王七年，诸侯都跟着他去坐牢，纣王最终觉得害怕而放还了他，可见人们对他的爱戴。文王攻打崇国，第二次出征崇国就降服称臣，蛮夷各国齐齐归顺，可见人们对他的敬服。文王的功德，被天下人颂扬并编作了乐曲舞蹈，可见人们都愿效仿他。文王的行为，至今还被当做圣王的标准，可见人们将他作为榜样。这就是因为文王有威仪的缘故！所以君子当政应使人敬服，施德应让人爱戴，进退可作为法度，周旋应酬可作为准则，仪容举止令人欣赏，处理事情可让人效仿，品德行为可作为榜样，声音气色让人高兴，行动举止合乎礼节，言辞语句富有条理，这样来管理臣民，就叫做有威仪。"

昭公（元年~三十二年）

元年经

元年春王正月，公即位。

叔孙豹会晋赵武、楚公子围、齐国弱、宋向戌、卫齐恶、陈公子招、蔡公孙归生、郑罕虎、许人、曹人于虢。

三月，取郓。

夏，秦伯之弟鍼出奔晋。

六月丁巳，邾子华卒。

晋荀吴帅师败狄于大卤。

秋，莒去疾自齐入于莒，莒展舆出奔吴。

叔弓帅师疆郓田。

葬邾悼公。

冬十有一月己酉，楚子麇卒。

楚公子比出奔晋。

元年传

【原文】

元年春，楚公子围聘于郑，且娶于公孙段氏。伍举为介。将入馆，郑人恶之，使行人子羽与之言，乃馆于外。既聘，将以众逆。子产患之，使子羽辞，曰："以敝邑褊小，不足以容从者，请墠①听命。"令尹命大宰伯州犁对曰："君辱贶②寡大夫围，谓围将使丰氏③抚有而室围布几筵，告于庄、共之庙而来。若野赐之，是委君贶于草莽也，是寡大夫不得列于诸卿也。不宁唯是，又使围蒙其先君，将不得为寡君老，其蔑以复矣。唯大夫图之。"子羽曰："小国无罪，恃实其罪。将恃大国之安靖己，而无乃包藏祸心以图之？小国失恃，而惩诸侯，使莫不憾者，距违君命，而有所壅塞不行是惧。不然，敝邑，馆人之属也，其敢爱丰氏之祧④？"伍举知其有备也，请垂櫜⑤而入。许之。

【注释】

①墠（shàn）：古代祭祀或会盟用的场地。

②贶（kuàng）：赏赐，赠予。

③丰氏：指公孙段，公孙段被赐姓丰。

④祧（tiāo）：古代称远祖的庙。

⑤垂櫜：垂，倒挂。櫜（gāo），收藏盔甲弓矢等的器具。垂櫜表示没有藏武器。

【译文】

鲁昭公元年，春季，楚国的公子围到郑国聘问，并要迎娶公孙段家的女子为妻，伍举担任子围的副将。正要入住客馆的时候，郑国害怕楚人心怀不轨，便派遣行人子羽加以阻止。子围他们就只好住在城外。聘问之礼结束，子围便要率领兵众进城迎亲。子产对此担心，便派子羽推辞说："因为我们的城池狭小，不能够容纳您的随从，就让我们在城外设立场地来代替公孙段家的祖庙让您举行迎亲之礼吧！"子围命太宰伯州犁回答说："承蒙贵国君王给我们的大夫子围恩惠，说：'我把公孙段家的女儿嫁给你做妻室。'子围便陈列了几案和筵席，在其祖庄王、其父共王的神庙里祭奠以后前来迎亲。如果在城外举行迎亲之礼，这等于是将郑君的恩惠抛弃于荒草丛中，是让大夫子围无法使用卿的礼仪。不止如此，还让子围欺骗了先王，将不能再担任楚王的上卿了，他无法回国复命啊。希望您仔细考虑！"子羽说："小国本没有什么罪过，但依赖大国却会真的为它带来罪过。小国想依靠大国来安定保全自身，但大国不是总包藏祸心想来谋算小国吗？小国无法依赖大国，就会让其他诸侯国加以警戒，使它们都对这个大国不满，抗拒违背大国君王的命令，从而使大国的命令受阻无法执行，这才是我替你们担心的。不然的话，我们这个小城，只是贵国客馆一类的地方，又怎敢吝惜公孙段家的祖庙呢？"伍举知道郑国有了防备，请求让兵士不带武器而进城。郑国便答应了。

【原文】

正月乙未，入逆而出。遂会于虢①，寻宋之盟也。祁午②谓赵文子曰："宋之盟，楚人得志于晋。今令尹之不信，诸侯之所闻也。子弗戒，惧又如宋。子木之信称于诸侯，犹诈晋而驾焉，况不信之尤者乎？楚重得志于晋，晋之耻也。子相晋国，以为盟主，于今七年矣。再合诸侯，三合大夫，服齐、狄，宁东夏，平秦乱，城淳于，师徒不顿，国家不罢，民无谤讟，诸侯无怨，天无大灾，子之力也。有令名矣，而终之以耻，午也是惧，吾子其不可以不戒。"文子曰："武受赐矣。然宋之盟，子木有祸人之心，武有仁人之心，是楚所以驾于晋也。今武犹是心也，楚又行僭，非所害也。武将信以为本，循而行之。譬如农夫，是穮是蓘③，虽有饥馑④，必有丰年。且吾闻之：能信不为人下，吾未能也。《诗》曰：'不僭不贼⑤，鲜不为则。'信也。能为人则者，不为人下矣。吾不能是难，楚不为患。"楚令尹围请用牲读旧书加于牲上而已，晋人许之。

【注释】

①虢：地名，春秋属郑国城邑。在今河南荥泽县。

②祈午：晋国人，中军尉祁黄羊的儿子。下文的赵文子是晋国的卿大夫。

③是穮是蓘：穮（biāo），田中除草。蓘，培土植苗。

④饥馑：粮食不熟称为饥，蔬菜不熟称为馑。饥馑代指荒年。

⑤不僭不贼，鲜不为则：出自《诗·大雅·抑》。

【译文】

正月，十五日，公子围进城迎亲后出来，便在虢邑与与郑国进行晤见，这是由于寻宋之盟的缘故。祁午对赵文子说："宋之盟，楚国在晋国这儿得到了满足。现在楚国令尹子围不守信用，诸侯都听说了。您如果不戒备，恐怕又要像宋之盟那样满足楚国。子木讲究信用，在诸侯各国都受到称赞，还是欺骗了晋国而凌驾在我们上面，何况是子围这样特别不守信用的人呢？如果再次让楚国在晋国面前获得满足，将是晋国的耻辱啊。您执掌晋国，作为会盟的主持者，到现在有七年了。两次会合各诸侯国国君，三次会合各国大夫，顺服齐国、北狄各国，安定了华夏的东方，平息秦国发动的变乱，在杞国的淳于筑城，军队不疲弊困顿，国家不停止运转，百姓没有怨言毁谤，诸侯没有仇恨不满，上天没降大的灾难，这都是您的功劳。您已经有了好名声，却最终得到耻辱，我就担心这样。您不能不警戒啊！"文子说："我接受你的教诲了。但宋之盟上，子木有害人之心，我却想着如何爱惜他人，才会让楚国凌驾在晋国之上。现在我还是那样的心理，楚国想再次欺骗，就不容易伤害到我们了。我会把诚信当做准则，遵循它去做事情。就比如农夫，好好地耕耘田地种植作物，即使碰到荒年，也一定会获得丰收。并且我听说：'能守信用，就不会处于他人下风。'我没能做到啊。《诗》说：'不逾本分不悖常理，众人都会将你作为准则。'说得对啊。能够被别人作为准则的人，是不会久居人下的。我难在没能做到这一点，却不用担心楚国！"楚令尹公子围要求使用祭祀的牲畜，然后宣读宋之盟的誓约，把盟约放在牲畜上面就罢了而不歃血。晋国人答应了。

【原文】

三月甲辰，盟。楚公子围设服离卫①。叔孙穆子曰："楚公子美矣，君哉！"郑子皮曰："二执戈者前矣。"蔡子家曰："蒲宫②有前，不亦可乎？"楚伯州犁曰："此行也，辞而假之寡君。"郑行人挥曰："假不反矣。"伯州犁曰："子姑忧子皙之欲背诞也。"子羽③曰："当璧犹在，假而不反，子其无忧乎？"齐国子曰："吾代二子愍矣。"陈公子招曰："不忧何成？二子乐矣。"卫齐子曰："苟或知之，虽忧何害？"宋合左师曰："大国令，小国共，吾知共而已。"晋乐王鲋曰："《小旻》④之卒章善矣，吾从之。"

【注释】

①离卫：离，同"俪"，设立成双成对的卫兵。
②蒲宫：宫殿的名称，本为楚王的离宫。杜预认为此处指子围在会盟时缉蒲而为居住的殿屋设置屏蔽。
③子羽：行人挥的儿子。
④小旻：《诗·小雅》中的一篇。该篇揭露政治的黑暗，讽刺最高统治者。最后一章内容是："不敢暴虎，不敢冯河。人知其一，莫知其他。战战兢兢，如临深渊，如履薄冰。"

【译文】

三月，二十五日，晋楚举行誓盟。楚国的公子围身着国君的服饰并由两个士兵持戈防卫。叔孙穆子说："楚国公子的服饰真美，像个国君啊！"郑国的子皮说："两个手拿武器的卫兵走在他的前面！"蔡国的子家说："子围在楚国已经居住于楚王的蒲宫，他出行时前面有卫兵有什么不可以的呢？"楚国的伯州犁解释说："子围这次出行，辞别时向楚王借来了这些服饰。"郑国的行人挥说："借来他就不会归还了。"伯州犁说："你还是去担忧你们国家子皙作乱的事情吧。"子羽说："楚国的嗣君，子围要是真的借了君王的服饰不归还，你难道不担忧吗？"齐国的国子说："我替子围和伯州犁二人担心啊！"陈国的公子招说："事先没有忧虑事情哪能成功呢？他们两人现在还挺高兴的。"卫国的齐子说："如果事先知道并早作准备，即使有忧难又怎么会带来损害呢？"宋国的合左师说："大国发布命令，小国遵照执行。我干好自己的事就行了。"晋国的乐王鲋说："《小旻》的最后一章说得很好，我照着它的意思去做。"

【原文】

退会，子羽谓子皮曰："叔孙绞而婉，宋左师简而礼，乐王鲋字而敬，子与子家持之，皆保世之主①也。齐、卫、陈大夫其不免乎！国子代人忧，子招乐忧，齐子虽忧弗害。夫弗及而忧，与可忧而乐，与忧而弗害，皆取忧之道也，忧必及之。《大誓》②曰：'民之所欲，天必从之。'三大夫兆忧，忧能无至乎？言以知物其是之谓矣。"

【注释】

①保世之主：能保持世代爵禄的人，指其宗族可以长久。
②《大誓》：即《泰誓》，《尚书》的一篇。

【译文】

会盟结束后，子羽对子皮说："叔孙豹的话恰切而婉转，宋左师的话简要而守礼节，乐王鲋的话自爱而恭敬，您和子家的话执两端而无所取，都是可以使宗族长久的人。齐国、卫国、陈国的大夫们就难以免于祸患吧？国子替别人忧虑，公子招以忧虑为乐，齐子认为忧虑没有祸害。事不关己而忧虑，把忧虑当做快乐，虽忧虑而无害处，这些都是会招来忧患的想法，忧患一定会降临给他们。《大誓》说：'百姓想要的，上天一定会满足。'三位大夫有了对忧虑的预期，忧患能不到来吗？说的就是这个意思。"

【原文】

季武子伐莒，取郓①。莒人告于会。楚告于晋曰："寻盟未退，而鲁伐莒，渎齐盟，请戮其使。"

乐桓子相赵文子，欲求货于叔，孙而为之请。使请带焉，弗与。梁其踁曰："货以藩身，子何爱焉？"叔孙曰："诸侯之会，卫社稷也。我以货免，鲁必受师，是祸之也，何卫之为？人之有墙，以蔽恶也。墙之隙坏②，谁之咎也？卫而恶之，吾又甚焉。虽怨季孙，鲁国何罪？叔出季处，有自来矣，吾又谁怨？然鲋也贿，弗与，不已。"召使者，裂裳帛而与之，曰："带其褊矣。"

【注释】

①郓：地名，春秋属鲁邑。在今山东沂水县北。
②隙坏：由一个小裂缝而渐渐至于崩溃。

【译文】

季武子攻打莒国，占领了郓邑。莒国便向盟会控告。楚国对晋国说："我们想要达成停战的盟约尚未成功，鲁国却又开始攻打莒国，这是在破坏共同的盟约，请杀掉鲁国的使者！"

乐桓子那时在辅佐赵文子，就想向叔孙豹索取财物而替他求情。派人向叔孙豹要一条腰带，叔孙不给。梁其踁说："财物就是用来保护自己的，您怎么要吝惜它呢？"叔孙说："我来参加诸侯各国的会盟，是要保卫我们的国家。我凭借财物免于被杀，鲁国就一定会受到各国军队的讨伐。这样就给国家带去祸患，哪是在保卫它呢？人们修筑墙壁，是要用来阻挡坏人。墙壁因一个小裂缝而毁坏，谁来承担过错呢？要保护它却害了它，我的过错就更加严重了。虽然应当埋怨季武子，但国家有什么罪过啊？叔孙出使季孙守国，一直就是如此，我即使被杀又能怨恨谁呢？但乐王鲋来索取财物，不给他他就不会罢休。"便召来乐桓子的使者，撕了一块衣服上的布给他，说："我觉得腰带太狭窄了。"

【原文】

赵孟闻之，曰："临患不忘国，忠也；思难不越官，信也；图国忘死，贞也；谋主三者，义也。有是四者，又可戮乎？"乃请诸楚曰："鲁虽有罪，其执事不辟难，畏威而敬命矣。子若免之，以劝左右，可也。若子之群吏，处不辟污，出不逃难，其何患之有？患之所生，污而不治，难而不守，所由来也。能是二者，又何患焉？不靖其能，其谁从之？鲁叔孙豹可谓能矣，请免之，以靖能者。子会而赦有罪，又赏其贤，诸侯其谁不欣焉望楚而归之，视远如迩？疆埸之邑，一彼一此，何常之有？王伯之令也，引其封疆，而树之官，举之表旗①，而著之制令，过则有刑，犹不可壹。于是乎虞有三苗②，夏有观、扈，商有姺、邳，周有徐、奄。自无令王，诸侯逐进，狎主齐盟，其又可壹乎？恤大舍小，足以为盟主，又焉用之？封疆之削，何国蔑有？主齐盟者，谁能辩焉？吴、濮③有衅，楚之执事，岂其顾盟？莒之疆事，楚勿与知，诸侯无烦，不亦可乎？莒、鲁争郓，为日久矣。苟无大害于其社稷，可无亢也。去烦宥善，莫不竞劝。子其图之。"固请诸楚，楚人许之，乃免叔孙。

【注释】

①表旗：边境线上的标识，相当于后来的界碑。

②三苗：古国名，号饕餮。下文的观、扈等也是古代的国家名。

③吴濮：吴，百濮。都是与楚国相邻的国家，吴在楚国东面，百濮在楚国南面。

【译文】

赵孟听到了这件事，说："身处患难时不忘国家，这叫忠；考虑灾祸时不放弃职守，这叫信；报效国家不计生死，这叫贞。谋划时能以忠、信、贞这三点为主，就叫义。叔孙具备这四种品德，我们还能杀他吗？"就向楚国请求说："鲁国虽然有罪，但它的使者不逃避祸难，敬服于贵国的威德而听从命令。您如果赦免他，以此来劝勉您的手下，是有好处的。要是你们楚国的所有官员，在国不推脱困难，出使不逃避祸难，还用担心什么啊？忧患的产生，往往在于有困难之事不去处理，在患难之时不能坚守，就是由此而来的。能做到这两点，还哪用担忧呢？不嘉奖贤能之人，有谁会来顺从呢？鲁国的叔孙豹可算是贤能的人，请赦免他的死罪，来让贤能的人安心！您参与会盟而宽赦有罪之国，又嘉赏贤能之人，诸侯有谁不高兴地看见楚国就来归附它，隔楚国再远也觉得很近呢？边境上的国土，有时归这国有时归那国，哪有固定属于某个国家呢？天子下令道，要划定封邑的边界，并设置专门的官员，树立分界的标识，并在制度法令中明确，违反规定便要遭受刑罚，这都不能让边界一成不变。于是虞舜时代便有三苗，夏朝有观民、扈氏，商朝有姺国、邳国，周朝有徐国、奄国。自从没有了圣王，诸侯各国便竞相扩张，会盟的主持者时时更换，又怎么能固定疆界呢？担忧弑君灭国这种大祸而无视小的过错，便能够担任会盟的主持者，又哪会管边境之争这种小事？边疆的被侵吞，哪个国家没有这类情况？主持共同盟会的，谁能说得清呢？要是吴国、百濮有隙可乘的话，你们楚国的执政者，难道还会顾及盟约吗？莒国的边境之事，楚国不加过问，诸侯不去劳烦，不就很好了吗？莒国、鲁国争夺郓邑，已经很长时间了。如果没有对他们的国家构成特别大的损害，就不要去庇护。免除各国烦劳而宽宥贤人叔孙豹，没有人不争着这样做。您仔细考虑吧！"赵孟坚持向楚国请求，楚国答应了他，便赦免了叔孙豹。

【原文】

令尹享赵孟，赋《大明》①之首章，赵孟赋《小宛》②之二章。事毕，赵孟谓叔向曰："令尹自以为王矣，何如？"对曰："王弱，令尹彊，其可哉！虽可，不终。"赵孟曰："何故？"对曰："彊以克弱而安之，彊不义③也。不义而彊，其毙必速。《诗》曰：'赫赫宗周，褒姒灭之④。'彊不义也。令尹为王，必求诸侯。晋少懦矣，诸侯将往。若获诸侯，其虐滋甚，民弗堪也，将何以终？夫以彊取，不义而克，必以为道。道以淫虐，弗可久已矣。"

【注释】

①大明：《诗·大雅》中的一篇。首章言"文王明明照於下，故能赫赫盛於上"。子围意在借该句来显耀自己。

②小宛：《诗·小雅》中的一篇。第二章有"各敬尔仪，天命不又"

句。是说天命一去，不可能复还。赵孟用这句话来警戒子围。

③不义：不符合道义，即不合理。

④赫赫宗周，褒姒灭之：出自《诗·小雅·正月》。讲周朝灭亡之事。

【译文】

楚国的令尹公子围宴请赵孟，吟诵《大明》的第一章，赵孟便吟诵《小宛》的第二章。宴会结束后，赵孟对叔向说："子围把自己当做君王了，你怎么认为？"叔向回答说："国君弱小，令尹强大，他可以成功！但即使成功了，也不可能长久善终。"赵孟说："为什么？"叔向答道："强大的灭掉弱小的却还心安理得，这是强者不讲道义。不讲道义而强大，他的灭亡一定会很快。《诗》说：'强盛的周朝，因为褒姒便灭亡了。'这就是因为强大却不讲道义。令尹做了楚王，一定会要求各国的拥护。晋国如今稍稍衰弱，诸侯将会去亲近他。若得到诸侯各国的支持，他的暴虐就会滋长得更加严重，百姓无法忍受，他怎么能得到善终呢？他凭借强势夺得君位，不讲道义而取得成功，就一定会认为这是正确的方式。把荒淫暴虐作为手段，不可能长久啊！'

【原文】

夏四月，赵孟、叔孙豹、曹大夫入于郑，郑伯兼享之。子皮戒①赵孟，礼终，赵孟赋《瓠叶》②。子皮遂戒穆叔，且告之。穆叔曰："赵孟欲一献③，子其从之。"子皮曰："敢乎？"穆叔曰："夫人之所欲也，又何不敢？"及享，具五献之笾豆④于幕下。赵孟辞，私于子产曰："武请于冢宰矣。"乃用一献。赵孟为客。礼终乃宴。穆叔赋《鹊巢》⑤。赵孟曰："武不堪也。"又赋《采蘩》⑥，曰："小国为蘩，大国省穑而用之，其何实非命？"子皮赋《野有死麇》⑦之卒章，赵孟赋《常棣》⑧，且曰："吾兄弟比以安，尨也可使无吠。"穆叔、子皮及曹大夫兴，拜，举兕爵⑨，曰："小国赖子，知免于戾矣。"饮酒乐，赵孟出，曰："吾不复此矣。"

【注释】

①戒：指提前告知宴请的日期。

②《瓠（chù）叶》：《诗·小雅》中的篇章。意思是不因为所献微薄而废弃礼节。

③一献：古代的饮酒之礼，主人向宾客进酒一次。这样所用的食品仪节也相应减少。

④笾（biān）豆：用来放食物的器皿，用竹子制成的叫笾，用木头制成的称豆。

⑤《鹊巢》：《诗·召南》中的篇章。鸠占鹊巢即出自此篇。穆叔用该句来比喻赵孟执掌晋国的国政。

⑥《采蘩》：《诗·召南》中篇章。按杜预的说法，穆叔"义取蘩菜薄物，可以荐公侯，享其信，不求其厚"。

⑦《野有死麕》：《诗·召南》篇章。最后一章是"舒而脱脱兮，无感我帨兮，无使尨也吠"。子皮用此章"喻赵孟以义抚诸侯，无以非礼相加陵"。

⑧《常棣》：《诗·小雅》中的篇章。里面有"凡今之人，莫如兄弟"句。赵孟以此表明欲亲兄弟之国的意思。

【译文】

夏季四月，赵孟、叔孙豹、曹国大夫一齐来到郑国，郑简公同时宴请他们。子皮先来通知赵孟宴请的日期，通告之礼结束后，赵孟吟诵《瓠叶》。子皮便去通知叔孙豹，并且告诉他赵孟赋诗的事情。叔孙豹说："赵孟想要用一献之礼，您还是依从他吧！"子皮说："能这样吗？"叔孙豹说："他想要这样，又有什么不能的呢？"到了宴请之时，郑国在东房准备了五献之礼所需要的器具。赵孟辞谢，对子产私语说："我已经用《瓠叶》这首诗向子皮请示了啊！"于是用一献之礼。赵孟做饮酒礼的主宾，行礼结束后开始宴礼。叔孙豹吟诵《鹊巢》，赵孟说："我难以当此。"叔孙豹又吟诵《采蘩》，说："小国贡品菲薄，大国却爱惜它而毫不嫌弃，小国怎敢不服从大国的命令呢？"子皮吟诵《野有死麕》的最后一章。赵孟吟诵《常棣》，并且说："我们兄弟国家亲密而又安好，狗就不会叫了！"叔孙豹、子皮及曹国大夫都站起来，行礼，举起牛角杯说："小国因为您而得到好处，知道可以免于祸患了啊！"酒喝得很尽兴。赵孟出来后，说："我以后再也享受不到这样的快乐了！"

天王①使刘定公劳赵孟于颍②，馆于雒汭③。刘子曰："美哉禹功！明德远矣。微禹，吾其鱼乎！吾与子弁冕端委，以治民、临诸侯，禹之力也。子盍亦远绩禹功而大庇民乎！"对曰："老夫罪戾是惧，焉能恤远？吾侪偷食，朝不谋夕，何其长也？"刘子归，以语王曰："谚所谓老将知而耄④及之者，其赵孟之谓乎！为晋正卿，以主诸侯，而侪于隶人，朝不谋夕，弃神、人矣。神怒、民叛，何以能久？赵孟不复年矣。神怒，不歆其祀；民叛，不即其事。祀、事不从，又何以年？"

【注释】

①天王：周天子，指周景王。
②颍：地名，本为周邑，后属于郑国。在今河南登封。
③雒汭：地名，位于河南巩县。原意为洛水曲流处。因此处地近黄河、洛河，刘定公便想到了大禹的功绩。雒，同"洛"。汭，水曲流。
④耄：年老昏乱。

【译文】

周天子派刘定公在颍邑慰劳赵孟，住宿在雒汭。刘定公说："大禹的功绩多么伟大，他美好的德行流传深远！没有禹，我们都像鱼一样浸在水中吧！我和您戴着礼帽穿着礼服，来治理百姓会见诸侯，都应追溯到禹的功劳啊。您何不也继承禹的功德，而广泛造福于天下子民呢？"赵孟答道："我担心自己犯下罪行都来不及，哪能考虑天下之广啊？我们这类人苟且度日，早晨连同天晚上的事都不能谋划，能想得那么深远吗？"刘定公回去后对周景公说："俗话所说的老态将要显出而像八九十岁人一样的糊涂已经来了，就是指赵孟吧！他担任晋国的正卿，并主持诸侯各国的盟会，却将自己归入罪人的行列，早晨不谋划晚上的事，这是抛弃了神灵和百姓。神灵愤怒百姓背弃，他怎能长久？赵孟活不过今年了。神灵愤怒，不会享受他奉献的祭品；百姓背弃，不会办好他吩咐的事情；祭祀和政事都不顺心，他又怎能活过今年？"

【原文】

叔孙归，曾夭御季孙以劳之。旦及日中不出。曾夭谓曾阜^①，曰：
"旦及日中，吾知罪矣。鲁以相忍为国^②也，忍其外，不忍其内，焉用
之？"阜曰："数月于外，一旦于是，庸何伤？贾而欲赢，而恶嚣乎？"
阜谓叔孙曰："可以出矣。"叔孙指楹^③，曰："虽恶是，其可去乎？"乃
出见之。

【注释】

①曾阜：叔孙的家臣。

②相忍为国：为了国家利益而作出让步。

③楹（yíng）：厅堂前部的柱子。叔孙豹用柱子比喻季孙对于鲁国
的作用。

【译文】

叔孙豹回到鲁国后，曾夭驾车载着季孙去慰问他。从早晨等到正
午，叔孙豹都没出来。曾夭对曾阜说："从早晨等到中午，表明我们
知道过错了。鲁国用忍让来建立国政。叔孙在国外都能忍让，回国
后反而不忍让，用得着这样吗？"曾阜说："他在国外忍了好几个月，
你们只在这儿等候一早晨，有什么妨碍呢？商人想要赢利，难道能厌
恶市场的喧嚣之声吗？"曾阜对叔孙说："可以出去了。"叔孙指着前
厅的柱子说："虽然我讨厌它，然而它能被毁弃吗？"于是他们出去
会见季孙。

【原文】

郑徐吾犯之妹美，公孙楚^①聘之矣，公孙黑又使强委禽^②焉。犯惧，
告子产。子产曰："是国无政，非子之患也。唯所欲与^③。"犯请于二子，
请使女择焉。皆许之。子皙盛饰入，布币而出。子南戎服入，左右射，
超乘而出。女自房观之，曰："子皙信美矣，抑子南，夫也。夫夫妇妇，
所谓顺也。"适子南氏。子皙怒，既而囊^④甲以见子南，欲杀之而取其
妻。子南知之，执戈逐之，及冲^⑤，击之以戈。子皙伤而归，告大夫曰：
"我好见之，不知其有异志也，故伤。"

【注释】

①公孙楚：即下文的子南。是穆公之孙。下文的子皙指公孙黑，是公孙楚的从兄。"同室操戈"这个成语便由他俩而来。

②禽：特指雁。古代的婚礼，首先要纳彩，彩礼便是雁，因此称作委禽。

③唯所欲与：随心所欲，意思是愿意嫁给谁就嫁给谁。

④囊：衣服下面穿着盔甲。

⑤冲：交道，道路四面交汇的地方。

【译文】

郑国大夫徐吾犯的妹妹很漂亮，公孙楚已经聘她为妻室，公孙黑又派人强送彩礼。徐吾犯感到担忧，便告知子产。子产说："这是国家政事混乱导致的，不该由你来操心。只须依从你妹妹的意思。"徐吾犯便请示他们二人，要求让女方自己做出选择。他们都同意了。子皙装扮华丽地走进屋子，在堂上陈列求亲的礼品然后出去。子南身着军服进来，左右开弓，然后一跃登车而出。徐吾犯的妹妹在房中观察了他们，说："子皙的确很漂亮，然而子南，更像是当丈夫的。丈夫像个丈夫，妻子像个妻子，这就是所谓顺。"便嫁给了子南。子皙很生气，不久以后就把皮甲穿在外衣里去见子南，想杀掉他并占取他的妻子。子南知道了子皙的企图，拿了戈追赶他，追到交叉路口，用戈敲击子皙。子皙受伤回去，告诉大夫说："我很友好地去见子南，没料到他有别的想法，所以我受了伤。"

【原文】

大夫皆谋之。子产曰："直钩，幼贱有罪，罪在楚也。"乃执子南，而数之，曰："国之大节有五，女皆奸之。畏君之威，听其政，尊其贵，事其长，养其亲，五者所以为国也。今君在国，女用兵焉，不畏威也；奸国之纪，不听政也；子皙，上大夫；女嬖大夫①，而弗下之，不尊贵也；幼而不忌，不事长也；兵其从兄，不养亲也。君曰：'余不女忍杀，宥女以远。'勉，速行乎，无重而罪！"

①嬖大夫：先秦官名。下大夫的别称。

【译文】

大夫们都议论这件事。子产说："各有理由，但年龄小地位低的有罪，罪在公孙楚。"于是抓住公孙楚列举他的罪状，说："国家最重要的礼节有五条，你全都触犯了。敬服于国君的威严，依从国家法令，尊敬身份高的人，侍奉年龄大的人，供养自己的亲人，这五条是我们用来建立国政的。如今国君身处都城，你却使用兵器，这是不敬服于君王威严。触犯国家的法纪，这是不依从法令。子皙是上大夫，你是下大夫，却不对他恭让，这是不尊敬身份高的人。年纪小却不畏忌，是没有侍奉长者。用武器击打自己的堂兄，这是不奉养尊亲。君王说：'我不忍心诛杀你，宽恕你将你流放到远方。'劝你，赶紧离去吧，别再加重你的罪过！"

【原文】

五月庚辰，郑放游楚于吴。将行子南，子产咨于大叔①。大叔曰："吉不能亢身，焉能亢宗？彼，国政也，非私难也。子图郑国，利则行之，又何疑焉？周公杀管叔而蔡蔡叔，夫岂不爱？王室故也。吉若获戾，子将行之，何有于诸游？"

秦后子②有宠于桓，如二君于景。其母曰："弗去，惧选③。"癸卯，针适晋，其车千乘。书曰"秦伯之弟鍼出奔晋"，罪秦伯也。

【注释】

①大叔：名游吉，游楚之兄子，为游氏宗主。
②后子：名针，秦桓公的儿子，秦景公的胞弟。
③选：数。此处意为历数其罪而杀之。

【译文】

五月初二日，郑国将公孙楚流放到吴国。快要令他离开的时候，子产向太叔征询意见。太叔说："我尚且不能保全自己，又怎能庇护游氏家族呢？子南这件事属于国政，而不是家族内部的矛盾。您执掌郑国国政，对国家有利的事就去做，又有什么好疑惑的呢？周公杀掉管叔和流放蔡叔，难道是不喜爱他们吗？是为国君王室着想的缘故。即使我犯下罪行，您也一样执行法令，哪用考虑游氏族人呢？"

秦国的后子受到桓公的宠爱，景公时国家好像有两个君王。后子的母亲对他说："你不赶紧离开秦国，小心被景公定罪而杀害。"五月二十五日，后子去往晋国，他的车辆有一千乘之多。史书记载说"秦伯之弟鍼出奔晋"，是将罪过归结于秦景公。

【原文】

后子享晋侯，造舟于河，十里舍车，自雍及绛①。归取酬币，终事八反②。司马侯问焉，曰："子之车尽于此而已乎？"对曰："此之谓多矣。若能少此，吾何以得见？"女叔齐以告公，且曰："秦公子必归。臣闻君子能知其过，必有令图。令图，天所赞也。"

【注释】

①自雍及绛：雍，雍城，春秋时秦国都城，在今陕西凤翔县南。绛，绛城，春秋时晋国都城，在今山西翼城县东南。
②终事八反：到享礼结束，往返了八次。指用最隆重的九献之礼。

【译文】

后子为晋侯设享礼，在黄河上连接船只作为桥梁，每隔十里停车若干乘，从雍城一直排列到绛城。回去取劝酒时献给宾客的礼品，到享礼结束往返了八次。司马侯问他说："您的车辆，全都在这里了吗？"后子答道："这已经够多了。要是车辆数量比这少，我哪用逃亡到您这儿呢？"司马侯将这些告诉了晋王，并且说："秦国公子一定会回国。我听说君子要是明白了自己的过失，一定有好的打算。好的打算，上天一定会帮助实现的。"

【原文】

后子见赵孟。赵孟曰："吾子其曷归？"对曰："针惧选于寡君，是以在此，将待嗣君。"赵孟曰："秦君何如？"对曰："无道①。"赵孟曰：

"亡乎？"对曰："何为？一世无道，国未艾②也。国于天地，有与立焉。不数世淫，弗能毙也。"赵孟曰："天乎？"对曰："有焉。"赵孟曰："其几何？"对曰："鍼闻之，国无道而年穀和熟，天赞之也。鲜不五稔③。"赵孟视荫曰："朝夕不相及，谁能待五？"后子出而告人曰："赵孟将死矣。主民，翫岁而愒日，其与几何？"

【注释】

① 无道：不行正道，作坏事。多指暴君或权贵者的恶行。
② 艾：终止，断绝。
③ 稔：庄稼成熟。引申为一年。五稔即五年。

【译文】

后子拜见赵孟。赵孟说："你什么时候回国呢？"后子答道："我担心被君王治罪，所以打算留在这儿，等嗣君继位后再回去。"赵孟说："秦国的国君怎么样？"后子答道："他施政无道。"赵孟说："那秦国会灭亡吗？"后子答道："怎么会呢？一代君主无道，国家不会灭亡的。立国于天地之间，一定有辅助这个国家运行的机制。除非连续几代君王淫乱，否则是不能灭亡它的。"赵孟说："他还有执政的天命吗？"后子答道："当然有。"赵孟说："还有多少呢？"后子答道："我听说，国政无道却能粮食获得丰收，是上天在庇护这个国君，很少有不到五年的。"赵孟看看日光的阴影说："生命像日影一样早晚不能连续，谁能等待五年之久？"后子退出后就告诉别人说："赵孟快要去世了。他主持国政，却贪图安逸虚度岁月，他还能活多长时间呢？"

【原文】

郑为游楚乱故，六月丁巳，郑伯及其大夫盟于公孙段氏。罕虎、公孙侨、公孙段、印段、游吉、驷带私盟于闺门①之外，实薰隧。公孙黑强与于盟，使大史书其名，且曰"七子"。子产弗讨。

晋中行穆子败无终及群狄于大原，崇卒也。将战，魏舒曰："彼徒我车，所遇又阨，以什共车，必克。困诸阨，又克。请皆卒，自我始。"乃毁车以为行，五乘为三伍。荀吴之嬖人②不肯即卒，斩以徇。为五陈以相离，两于前，伍于后，专为右角，参为左角，偏为前拒，以诱之。

翟人笑之。未陈而薄之，大败之。

莒展舆立，而夺群公子秩。公子召去疾于齐。秋，齐公子鉏纳去疾，展舆奔吴。

叔弓帅师疆郓③田，因莒乱也。于是莒务娄、瞀胡及公子灭明以大厖与常仪靡奔齐。

君子曰："莒展之不立，弃人也夫！人可弃乎？《诗》曰：'无竞维人④。'善矣。"

【注释】

① 闺门：郑国的城门。下文的薰隧是城门外道路的名称。

② 嬖人：身份卑下而受宠爱的人。

③ 郓：地名，春秋属鲁邑，在今山东沂水北。

④ 无竞维人：出自《诗·周颂·烈文》。无竞，竞，强大。

【译文】

郑国因为公孙楚之乱的缘故，六月初九日，郑简公和他的大夫们到公孙段氏家族中议事。罕虎、公孙侨、公孙段、印段、游吉、驷带在郑国都城的闺门外私下结盟，地点就在薰隧路。公孙黑强行参加了结盟，让史官记录时写上他的名字，还将他们合称为"七子"。子产怕引起动乱而没有讨伐公孙黑。

晋国的中行穆子在太原打败了无终国以及北狄各部落，这是由于他崇尚步兵作战。快要交战时，魏舒说："他们是步兵我们用战车，交战处又地势狭窄不便行车，只需十个步兵对付一辆战车，就一定能取胜。要想把他们围困在险地，并且打败他们，请全部改为步兵作战，就从我开始吧。"于是弃掉车阵而改为步兵行列，将五乘战车的士兵编成三个伍。有荀吴的宠臣不愿编入步兵行列，就将其斩首示众。编成五种军阵相互呼应衔接：两阵在前面，伍阵在后面，专阵为右翼，参阵为左翼，偏阵在最前面拒敌，来诱惑敌军。狄人嘲笑这个兵阵。晋军没等到狄军布好阵势就迅速向前攻击，大败狄军。

莒国的展舆立为国君，就取消了群公子的俸禄。群公子从齐国召去疾回郑。秋季，齐国的公子鉏护送去疾回国，展舆便逃往吴国。

叔弓率领军队划定郓邑的疆界，这是由于莒国发生了内乱的缘故。

这时莒国的务娄、瞀胡和公子灭明带着大庞与常仪靡两个城邑投奔了齐国。

君子说："莒国的展舆无法担任君王，是由于他弃置贤人的缘故吧！人才能够抛弃吗？《诗》说：'要强大只有依靠人才。'说得对啊！"

【原文】

晋侯有疾，郑伯使公孙侨如晋聘，且问疾。叔向问焉，曰："寡君之疾病，卜人曰'实沈、台骀①为祟'，史莫之知。敢问此何神也？"子产曰："昔高辛氏有二子，伯曰阏伯，季曰实沈，居于旷林，不相能也，日寻干戈②，以相征讨。后帝不臧，迁阏伯于商丘，主辰。商人是因，故辰为商星。迁实沈于大夏，主参，唐人是因，以服事夏、商。其季世曰唐叔虞。当武王邑姜方震大叔，梦帝谓己：'余命而子曰虞，将与之唐，属诸参，而蕃育其子孙。'及生，有文在其手曰虞，遂以命之。及成王灭唐，而封大叔焉，故参为晋星。由是观之，则实沈，参神也。昔金天氏有裔子曰昧，为玄冥师，生允格、台骀。台骀能业其官，宣汾、洮，障大泽，以处大原。帝用嘉之，封诸汾川，沈、姒、蓐、黄实守其祀。今晋主汾⑦而灭之矣。

【注释】

①实沈、台骀：实沈，相传为帝喾之子，后主参星，为参神。台骀，帝喾时治水的官吏，死后被尊为洛河之神，又称为台神。
②干戈：泛指武器，比喻战争。

【译文】

晋平公得了重病，郑简公派子产到晋国聘问，并问候晋王的病情。叔向请教子产，说："国君的疾病，卜人说是由于实沈、台骀在作怪，史官都不知道他们是谁。请问您他们是什么样的神呀？"子产说："从前帝喾有两个儿子，大儿子叫阏伯，二儿子叫实沈，两人都居住在旷林，彼此不能容纳对方。每天都手持武器，相互攻打。后来引起尧帝对他们的不满，就将阏伯贬到商丘，主祀辰星。商人因为阏伯的渊源，便把辰星称作商星。尧帝将实沈贬到大夏，主祀参星。唐人因为实沈的渊源，就侍奉夏朝、商朝。唐人的末代君王叫唐叔虞。当周武王的后妃邑姜怀了太叔的时候，梦见天帝对自己说：'我给你儿子起了个名字叫虞，准备给他唐作为封国，归属于参星，由此繁衍他的子孙后代。'等太叔出生后，他的掌心有一个'虞'字，就用'虞'作为他的名字。到成王灭掉唐国，就将那儿作为太叔的封邑，所以参星是晋国的星宿。照这样看来，实沈，是参星之神。从前少昊有个很远的后代叫做昧，是水官之长，生下允格、台骀。台骀有能力继承少昊的职责，他疏导汾水、洮水，隔住大的湖沼，让人们能够居住在辽阔的平原。颛顼因此而嘉奖他，把昧封在汾水流域，沈、姒、蓐、黄四个国家，切实地守护着他的祭祀。如今晋国称霸汾水流域而灭掉了这些国家。

【原文】

由是观之，则台骀，汾神也。抑此二者，不及君身。山川之神，则水旱疠疫之灾于是乎禜①之；日月星辰之神，则雪霜风雨之不时，于是乎禜之。若君身，则亦出入、饮食、哀乐之事也，山川、星辰之神又何为焉？侨闻之，君子有四时，朝以听政，昼以访问，夕以修令，夜以安身。于是乎节宣其气，勿使有所壅闭湫底以露其体，兹心不爽，而昏乱百度②。今无乃壹之，则生疾矣。侨又闻之，内官不及同姓，其生不殖。美先尽矣，则相生疾，君子是以恶之。故《志》曰：'买妾不知其姓，则卜之。'违此二者，古之所慎也。男女辨姓，礼之大司也。今君内实有四姬焉，其无乃是也乎？若由是二者，弗可为也已。四姬有省犹可，无则必生疾矣。"

【注释】

①禜（yíng）：古代一种祈求神灵消除灾祸的祭祀。

②百度：百事之节，指各类事情的制度。

【译文】

照这样看来，台骀就是汾水之神。但是这两位神灵跟君王的疾病毫无关系。台骀是掌管山河的神灵，要是碰到水旱灾害传染病之类，就举行禜祭向他祈求。实沈是掌管日月星辰的神灵，要是碰上雪霜风雨不顺应节气，就举行禜祭向他祈求。至于君王所患的疾病，不过也在于出入、饮食、哀乐这类事情，掌管山河星辰的神灵，跟这又有什么关系呢？我听说，君子每天要按照这四个时段行事：早晨用来听取政事，白天用来询问解答，傍晚用来订立制度，晚上就用来安养身体。在这期间要调节疏通血脉精气，不让它堵塞凝滞从而导致身体虚弱，心神不安定，就会使政事变得混乱不堪。君王没有那样做，就生病了。我又听说，国君的侍妾不应娶同姓的，这会让性命不能延长。所有的好处集中在一个人，就会导致另一人患病，君子因此讨厌同姓结婚这件事。所以《志》说：'买侍妾不知道她的姓，就得占卜一下。'违背以上两点，从古人起就觉得慎重啊。男女成婚要辨别姓氏，这是礼节上的大事情。如今君王宫中有四位姓姬的侍妾，这就是君主得病的原因吧？如果是因为上面两条，那他的病就无法医治了。休掉那四个姬姓女子还有可能治好，否则就一定会病死。"

【原文】

叔向曰："善哉！肸未之闻也，此皆然矣。"

叔向出，行人挥送之。叔向问郑故①焉，且问子皙。对曰："其与几何！无礼而好陵人，怙富而卑其上，弗能久矣。"

晋侯闻子产之言，曰："博物君子也。"重贿之。

【注释】

①故：事，指国家的政事。

【译文】

叔向说："说得好啊！我从来没听说过这些道理。您所说的全都正确。"

叔向出来时，行人挥送他。叔向打听郑国的政事，并且问到公孙黑。行人挥答道："他还能活多久呢？不懂礼节并且喜欢欺负他人，仗着他的富足而轻视上级，他不会长久的。"

晋平公听到子产的话，说："他真是一位知识渊博的君子。"便赠送给子产丰厚的礼品。

【原文】

晋侯求医于秦，秦伯使医和视之，曰："疾不可为也，是谓近女室，疾如蛊①。非鬼非食，惑以丧志。良臣将死，天命不佑。"公曰："女不可近乎？"对曰："节之。先王之乐，所以节百事也，故有五节；迟速本末以相及，中声以降。五降之后，不容弹矣。于是有烦手②淫声，慆堙心耳，乃忘平和，君子弗听也。物亦如之。至于烦，乃舍也已，无以生疾。君子之近琴瑟，以仪节也，非以慆心也。天有六气，降生五味，发为五色③，征为五声，淫生六疾。六气曰阴、阳、风、雨、晦、明也，分为四时，序为五节，过则为菑：阴淫寒疾，阳淫热疾，风淫末疾，雨淫腹疾，晦淫惑疾，明淫心疾。女，阳物而晦时，淫则生内热惑蛊之疾。今君不节、不时，能无及此乎？"

【注释】

①蛊：相传是人工培养的毒虫，是古代遗传下来的神秘巫术。

②烦手：古代指民间音乐的一种复杂的弹奏手法。

③五色：青、赤、白、黑、黄五种颜色，古代以此五者为正色。

【译文】

晋平公向秦国求医，秦景公派医和去给他看病。医和说："你的病不能治了。这是亲近女色的病，状况如同蛊毒。不是因为鬼神不是因为饮食，而是被女色迷惑丧失了心志。良臣即将去世，上天无法庇护。"晋平公说："女色不能亲近吗？"医和说："要有节制。先王的音乐，就是用来调解一切事情的，所以有五种音节，有快有慢有本有末相互调协，每个音得到中和之声便降至无声，五个音都降下来，就不允许再弹。再弹就有了烦手奏出的那种不正之乐，让人心怠耳塞，从而忘掉平正和谐的声音，所以君子不去听它。事情也像这样，一旦让人觉得厌烦，就立刻舍掉它，不要因此得病。君子亲近音乐，是用来取法于节度，而不是用来愉悦身心。天有六种气，降到事物身上有五种味道，表现出来为五种颜色，让人听来有五种声音。对它们迷恋过度就会产生六种疾病。六种气叫做阴、阳、风、雨、晦、明，可将它们划分为四个时段，按顺序而有五种节度。超过这些节度就会有相应的灾难：阴过度就会得寒病，阳过度就会得热病，风过度就会得四肢之病，雨过度就会得腹病，晦过度就会得惑病，明过度就会得心病。女色，于性属阳而于时属晦，亲近过度就会导致内热惑蛊的病症。如今君王亲近女色不讲节度不分时段，能不到这种地步吗？"

【原文】

出，告赵孟。赵孟曰："谁当良臣？"对曰："主是谓矣。主相晋国，于今八年，晋国无乱，诸侯无阙，可谓良矣。和闻之，国之大臣，荣其宠禄，任其大节①。有菑祸兴，而无改焉，必受其咎。今君至于淫以生疾，将不能图恤社稷，祸孰大焉？主不能御，吾是以云也。"赵孟曰："何谓蛊？"对曰："淫溺惑乱之所生也。于文：皿虫为蛊。谷之飞亦为蛊。在《周易》，女惑男、风落山谓之《蛊》。皆同物也。"赵孟曰："良医也。"厚其礼而归之。

楚公子围使公子黑肱、伯州犁城犨、栎、郏②。郑人惧。子产曰："不害。令尹将行大事，而先除二子也。祸不及郑，何患焉？"

【注释】

①大节：指关系国家安危存亡的大事。
②犨、栎、郏：地名。都属于郑国的城邑。

【译文】

医和出来把这些话告诉赵孟。赵孟问："良臣指的是谁？"医和答道："就是说您啊。您执掌晋国国政，到现在已有八年，晋国从未发生叛乱，诸侯各国也从未指责晋的过错，可以称得上良了！我听说，一国的重臣，宠信和爵禄由他享受，国家大事由他承担，有灾祸发生却不能够改变，他一定会遭受祸患。现在国君贪恋女色而得病，就无法操心国事了，哪有比这更大的灾祸啊？您却无法控制这种情况。我才会那样说。"赵孟又问："那什么叫做蛊？"医和答道："这是沉溺于惑乱之事而引起的。从文字来看，器皿里的毒虫便叫做蛊，稻谷中的飞虫也叫蛊。在《周易》里，女人迷惑男人，大风落于山头，叫做'蛊'。说的都是一个意思。"赵孟说："你是个好医生啊！"赠给他丰厚的礼品而让他回国。

楚国的公子围派公子黑肱、伯州犁在犨、栎、郏筑城，郑国人感到担忧。子产说："没什么损害。子围将要夺取政权，所以先铲除他们两人。祸难不会连累到郑国，有什么好担忧的？"

【原文】

冬，楚公子围将聘于郑，伍举为介。未出竟，闻王有疾而还。伍举遂聘。十一月己酉，公子围至，入问王疾，缢而弑之，遂杀其二子幕及平夏。右尹子干出奔晋，宫厩尹子晳出奔郑。杀大宰伯州犁于郑。葬王于郏，谓之郏敖。使赴于郑，伍举问应为后之辞焉①，对曰："寡大夫围。"伍举更之曰："共王之子围为长。"

【注释】

①宫厩尹：楚国官职名。为较低级别的官职。

【译文】

冬季，楚国的公子围将要到郑国聘问，伍举担任副将。子围还没走出国境，听说楚王得病就回去了。伍举便前去聘问。十一月，初四，公子围到了都城，进宫问候楚王的病情，趁机勒死了楚王。接着又杀死了楚王的两个儿子幕和平夏。右尹子干逃亡到晋国。宫厩尹子晳逃亡到郑国。子围又派人在郏邑杀了太宰伯州犁。把楚王安葬在郏邑，把他称作郏敖。子围派人到郑国通告楚王去世的消息，伍举便问使者关于楚王继承人的措辞。使者答道："就说'寡大夫围'。"伍举改正他说："应该说共王的儿子围是长子。"

【原文】

子干奔晋，从车五乘，叔向使与秦公子同食，皆百人之饩。赵文子曰："秦公子富。"叔向曰："底禄以德，德钧以年，年同以尊。公子以国。不闻以富。且夫以千乘去其国，强御已甚。《诗》曰：'不侮鳏寡，不畏强御①。'秦、楚，匹也。"使后子与子干齿②，辞曰："铖惧选，楚公子不获，是以皆来，亦唯命。且臣与羁齿，无乃不可乎？史佚③有言曰：'非羁，何忌？'"

【注释】

①不侮鳏寡，不畏强御：出自《诗·大雅·烝民》。侮，欺凌。
②齿：并列，次列。

③史佚：周文王时的史官。

【译文】

子干逃往晋国，随同的只有五辆车。叔向给他和秦后子一样的食禄，都是一百人的口粮。赵文子说："秦公子更加富有。"叔向说："发放食禄是按照德行的，德行一样就按照年龄，年龄一样就按照地位高低。给公子们的食禄是按照国家的大小，没听说要按照是否富有。况且秦后子带着一千辆车离开他的国家，也太强势了。《诗》说：'不欺凌鳏寡之人，不害怕强权之人。'秦国、楚国，是平等的。"就让后子与子干并列。后子推辞说："我害怕获罪，楚公子不被信任，所以都来到晋国，就当遵从晋国的指示。但我作为先来的主人跟子皙这个客人并列，是不可以的吧？史佚曾说过："并非羁旅之客，何必要对他恭敬呢？"

【原文】

楚灵王即位，蒍罢为令尹，蒍启强为大宰。郑游吉如楚葬郏敖，且聘立君。归，谓子产曰："具行器①矣。楚王汰侈，而自说其事，必合诸侯，吾往无日矣。"子产曰："不数年未能也。"

十二月，晋既烝②，赵孟适南阳，将会孟子余。甲辰朔，烝于温，庚戌，卒。郑伯如晋吊，及雍乃复。

【注释】

①行器：指国君出行时所用的行装器物。
②烝：特指冬天的祭祀。

【译文】

楚灵王即位，蒍罢担任令尹，蒍启强担任太宰。郑国的游吉到了楚国，参加郏敖的葬礼，并且向新立的君王进行聘问之礼。回国后，对子产说："准备盟会用的行装吧。楚灵王骄奢而且自以为是，一定会很快召集诸侯各国。我们要不了多久就要前往了。"子产说："没有几年时间，他是不能够召集诸侯的。"

十二月，晋国举行烝祭，赵孟去往南阳，会祭先祖赵衰。正月初一，朔日，在温邑祖庙里举行烝祭。初七，赵孟去世。郑简公到晋国吊丧，走到雍邑就返回了。

六年经

六年春王正月，杞伯益姑卒。

葬秦景公。

夏，季孙宿如晋。

葬杞文公。

宋华合比出奔卫。

秋九月，大雩。

楚薳罢帅师伐吴。

冬，叔弓如楚。

齐侯伐北燕。

六年传

【原文】

六年春王正月，杞文公卒。吊如同盟^①，礼也。大夫如秦，葬景公，礼也。

【注释】

①吊如同盟：指鲁国像对待同盟国那样去为杞文公吊丧。

【译文】

鲁昭公六年，春季，周历正月，杞文公去世，鲁国前去吊丧好像对待同盟的国家，这是符合礼仪的。鲁国大夫前往秦国，参加秦景公的葬礼，这是符合礼仪的。

【原文】

三月，郑人铸刑书^①。叔向使诒子产书，曰："始吾有虞于子，今则已矣。昔先王议事以制，不为刑辟，惧民之有争心也。犹不可禁御，是故闲之以义，纠之以政，行之以礼，守之以信，奉之以仁，制为禄位，以劝其从；严断刑罚，以威其淫。惧其未也，故诲之以忠，耸之以行，教之以务，使之以和，临之以敬，莅之以强，断之以刚；犹求圣哲之上、明察之官、忠信之长、慈惠之师，民于是乎可任使也，而不生祸乱。民知有辟，则不忌于上。并有争心，以征于书，而徼幸以成之，弗可为矣。夏有乱政，而作《禹刑》。商有乱政，而作《汤刑》；周有乱政，而作《九刑》；三辟之兴，皆叔世^②也。今吾子相郑国，作封洫，立谤政，制参辟^③，铸刑书，将以靖民，不亦难乎？《诗》曰：'仪式刑文王之德，日靖四方^④。'又曰：'仪刑文王，万邦作孚。'如是，何辟之有？民知争端矣，将弃礼而征于书，锥刀之末^⑤，将尽争之。乱狱滋丰，贿赂并行。终子之世，郑其败乎？肸闻之：'国将亡，必多制。'其此之谓乎！"

【注释】

①铸刑书：将规定刑法的文书铸刻在鼎上，使其成为国家的常法。
②叔世：中落之世，借指末世。
③立谤政，制参辟：谤政，引起诽谤的政令，这里指丘赋制度。参辟，即三辟，夏、商、周三个朝代的不同法典。
④仪式刑文王之德，日靖四方：出自《诗·大雅·文王》。仪、式、刑，三个字同义连用，都是效法的意思。
⑤锥刀之末：刑书的一字一句，即细枝末节的小事。

【译文】

三月，郑国把刑罚制度铸刻在鼎上。叔向派人给子产送去一封信，说："最初我对您寄予厚望，现在打消了这种念头。从前先王根据事情的实际状况来决断刑罚，没有确定的刑律，这是因为担心百姓由此而产生相互争执的想法。还是不能杜绝罪行，因此又用道义来防范，用政令来约束，用礼仪来引导，用诚信来维护，用仁爱来奉劝，订立官品食禄的制度，来勉励听从教诲的人，执行严刑峻法，来威慑骄奢放纵的人。还恐怕无法生效，所以就用忠诚来进行训诫，根据行为来进行奖励，教导人们专心于本来的事业，使用他们时态度和悦，面对他们时面色严肃，跟他们来往时保持威严，给他们定罪时态度坚决。还要访求高尚睿智的上卿、明白事理的官员、忠贞诚信的乡长、和善聪明的老师，百姓像这样才可以供您驱使，而不至于发生祸乱。百姓看到有了刑律，就对上面的人不那么恭敬，大家都有争执的想法，将这种想法比诸刑律，然后又侥幸取得了成功，那国家就更难以治理了。夏朝有违犯政令的人，就制定禹刑。商朝有触犯政令的人，就制定汤刑。周朝有触犯政令的人，就制定九刑。三朝刑律的制定，都是在末世。现在您执掌郑国国政，划定地界水沟，设立饱受百姓批评的制度，制定刑律，将刑书铸刻在鼎上要用这些办法安定百姓，不也很难吗？《诗》说：'效法文王的德行，日益平定四方各国。'又说：'效法文王，万邦信赖。'像这样，还需要刑律吗？百姓知道了争执的依据，就会丢弃礼仪而比照刑书。刑书的一字一句，都会被争出个明白。触犯刑律的案件滋长得更多，贿赂行为到处发生。在您活着的时候，郑国恐怕就要衰败啊！我听说：'国家快要灭亡，必然多订法律'，说的就是这个意思吧！"

【原文】

复书曰："若吾子之言，侨不才，不能及子孙，吾以救世也。既不承命，敢忘大惠①！"

士文伯曰："火②见，郑其火乎！火未出，而作火以铸刑器③，藏争辟焉。火如象之，不火何为？"

【注释】

①惠：恩德。这里指叔向写信告诫子产这件事。

②火：指心宿，是二十八星宿之一。心为火，是夏季第一个月应候的星宿。

③刑器：即刑鼎，古时铸刑书于鼎，所以称刑鼎为刑器。也指刑具。

【译文】

子产回信说："就像您所说的，我没有才能，无法考虑到子孙，只能用刑律挽救当前的局面。即使我不采纳您的意见，又怎会忘却您写信告诫的恩德呢？"

士文伯说："心宿出现，郑国要发生火灾吧！火尚未出现就自己生火，用它来铸造刑鼎，将刑书刻在其中。这跟火同气相求，不引起火灾还能预示什么呢？"

【原文】

夏，季孙宿如晋，拜莒田①也。晋侯享之，有加笾②。武子退，使行人告曰："小国之事大国也，苟免于讨，不敢求贶。得贶不过三献③。今豆有加，下臣弗堪，无乃戾也？"韩宣子曰："寡君以为欢也。"对曰："寡君犹未敢，况下臣，君之隶也，敢闻加贶？"固请彻加，而后卒事。晋人以为知礼，重其好货。

【注释】

①莒田：莒国的国土，指之前鲁国占莒国城邑而未被晋国讨伐之事。
②加笾（biān）：笾豆的数量多于平常，喻指礼遇厚于常时。
③三献：古代祭祀时献酒三次，即初献爵、亚献爵、终献爵，合称"三献"。

【译文】

夏季，季孙宿去往晋国，这是因为莒田之事而拜谢晋国。晋平公为他设享礼，笾豆比常礼增多了。季孙宿退出来，派行人通告说："小国侍奉大国，能免于被讨伐就足够了，不敢要求更多的赏赐。恩惠不能超过三献之礼。现在笾豆有所增加，我担当不起，这不是在让我犯下罪过吗？"韩宣子说："我们国君想这样做来让你高兴。"季孙宿答道："即使是我们的国君都不敢享受加笾，何况我呢，我只是国君的仆役，哪敢指望有额外的赏赐？"坚决请求撤去加笾，然后才举行宴享。晋国认为季孙宿懂得礼仪，赠送给他贵重的礼品。

【原文】

宋寺人柳有宠，大子佐恶之。华合比曰："我杀之。"柳闻之，乃坎、用牲、埋书①，而告公曰："合比将纳亡人之族，既盟于北郭②矣。"公使视之，有焉，遂逐华合比。合比奔卫。于是华亥欲代右师，乃与寺人柳比，从为之征，曰"闻之久矣。"公使代之。见于左师，左师曰："女夫也必亡。女丧而宗室，于人何有？人亦于女何有？《诗》曰：'宗子维城，毋俾城坏，毋独斯畏③。'女其畏哉！"

六月丙戌，郑灾。

①用牲，埋书：牲，古代供祭祀用的全牛。书，这里指寺人柳伪造的盟书。

②北郭：古代城邑外城的北部。也可指城外的北郊。

③宗子维城，毋俾城坏，毋独斯畏：出自《诗·大雅·板》，是凡伯讽刺厉王的诗。维城，连城以保卫国家，借指皇子或皇室宗族。俾，把，使。独，孤独。

【译文】

宋国的寺人柳受到平公宠信，太子佐很厌恶他。华合比说："我去杀了他。"寺人柳听到了这个消息，就挖了个土坑，放进一头祭牲，伪造一份盟书放在牲口上埋起来。然后报告宋平公说："合比准备召回逃亡在外的人发动叛乱，他们已经在北郭结盟了。"宋平公派人去查看，果真有盟约，于是放逐了华合比。合比逃亡到卫国。当时华亥想要取代华合比的右师这一官职，就和寺人柳勾结起来，为他作证说："我听说这件事已经很久了。"宋平公给了他华合比的职位。华亥会见左师向戌，左师说："你这个人，一定会灭亡。你连自己同宗族的人都诬害，对别人会怎么样呢？别人又会怎样对待你这种人呢？《诗》说：'宗族就像城墙，不要使城墙损毁，不要使自己陷入孤独境地而觉得恐慌。'你迟早会害怕的！"

六月，初七，郑国发生火灾。

【原文】

楚公子弃疾如晋，报韩子也。过郑，郑罕虎、公孙侨、游吉从郑伯以劳诸柤①，辞不敢见。固请，见之，见如见王。以其乘马八匹私面②。见子皮如上卿，以马六匹；见子产以马四匹；见子大叔以马二匹。禁刍牧采樵，不入田，不樵树，不采蓺，不抽屋，不强丐。誓曰："有犯命者，君子废，小人降！"舍不为暴，主不愿③宾。往来如是，郑三卿皆知其将为王也。

【注释】

①柤：地名，春秋时郑国城邑。在今安徽省邳县西北。

②私面：指使者非因公事而以私人身份见他国国君。

③恩（hùn）：

【译文】

楚国的公子弃疾去往晋国，这是为了回报韩宣子之前送晋国女子入郑。经过郑国的时候，郑罕虎、公孙侨、游吉跟从郑简公到徂邑慰劳他们，弃疾辞谢不敢相见。郑国坚决请求后才肯跟郑简公见面，拜见简公所用的礼仪就像拜见楚王一样，并用八匹驾车的马作为礼物表示私人会见。拜见子皮如同拜见楚国的上卿，用六匹马做礼物。拜见子产，用四匹马。拜见子太叔，用两匹马。在郑国国境内通行时禁止楚军割草放牧采摘砍柴，不准进入私田，不准砍伐树木，不准采摘菜果，不准抽取房屋木料，不准向人强行乞讨。订立誓约说："有触犯这些命令的认，官员撤销职位，仆役降低等级。"楚军在郑国住宿不准做暴虐的事情，不能让郑国的主人担心客人。来回途中均是如此。郑国的三个卿都知道弃疾将要做楚王了。

【原文】

韩宣子之适楚也，楚人弗逆。公子弃疾及晋竟，晋侯将亦弗逆。叔向曰："楚辟我衷，若何效辟？《诗》曰：'尔之教矣，民胥效矣①。'从我而已，焉用效人之辟？《书》曰：'圣作则。'无宁以善人为则，而则人之辟乎？匹夫为善，民犹则之，况国君乎？"晋侯说，乃逆之。

秋九月，大雩，旱也。

【注释】

①尔之教矣，民胥效矣：出自《诗·小雅·角弓》。胥：古代官府中的小吏。效：效仿。

②雩：古代为求雨而举行的一种祭祀。

【译文】

韩宣子到达楚国的时候，楚国没有出城迎接他。公子弃疾到达晋国国境，晋平公也打算不派人去郊外迎接。叔向说："楚国邪僻而我国中正。您为何要效仿楚国的邪僻行径呢？《诗》说：'你用言行来教导，百姓都在效仿。'顺从我们自己的礼制就行了，哪用效仿他人的邪僻之行呢？《书》说：'将圣人作为效法对象。'宁愿将善人做为榜样，还是去效法别人的邪行呢？一个普通人有了善的行为，百姓还效法他，何况君王呢？"晋平公听了很高兴，就派人迎接公子弃疾。

秋季，九月，举行隆重的雩祭，这是由于发生了旱灾。

【原文】

徐仪楚聘于楚，楚子执之，逃归。惧其叛也，使薳泄伐徐。吴人救之。令尹子荡帅师伐吴，师于豫章，而次于乾谿①。吴人败其师于房钟，获宫厩尹弃疾。子荡归罪于薳泄而杀之。

冬，叔弓如楚，聘，且吊败也。

十一月，齐侯如晋，请伐北燕也。士匄相士鞅逆诸河，礼也。晋侯许之。十二月，齐侯遂伐北燕，将纳简公②。晏子曰："不入。燕有君矣，民不贰。吾君贿，左右谄谀，作大事不以信，未尝可也。"

【注释】

①乾谿：地名，春秋时楚国东面的边境。在今安徽亳县东南。下文的"房钟"属吴邑。

②简公：北燕的君王，三年前出奔到齐国。

【译文】

徐国的仪楚到楚国聘问。楚灵王扣押了他，他逃走回到徐国。楚灵王害怕徐国因此而背叛楚国，便派薳泄率军攻伐徐国。吴国派兵救援徐国。楚国令尹子荡便率领军队进攻吴国，从豫章出兵然后驻扎在乾谿。吴军在房钟打败了令尹子荡的部队，并俘虏了宫厩尹弃疾。子荡把兵败的罪过归结在薳泄身上而杀掉了他。

冬季，叔弓到楚国聘问，并对楚国的败仗表示慰问。

十一月，齐景公去往晋国，要求让齐国攻伐北燕国。士匄跟随士鞅在黄河边迎接齐景公，这是符合礼仪的。晋平公同意了齐国的请求。十二月，齐景公便下令攻打北燕，想把燕简公送回去做国君。晏子说："不可能回去了，燕国已经有新的国君，百姓不会背弃他。我们的君王景公贪图财物，手下大臣阿谀奉承，办大事不讲信用，这件事成功不了啊！"

七年经

七年春王正月，暨齐平。

三月，公如楚。

叔孙婼如齐莅盟。

夏四月甲辰朔，日有食之。

秋八月戊辰，卫侯恶卒。

九月，公至自楚。

冬十有一月癸未，季孙宿卒。

十有二月癸亥，葬卫襄公。

七年传

【原文】

七年春王正月，暨齐平，齐求之也。癸巳，齐侯次于虢①。燕人行成，曰："敝邑知罪，敢不听命？先君之敝器请以谢罪。"公孙晳曰："受服而退，俟衅而动，可也。'二月戊午，盟于濡上。燕人归燕姬，赂以瑶罋②、玉椟③、斝耳④，不克而还。

【注释】

①虢（guó）：国名，本为姬姓，是周文王的弟弟虢叔所获封邑，号东虢，后来为郑国所灭，周平王便将该地封给郑国。故城即今河南荥泽县之虢亭。

②瑶罋：玉罋。亦用作酒罋的美称。

③玉椟：玉匣。椟：匣子，柜子。

④斝（jiǎ）耳：古酒器名。玉质。其旁有耳，如今之杯。

【译文】

鲁昭公七年，春季，周历正月，北燕和齐国和好，这是北燕应了齐国的请求。十八日，齐景公驻扎在虢。燕国使者前来此地，说："我们国家知道有罪，怎敢不遵从齐国的号令呢？这是先王遗传下来的一些旧东西，就用它们来向您告罪吧。"公孙晳说："接受他们的归服而退兵，等待机会再采取行动，这样就很好了。"二月，十四日，齐国与北燕在濡水边举行盟誓。北燕嫁女给齐景公，送给他瑶瓮、玉椟、斝耳等器物，齐军没有攻下北燕就回国了。

【原文】

楚子之为令尹也，为王旌以田①。芋尹无宇断之，曰："一国两君，其谁堪之？"及即位，为章华之宫，纳亡人以实之。无宇之阍入焉。无宇执之，有司弗与，曰："执人于王宫，其罪大矣。"执而谒诸王。王将饮酒，无宇辞曰："天子经略，诸侯正封②，古之制也。封略之内，何非君土？食土之毛，谁非君臣？故《诗》曰：'普天之下，莫非王土；率土之滨，莫非王臣③。'天有十日，人有十等。下所以事上，上所以共神也。故王臣公，公臣大夫，大夫臣士，士臣皂，皂臣舆，舆臣隶，隶臣僚，僚臣仆，仆臣台。

【注释】

①为王旌以田：为，使用。王旌，周天子车上的旌旗。田，田猎，打猎。

②正封：正其封地的疆界，使之合乎定分。指治理封疆。

③普天之下，莫非王土。率土之滨，莫非王臣：出自《诗·小雅·北山》。滨，边。

【译文】

楚灵王还在做令尹的时候，打猎的时候使用了天子所用的旌旗。担任芋尹的无宇砍断旗帜，说："一个国家有两个君主，谁能接受呢？"到楚灵王即国君之位后，修建章华宫，接纳那些出逃的罪人安放在宫中。无宇的守门人犯罪后逃进章华宫。无宇抓住他后，管理宫室的官员却不肯将此人交给他，说："在君王的宫里抓人，你犯下了重罪。"抓住无宇觐见楚灵王。楚灵王正在喝酒，无宇申诉说："天子经营天下，诸侯治理封疆，古代起就订立了这样的制度。边境之内，哪块地方不是君王的国土？吃着君王土地上出产的粮食，哪个人不是君王的臣下？所以《诗》说：'普天之下，没有地方不是天子的国土。沿着土地直到边疆，没有人不是天子的臣下。'天上有十个太阳，人划分为十个等级。下级应当侍奉上级，最上级的则应当供奉神灵。所以王统治公，公统治大夫，大夫统治士，士统治皂，皂统治舆，舆统治隶，隶统治僚，僚统治仆，仆统治台。

【原文】

马有圉，牛有牧，以待百事。今有司曰：'女胡执人于王宫？'将焉执之？周文王之法曰，'有亡，荒阅'。所以得天下也。吾先君文王，作《仆区①》之法，曰，'盗所隐器，与盗同罪'，所以封汝也。若从有司，是无所执逃臣也。逃而舍之，是无陪台②也。王事无乃阙乎？昔武王数纣之罪以告诸侯曰：'纣为天下逋逃主，萃渊薮③。'故夫致死焉。君王始求诸侯而则纣，无乃不可乎？若以二文之法取之，盗有所在矣。"王曰："取而臣以往。盗有宠，未可得也。"遂赦之。

【注释】

①仆区：春秋时楚国刑书的名称。
②陪台：臣之臣，末等奴隶。泛指微贱罪隶。
③萃渊薮：此处比喻逃亡者聚集的宫室。萃，聚集。渊，深潭。薮，湖泽的通称，也指水少而草木茂盛的湖泽。

【译文】

养马由圉负责，放牛由牧负责，有专门的人掌管各类事项。现在宫室官员问我说：'你为何要在王宫里抓人？'我还能去哪儿抓他呢？周文王的法令说：'有逃跑的犯人，要大肆搜捕'，文王用它得到了天下。我们的先君楚文王，制订了《仆区》这部法典，里面说，'隐藏盗贼所偷盗的赃物，和盗贼犯治一样的罪'，用它使得楚国疆域拓展至汝水流域。如果依从宫室官员的做法，就没有地方来抓捕逃跑的下属了。要是下属逃跑就算了，这会导致我们这些大臣没有手下办事。君王的国政不就因此会被耽误吗？从前武王列举纣的罪行，通告诸侯说：'纣是天下逃亡者的主人，他的宫室成了逃亡者汇集的地方。'因此纣最终被人杀掉。君王您刚开始获得诸侯的支持就效仿纣，这样是不可以的吧？如果按照两位文王的法令来逮捕盗贼，盗贼是有地方可抓住的。"楚灵王说："抓了你的臣下走吧，盗贼想从我这儿获取恩宠，是不能得到的。"便释放了无宇。

【原文】

　　楚子成章华之台，愿以诸侯落之。大宰蓬启强曰："臣能得鲁侯。"
蓬启强来召公，辞曰："昔先君成公命我先大夫婴齐曰：'吾不忘先君之
好，将使衡父照临楚国，镇抚其社稷，以辑宁尔民。'婴齐受命于蜀。
奉承以来，弗敢失陨，而致诸宗祧。曰我先君共王引领^①北望，日月以
冀，传序相授，于今四王矣。嘉惠未至，唯襄公之辱临我丧。孤与其
二三臣悼心失图，社稷之不皇，况能怀思君德？今君若步玉趾，辱见寡
君，宠灵^②楚国，以信蜀之役，致君之嘉惠，是寡君既受贶矣，何蜀之
敢望？其先君鬼神实嘉赖之，岂唯寡君？君若不来，使臣请问行期，寡
君将承质币而见于蜀，以请先君之贶。"

【注释】

　　①引领：伸长脖子，形容深切盼望。
　　②宠灵：恩宠光耀，使得到恩宠福泽。

【译文】

　　楚灵王建成章华台，想和各国诸侯一起举行落成仪式。太宰蓬启强
说："我可以请来鲁昭公。"蓬启强前来邀请昭公，致辞说："从前贵国的
先王鲁成公，示意我们的大夫婴齐说：'我没有忘记贵国先王的友善，将
会派遣公衡去往楚国，安抚你们的国家，从而使贵国百姓安下心来。'婴
齐在蜀邑领受了成公的指示，奉受命令以来，从不敢丢弃遗失，并且祭
告于宗庙。往日我们的先君共王，总是深切盼望，时时期待着贵国使者
的到来。世代相传，到现在经历了四位国君。贵国的恩赐仍然没有到来，
只有襄公为了康王的丧事光临过我国。君王以及一些大臣，因先王丧事
而心神动摇失去主意，国家大事都无暇顾及，哪能怀念您的恩德呢？现
在君王如果能移步屈尊，前去会见君王，恩宠我们楚国，以信守当初在
蜀邑的盟约，送来鲁君的恩惠，这样，我们君王受到的恩赐就足够了，
哪敢奢望再像从前在蜀邑那样结盟啊！就连楚国先王的鬼神，也会嘉许
和依赖您的光临，哪儿只是灵王呢？您如果不来，我请问您领兵出行的
日期，灵王将载着财物到蜀地与您会见，以请问先君成公的恩赐。"

【原文】

公将往，梦襄公祖^①。梓慎曰："君不果行。襄公之适楚也，梦周公祖而行。今襄公实祖，君其不行！"子服惠伯曰："行！先君未尝适楚，故周公祖以道^②之；襄公适楚矣，而祖以道君。不行，何之？"

【注释】

①祖：出行时祭路神的活动。
②道：引领，引导。

【译文】

鲁昭公打算前往楚国，梦见襄公举行祖祭。梓慎说："您最终还是去不了的。从前襄公去往楚国的时候，梦见周公举行祖祭然后出行。现在梦见襄公在祭祀路神，君王还是不去为好。"子服惠伯说："去楚国。襄公从未到过楚国，所以周公举行祖祭来引导他。如今襄公已到过楚国，然后举行祖祭来引导您。您要是不去楚国，那去何处？"

【原文】

三月，公如楚。郑伯劳于师之梁。孟僖子为介，不能相仪。及楚，不能答郊劳^①。

夏四月甲辰朔，日有食之。晋侯问于士文伯曰："谁将当日食？"对曰："鲁、卫恶之。卫大，鲁小。"公曰："何故？"对曰："去卫地如鲁地，于是有灾，鲁实受之。其大咎其卫君乎！鲁将上卿。"公曰：《诗》所谓'彼日而食，于何不臧^②'者，何也？"对曰："不善政之谓也。国无政，不用善，则自取谪于日月之灾，故政不可不慎也。务三而已：一曰择人，二曰因民，三曰从时。"

【注释】

①郊劳：到郊外迎接并进行慰劳。
②彼日而食，于何不臧：出自《诗·小雅·十月之交》。晋平公看见日食而想起了《诗经》中的这句话。意思是：那天发生了日食，是哪儿做得不好吗？臧，美好。

【译文】

三月，昭公进入楚国，郑简公在师之梁慰劳鲁军。孟僖子担任昭公的介官，不能辅佐礼仪。到了楚国时，也不能答谢楚国的郊劳之礼。

夏季，四月，初一，为阴历朔日，发生了日食。晋平公询问士文伯说："日食的灾祸将降临给谁呢？"士文伯答道："鲁国和卫国会受到这次灾凶。卫国受祸大鲁国受祸小。"晋平公说："为什么？"士文伯答道："日食发生在卫国，进入鲁国后消散。这种情况下卫国发生灾难，鲁国会遭受遗祸。这次的大灾，要发生在卫君身上吧！鲁国将损失一位上卿。"晋平公说：《诗》所说的'彼日而食，于何不臧'，是什么意思？"士文伯答道："这是说政事处理不好。国家无道，不任用贤人，就会在日月灾祸中受到惩处。所以国政不能不谨慎啊。致力于三件事就行了：一是选择贤人，二是依靠百姓，三是顺应时节。"

【原文】

晋人来治杞田，季孙将以成①与之。谢息为孟孙守，不可，曰："人有言曰：'虽有挈瓶②之知，守不假器，礼也。'夫子从君，而守臣丧邑，虽吾子亦有猜焉。"季孙曰："君之在楚，于晋罪也。又不听晋，鲁罪重矣。晋师必至，吾无以待之，不如与之。间晋而取诸杞。吾与子桃③，成反，谁敢有之？是得二成也。鲁无忧，而孟孙益邑，子何病焉？"辞以无山，与之莱、柞。乃迁于桃。晋人为杞取成。

【注释】

①成：地名，春秋属鲁邑。在今山东宁阳县东北。
②挈瓶：汲水用的小瓶。比喻才智浅小。
③桃：地名，春秋属鲁邑。在今山东汶上县北。

【译文】

晋国前来划定杞国的疆界，季孙打算把成邑划给他们。谢息替孟孙镇守成邑，不同意如此。说："有人曾这样说过：'即使能力短浅，也要守住器物不可出借，这是礼的要求。'孟孙跟随君王去往楚国，而我却丢失了他的城邑，即使是您也会怀疑我不忠。"季孙说："国君到了楚国，被晋国知道了就已经是罪过。要是再不听从晋国，鲁国的罪过就更加严重了。晋国军队一定会前来讨伐，我们应付不了，不如暂且把成邑给他们，等晋国有机可乘时再从杞国那里夺回它。我把桃邑交给你镇守，等成邑重归于我国，谁还敢占有它？这相当于得到了两个成邑啊。鲁国解除了忧患，并且孟孙的封邑增多了，你还担心什么呢？"谢息推却说桃邑没有山，季孙又给他莱山和柞山，谢息这才迁到桃邑。晋国为杞国取得了成邑。

【原文】

楚子享公于新台①，使长鬣②者相。好以大屈。既而悔之。薳启强闻之，见公。公语之，拜贺。公曰："何贺？"对曰："齐与晋、越欲此久矣。寡君无适与也，而传诸君。君其备御三邻，慎守宝矣，敢不贺乎？"公惧，乃反之。

【注释】

①新台：在山东濮县东，卫宣公筑以纳其子伋之妻。
②长鬣（liè）：长须，古代男子以长须为美，也指多须或多须的人。

【译文】

楚灵王在新台宴请鲁昭公，让一个多须的人担任相礼，向昭公赠送大屈弓表示友好。不久就后悔了。薳启彊听说这件事，便进见昭公。昭公同他交谈，他便拜贺昭公。昭公问："哪儿值得祝贺呢？"薳启彊答道："齐国和晋国、越国想要这个大屈弓很久了，君王没有给他们，而把它送给了您。这是君王防备三个邻国，谨慎守护的宝物啊，难道不该向您祝贺吗？"昭公听到后十分害怕，就把大屈弓还给了楚灵王。

【原文】

郑子产聘于晋。晋侯有疾，韩宣子逆客，私焉，曰："寡君寝疾，于今三月矣，并走群望①，有加而无瘳。今梦黄熊入于寝门，其何厉鬼也？"对曰："以君之明，子为大政，其何厉之有？昔尧殛鲧于羽山，其神化为黄熊，以入于羽渊②，实为夏郊，三代祀之。晋为盟主，其或者未之祀也乎！"韩子祀夏郊。晋侯有间，赐子产莒之二方鼎。

【注释】

①望：遥祭，指古代帝王祭祀山川、日月、星辰。

②羽渊：池塘名，西边的太阳坟场，传说鲧死后化黄熊处。在今江苏东海县西北。

【译文】

郑国的子产到晋国聘问。晋平公患了病，韩宣子迎接子产，私底下同他交谈，说："我们君王卧病在床，到现在已有三个月了，所有的神灵都已经遥祭过，病情却有增而无减。现在梦见有黄熊进入了内室之门，它是什么样的凶恶鬼怪呢？"子产答道："凭借晋王的英明，又有您执掌国政，晋国哪会有什么凶恶呢？从前尧在羽山杀死了鲧，鲧的魂魄化为黄熊，钻进羽渊。他成为夏朝在郊外所祭祀的神灵，夏商周三代都祭祀他。晋平公担任会盟的主持者，难道说没有祭祀他吗？"韩宣子便举行了夏朝的郊祭祭祀鲧。平公病情好转，把莒国进献的的两个方鼎赏赐给子产。

【原文】

子产为丰施①归州田于韩宣子，曰："日君以夫公孙段为能任其事，而赐之州田。今无禄早世②，不获久享君德。其子弗敢有，不敢以闻于君，私致诸子。"宣子辞。子产曰："古人有言曰：'其父析薪，其子弗克负荷'。施将惧不能任其先人之禄，其况能任大国之赐？纵吾子为政而可，后之人若属有疆场之言，敝邑获戾，而丰氏受其大讨。吾子取州，是免敝邑于戾，而建置丰氏也。敢以为请。"宣子受之，以告晋侯。晋侯以与宣子。宣子为初言，病有之，以易原县于乐大心③。

【注释】

①丰施：字子旗，郑公孙段的儿子。晋国于昭公三年将州赐给公孙段。

②无禄早世：无禄，不幸。世，同"逝"。

③易原县于乐大心：乐大心，宋国大夫。原县，晋邑，被赐给乐大心。

【译文】

子产替丰施把州邑赠送给韩宣子，说："往日君王认为公孙段善于处理政事，而把州邑赏赐给他。现在公孙段不幸去世，不能够长久享受君王的恩惠。他的儿子不敢执掌州邑，又不敢告诉君王，所以想私底下把州邑送给您。"宣子推辞，子产说："古人曾说过：'他的父亲劈柴，儿子却不能承受担当。'丰施尚且担心不能继承父亲在国内的职位，何况是要来承担大国的赏赐呢？纵然您执掌晋国国政时是可以的，但您的后继者如果同郑国发生疆域的纷争，我们郑国因占州邑而犯下罪过，丰施就会受到严重的讨伐。您若接受州邑，就是让我国免于罪过，并扶持了丰施。冒昧地请求您答应。"宣子接受了，子产把这件事报告晋平公。平公把州邑赐予宣子。宣子因为先前同赵文子争州邑之事，获取州邑觉得内心不安，便跟乐大心用州邑换来了原县。

【原文】

郑人相惊①以伯有，曰"伯有至矣！"则皆走，不知所往。铸刑书之岁②二月，或梦伯有介而行，曰："壬子，余将杀带也。明年壬寅，余又将杀段也。"及壬子，驷带卒，国人益惧。齐、燕平之月，壬寅，公孙段卒，国人愈惧。其明月，子产立公孙泄及良止以抚之，乃止。子大叔问其故。子产曰："鬼有所归，乃不为厉，吾为之归也。"大叔曰："公孙泄何为？"子产曰："说也。为身无义而图说，从政有所反之，以取媚也。不媚，不信。不信，民不从也。"

【注释】

①相惊：自己人互相惊动扰乱，造成大家不安。因伯有先前被郑人所杀，郑人害怕他的鬼魂而惊扰。

②铸刑书之岁：指鲁昭公五年。铸刑书，把刑法条文铸刻在鼎上。

【译文】

郑国人因为伯有而互相惊扰，喊道"伯有来了"，大家全都吓得撒腿就跑，惊慌得不知该逃往哪儿。鲁昭公五年二月，有人梦见伯有披甲而行，说："明年三月初二，我要杀死驷带。后年正月二十七，我又会杀死公孙段。"到去年三月初二,驷带真的死了。国内的人们更加害怕。齐国和燕国讲和的那一月（正月）,二十七日,公孙段也死了。国内的人们就越来越害怕了。第二月,子产将公孙泄和良止立为大夫来安抚伯有的鬼魂,才停止作乱。子太叔问这其中的原因。子产说:"鬼有了归宿,才不会四处作恶,我替伯有找到了归宿。"太叔说:"任用公孙泄有什么作用?"子产说:"为了讨好百姓,伯有因自身不讲道义而被杀所以为他们建宗庙需要讨好百姓。我们执掌国政却违背做礼仪的事情,就要先取得百姓欢心。不让百姓满意他们就不会信服,如果不信服,那百姓是不会听从命令的。"

【原文】

及子产适晋,赵景子问焉,曰:"伯有犹能为鬼乎?"子产曰:"能。人生始化曰魄,既生魄,阳曰魂。用物①精多,则魂魄强,是以有精爽至于神明。匹夫匹妇强死②,其魂魄犹能冯依于人,以为淫厉,况良霄,我先君穆公之胄,子良之孙,子耳之子,敝邑之卿,从政三世矣。郑虽无腆,抑谚曰'蕞尔国'。而三世执其政柄,其用物也弘矣,其取精也多矣,其族又大,所冯厚矣,而强死,能为鬼,不亦宜乎!"

【注释】

①物:权势。也指因权势而获得的锦衣玉食之类。
②强死:没有害病而死去,死于非命。

【译文】

等子产去了晋国,赵景子问他,说:"伯有还可以做鬼吗?"子产说:"可以。人的生命刚刚遗失叫做魄,既然已经变成了魄,存留的阳气便叫做魂。活着之时衣食丰美,死后魂魄就旺盛。由此便能精气清爽,而最终形体显现。普通男女死于非命,他们的魂魄尚且能够附在别人身上,从而做出荒乱凶暴之事。何况伯有,他是我们先君穆公的后代,是子良的孙子,是子耳的儿子,是我们国家的卿,已经连续三代人执掌国政。郑国虽然不算强大,但就像俗话所说的'虽然狭小但也是一个国家'。而且伯有三代执掌国家大权,使用的物品自然丰美,他所获得的精气自然也就很多了。他的家族又很强大,所依凭的势力雄厚。伯有又是不得善终而死，能够变成厉鬼，不也是应该的吗？"

【原文】

子皮之族饮酒无度，故马师氏①与子皮氏有恶。齐师还自燕之月，罕朔杀罕魋。罕朔奔晋。韩宣子问其位于子产。子产曰："君之羁臣②，苟得容以逃死，何位之敢择？卿违，从大夫之位；罪人以其罪降，古之制也。朔于敝邑，亚大夫也；其官，马师③也，获戾而逃，唯执政所寘之。得免其死，为惠大矣，又敢求位？"宣子为子产之敏也，使从嬖大夫。

【注释】

①马师氏：公孙钼之子罕朔。公孙钼，子展之弟。展生子皮，钼生罕朔。下文的罕魋是子皮的弟弟。

②羁臣：羁旅流窜之臣。此处指罕朔。

③马师：掌马的官。

【译文】

子皮的家族饮酒没有节制，所以罕朔很厌恶子皮。齐军从北燕回国的那个月（二月），罕朔杀死了罕魋。之后他逃亡到晋国。韩宣子向子产询问给他罕朔什么职位。子产说："他只是君王手下一个羁旅逃亡之臣，能够容他逃避死罪就足够了，他还敢挑别什么职位吗？卿背弃自己的国家，便依从大夫的地位，给一个人定罪便要根据罪行降低他的等级，这是自古以来的制度。罕朔在我们国家，等级是亚大夫，他的官职，担任马师就足够了。他因为犯罪而逃亡到我国，只能听凭您的处置。能够免他一死，所施的恩惠就很大了，又岂敢要求官职呢？"宣子因为子产的聪敏，就让他做了嬖大夫。

【原文】

秋八月，卫襄公卒。晋大夫言于范献子曰："卫事晋为睦，晋不礼焉，庇其贼人而取其地，故诸侯贰。《诗》曰：'鹡鸰在原，兄弟急难①。'又曰：'死丧之威，兄弟孔怀②。'兄弟之不睦，于是乎不吊；况远人，谁敢归之？今又不礼于卫之嗣，卫必叛我，是绝诸侯也。"献子以告韩宣子。宣子说，使献子如卫吊，且反戚③田。

卫齐恶告丧于周，且请命。王使郕简公如卫吊，且追命④襄公曰："叔父陟恪，在我先王之左右，以佐事上帝，余敢忘高圉、亚圉⑤？"

【注释】

①鹡鸰在原，兄弟急难：出自《诗·小雅·常棣》。鹡鸰（jí líng），鸟名。急难，热心地帮助别人摆脱患难。

②孔怀：原意是非常想念兄弟，后用为兄弟的代称。

③戚：春秋卫邑，今河北省濮阳县北有戚城。

④追命：指死后由朝廷授予某种封赐。

⑤高圉、亚圉：周朝的祖先，本为殷商诸侯，死后曾受商天子追命。

【译文】

秋季八月，卫襄公去世。晋国的大夫对范献子说："卫国侍奉晋国，恭敬和睦，晋国却对卫国不守礼节，包庇卫国的叛徒，占取卫国的领土，所以各诸侯国也都对我们有了背离之心。《诗》说：'鹡鸰在平原上，碰到同伴有危急便相互救援。'又说：'死去是一件多么可怕的事啊，我甚为想念自己的兄弟。'连兄弟都跟你不和睦，因此不相亲善，何况是远方的人们，谁敢前来归顺你？如今晋国又对卫国的继位之君不守礼节，卫国一定会背弃我们，这种做法是在让我们失去诸侯国的支持啊。"献子把这些话告诉了韩宣子。宣子接受了建议，便派献子前往卫国吊唁，并且将戚邑归还给卫国。

卫国的齐恶向周朝报告丧事，并请求周天子赐命。天子派郕简公去往卫国吊唁。并追命卫襄公说："叔父卫襄公升天，来到我周朝先王的左右，辅佐先王侍奉天帝。我如何敢忘掉高圉、亚圉曾受过的恩赐呢？"

【原文】

九月，公至自楚。孟僖子病①不能相礼，乃讲学之，苟能礼者从之。及其将死也，召其大夫，曰："礼，人之干也。无礼，无以立。吾闻将有达者曰孔丘，圣人之后也，而灭于宋。其祖弗父何以有宋而授厉公。及正考父，佐戴、武、宣，三命兹益共，故其《鼎铭》云：'一命而偻，再命而伛，三命而俯，循墙而走，亦莫余敢侮。饘于是，鬻于是，以餬余口^②。'其共也如是。臧孙纥有言曰：'圣人有明德者，若不当世，其后必有达人。'今其将在孔丘乎！我若获没，必属说与何忌于夫子，使事之，而学礼焉，以定其位。"故孟懿子与南宫敬叔师事仲尼。仲尼曰："能补过者，君子也。《诗》曰：'君子是则是效^③，'孟僖子可则效已矣。"

【注释】

①病：苦恼，不满意。

②饘于是，鬻于是，以餬余口：鬻（zhōu），粥，稠者为饘，稀者为粥。餬余口：填满我的嘴，指填饱肚子。

③君子是则是效：出自《诗·小雅·鹿鸣》。则，效，都同效法之意。

【译文】

九月，昭公从楚国回到鲁国。孟僖子对自己不懂相礼很苦恼，便开始研习礼仪，只要碰到精通礼仪的人就向他学习。到他临死之时，召集手下的大夫们，说："礼仪，是做人最重要的东西。没有礼仪，行事就无从依凭。我听说快要出生一位精通礼仪的人，他名叫孔丘，是圣人的后代。祖宗被宋国消灭而来到鲁国。他的祖先弗父何，把自己拥有的宋邑赠给了厉公。到了正考父这一辈，辅佐戴公、武公、宣公，三次被任命为上卿，官越高就对君王越发恭敬。所以正考父神庙中鼎上的铭文说：'第一次被任命时弯下腰，第二次被任命时弓起背，第三次被任命时俯下身。即使对于沿着墙根走的人，我也不敢欺凌。吃点稠粥，喝点稀粥，填饱肚子就可以了。'他的恭敬就像这样。臧孙纥曾说：'圣人具有贤明的德行，如果在当时的世道不能取得成就，他的后代一定会有智慧通达的人。如今就要应验在孔丘身上吧！我要是死了，请一定把我的儿子说跟何忌嘱托给他，让他们侍奉孔丘并学习礼仪，以稳定他们的地位。'所以孟懿子和南宫敬叔后来做了孔子的学生。孔子说："能够弥补过失的，就是君子。《诗》说：'要把君子当做榜样和效法对象。'孟僖子值得效仿啊。"

【原文】

单献公弃亲用羁。冬十月辛酉，襄、顷①之族杀献公而立成公。

十一月，季武子卒。晋侯谓伯瑕曰："吾所问日食，从矣。可常乎？"对曰："不可。六物②不同，民心不壹，事序不类，官职不则，同始异终，胡可常也？《诗》曰：'或燕燕居息，或憔悴事国③。'其异终也如是。"公曰："何谓六物？"对曰："岁、时、日、月、星、辰是谓也。"公曰："多语寡人辰而莫同，何谓辰？"对曰："日月之会是谓辰，故以配日④。"

【注释】

①襄、顷：襄公，是顷公的父亲。后文的成公是献公的弟弟。

②六物：指岁、时、日、月、星、辰。

③或燕燕居息，或憔悴事国：出自《诗·小雅·北山》。燕燕，安适和乐的样子。憔悴，瘦弱无力脸色难看。颜色憔悴形容枯槁，引申为劳苦。

④配日：指天干地支相配而记日。

【译文】

单献公抛弃宗亲而任用寄居单国的人。冬季，十月二十日，襄公和顷公一族杀死了献公而立成公为单国国君。

十一月，季武子死去。晋平公对伯瑕说："以前我曾问过你日食的事，现在你所说的应验了。你能够时常这样准确地占卜吗？"伯瑕说："不能。六物总在变幻，百姓各怀心思，事情缓急不同，官员职责不一，开始相同后来也会有区别，怎么能时常这样占卜呢？《诗》说：'有人安逸地闲居歇息，有人疲惫地操劳国政。'占卜结果不同也就跟这一样。"晋平公问："什么是六物？"伯瑕答道："就是指岁、时、日、月、星、辰。"晋平公说："很多人都对我说起过辰，但说的都不一样。什么是辰？"伯瑕答道："太阳和月亮的交会便叫做辰，所以用地支来搭配天干。"

【原文】

卫襄公夫人姜氏无子，嬖人婤姶生孟絷。孔成子①梦康叔谓己："立元，余使羁②之孙圉与史苟相之。"史朝亦梦康叔谓己："余将命而子苟与孔烝鉏之曾孙圉相元。"史朝见成子，告之梦，梦协。晋韩宣子为政聘于诸侯之岁，婤姶生子，名之曰元。孟絷之足不良能行。孔成子以《周易》筮之，曰："元尚享卫国，主其社稷。"遇《屯䷂》。又曰："余尚立絷，尚克嘉之。"遇《屯䷂》之《比䷇》。以示史朝。史朝曰："'元亨'，又何疑焉？"成子曰："非长之谓乎？"对曰："康叔名之，可谓长矣。孟非人也，将不列于宗，不可谓长。且其繇曰'利建侯'。嗣吉，何建？建非嗣也。二卦皆云，子其建之！康叔命之，二卦告之，筮袭于梦，武王所用也，弗从何为？弱足者居。侯主社稷，临祭祀，奉民人，事鬼神，从会朝③，又焉得居？各以所利，不亦可乎？"故孔成子立灵公。十二月癸亥，葬卫襄公。

【注释】

①孔成子：孔烝鉏，卫国的卿。为孔达的孙子。后文的康叔是卫国的开国之君，元是孟絷的弟弟。

②羁：孔烝鉏的儿子孔羁。后文的苟指史朝的儿子史苟。

③会朝：诸指侯朝会盟主或或大臣朝会天子。

【译文】

卫襄公的夫人姜氏没有生儿子，他所宠爱的姬妾婤姶却生下了孟絷。孔成子梦见康叔对自己说："要立元为国君，我会让孔羁的孙子孔圉以及史苟辅佐他。"史朝也梦见康叔对自己说："我会让你的儿子史苟和孔烝鉏的曾孙孔圉辅佐元。"史朝便拜见孔成子，告诉他自己所做的梦，两人的梦正好吻合。晋国韩宣子执掌国政到各诸侯国聘问的那一年（鲁昭公二年），婤姶又生了个儿了，给他取名字叫做元。孟絷的脚有问题，但可以走路。孔成子用《周易》卜问说："让元享有卫国，主持国政。"卜得"屯"。又卜问说："我还是要立絷为国君，希望得到许可。"卜得"屯"的变卦"比"。孔成子将所卜筮的结果告知史朝。史朝说："元是可以的，这还有什么疑惑呢？"孔成子说："'元'不是指年长吗？"史朝答道："康叔为他取名，可算是立他为长了。孟絷不是健全的人，以后不会列入宗庙，所以不算是长子。而且他的卦辞说：'利于封他为侯。'如果继承君位还谈什么封侯呢？封就不能说是继承。两次卜卦都显示，您要封他为侯。康叔授命给我们，两次卜卦也如此指示我们。卦象总是顺承梦境，周武王就是这样做的。不听从还能怎么样呢？跛脚的人只能待在家里。然而国君执掌国政，主持祭祀，效劳百姓，侍奉鬼神，参加盟会朝会，哪能够待在宫中呢？各人发挥自己的优势，不也就很好吗？"所以孔成子立了卫灵公为卫国国君。十二月二十三日，安葬了卫襄公。

二十年经

二十年春王正月。

夏，曹公孙会自鄸出奔宋。

秋，盗杀卫侯之兄絷。

冬十月，宋华亥、向宁、华定出奔陈。

十有一月辛卯，蔡侯庐卒。

二十年传

【原文】

二十年春王二月己丑，日南至①。梓慎望氛②，曰："今兹宋有乱，国几亡，三年而后弭。蔡有大丧。"叔孙昭子曰："然则戴、桓也。汏侈，无礼已甚，乱所在也。"

【注释】

①日南至：太阳到了南边，指冬至。

②望氛：望气，观察天象而了解人事。

【译文】

鲁昭公二十年春季，周历二月初一，为冬至日。梓慎观看云气，说："今年宋国将会有灾祸，国家都接近灭亡，三年之后才能停止动荡。蔡国会有大的丧事。"叔孙昭子说："这就是戴、桓两个家族的国家。他们骄奢浪费，又过于不守礼节，动乱就发生在他们那儿啊。"

【原文】

费无极言于楚子曰："建与伍奢将以方城①之外叛，自以为犹宋、郑也，齐、晋又交辅之，将以害楚，其事集矣。”王信之，问伍奢。伍奢对曰：“君一过多矣，何信于谗？”王执伍奢，使城父司马奋扬②杀太子。未至，而使遣之。三月，大子建奔宋。王召奋扬，奋扬使城父人执己以至。王曰：“言出于余口，入于尔耳，谁告建也？”对曰：“臣告之。君王命臣曰：‘事建如事余。’臣不佞，不能苟贰。奉初以还③，不忍后命，故遣之。既而悔之，亦无及已。”王曰：“而敢来，何也？”对曰：“使而失命，召而不来，是再奸也。逃无所入。”王曰：“归，从政如他日。”

【注释】

①方城：春秋时楚国北面的长城。

②城父司马奋扬：城父，地名。司马，官名。奋扬，人名。

③奉初以还：奉初，接受第一次命令。还，周旋。

【译文】

费无极对楚平王说：“太子建和伍奢打算凭借方城以外的国土叛变，他认为自己是跟宋、郑一样的诸侯，齐国、晋国又竞相帮助他，这将会危害楚国，他们已经准备得差不多了。”楚平王相信了他的话，质问伍奢，伍奢答道：“君王有一次过失就足够了，为什么还要听信谗言呢？”楚平王便抓住伍奢，派遣城父司马奋扬去杀掉太子。奋扬尚未达到目的地，就派人通知太子赶紧逃走。三月，太子建逃亡到宋国。楚平王召奋扬回宫，奋扬让城父的大夫们将自己抓到平王跟前。楚平王说：“话从我嘴里说出，只进入你的耳朵，谁还能向子建通告呢？”奋扬回答说：“是我告诉他的。您曾经命令我说：‘侍奉建要像侍奉我一样。’我没有才智，不懂得变化心思。当初奉您的命令跟太子周旋，就不能够接受您后来的命令，所以让他逃走了。不久我就后悔这件事，却也来不及了。”楚平王说：“你还敢前来见我，为什么呢？”奋扬答道：“我被派遣而没有完成使命，要是受召见我又不回来，这是两次违命啊。逃都没地方逃。”楚平王说：“你回城父吧，还像过去一样执掌政事。”

【原文】

无极曰：“奢之子材，若在吴，必忧楚国，盍以免其父召之。彼仁，必来。不然，将为患。"王使召之，曰："来，吾免而父。"棠君尚①谓其弟员曰："尔适吴，我将归死。吾知不逮，我能死，尔能报。闻免父之命，不可以莫之奔也；亲戚②为戮，不可以莫之报也。奔死免父，孝也；度功而行，仁也；择任而往，知也；知死不辟，勇也。父不可弃，名不可废③，尔其勉之！相从为愈。"伍尚归。奢闻员不来，曰："楚君、大夫其旰食乎！"楚人皆杀之。

【注释】

①棠君尚：堂邑大夫伍尚。棠，地名，春秋时楚邑，在今河南遂平西北。尚，伍尚，伍奢的长子。当时任棠邑大夫。后文的"员"即伍员。

②亲戚：至亲，指父亲。

③父不可弃，名不可废：兄弟一起逃走就是弃父，兄弟一起殉父，无人报仇，就是废名。

【译文】

费无极说："伍奢的儿子很有才能，如果到了吴国，以后一定会成为楚国的忧患，何不以赦免他们父亲为交换条件召他们回国。他们有仁德，一定会回来的。不这样做，终将成为祸患。"平王便派人召唤他们，说："回到楚国，我就赦免你们的父亲。"棠邑大夫伍尚对他的弟弟伍员说："你赶紧去吴国，我打算回去送死。我知道自己才能不足，我可以送死，你可以报仇。听到父亲能被赦免的旨意，不能不跑回国内；亲人被杀害，不能不为他们报仇回国送死挽救父亲，这是孝的要求；思量能获得的功德再采取行动，这是仁的要求；选择任务而前往执行，这是智的要求；知道要送死却不逃避，这是勇的要求。父亲不能舍弃，名节不能损坏，你要自勉啊！就听从我的吧。"伍尚回到了楚国。伍奢听说伍员不回来，说："楚平王、各位大夫恐怕吃饭都无法安心了。"楚国杀掉了他们父子俩。

【原文】

员如吴，言伐楚之利于州于①。公子光曰："是宗为戮，而欲反其仇，不可从也。"员曰："彼将有他志，余姑为之求士，而鄙以待之。"

乃见②鱄设诸焉，而耕于鄙。

宋元公无信多私，而恶华、向。华定、华亥与向宁谋曰："亡愈于死，先诸？"华亥伪有疾，以诱群公子。公子问之，则执之。夏六月丙申，杀公子寅、公子御戎、公子朱、公子固、公孙援、公孙丁，拘向胜、向行于其廪。公如华氏请焉，弗许，遂劫之。癸卯，取大子栾与母弟辰、公子地以为质。公亦取华亥之子无戚、向宁之子罗、华定之子启，与华氏盟，以为质。

【注释】

① 州于：吴子僚。
② 见：引见。

【译文】

伍员到了吴国，对州于陈述攻打楚国的好处。公子光说："伍员是因为他的家族被楚国杀戮，而想要报私仇，不能顺从他的建议。"伍员说："他是想满足自己的野心，我姑且为他访求勇士，而在郊外等着他。"于是就向公子光推荐了鄄设诸，自己在吴国边境种地。

宋元公不讲信用多有偏私，讨厌华氏、向氏。华定、华亥跟向宁谋划说："逃亡总比被元公杀掉要好，我们先动手吧？"华亥装作身染疾病，用这个手段引诱公子们。一旦有公子前去探病，就扣押住他。夏季六月初九，他们杀死公子寅、公子御戎、公子朱、公子固、公孙援、公孙丁，把向胜、向行囚禁在谷仓中。宋元公到华亥氏那里去请求释放公子们，华氏不答应，而用他们威胁元公。十六日，华氏得到太子栾和他的同母兄弟辰、公子地作为人质。元公也取得了华亥的儿子无感、向宁的儿子罗、华定的儿子启，和华氏订立盟约，把他们作为人质。

【原文】

卫公孟絷狎齐豹，夺之司寇与鄄。有役则反之，无则取之。公孟恶北宫喜、褚师圃，欲去之。公子朝通于襄夫人宣姜，惧，而欲以作乱。故齐豹、北宫喜、褚师圃、公子朝作乱。

初，齐豹见宗鲁于公孟，为骖乘①焉。将作乱，而谓之曰："公孟之不善，子所知也，勿与乘，吾将杀之。"对曰："吾由子事公孟，子假吾名焉，故不吾远也。虽其不善，吾亦知之；抑以利故，不能去，是吾过也。今闻难而逃，是僭②子也。子行事乎，吾将死之，以周事子；而归死于公孟，其可也。"

【注释】

①骖乘：也作"参乘"。古代乘车时居右边陪乘的人。
②僭（jiàn）：虚假，不真实的小人之言。

【译文】

卫国公孟絷轻视齐豹，剥夺了他司寇的职位以及鄄这块封邑。鄄邑有事就让他回去处理，没事就夺取过来。公孟讨厌北宫喜、褚师圃，想赶走他们。公子朝和襄夫人宣姜私通，害怕有杀身之祸，从而想发动叛乱。所以齐豹、北宫喜、褚师圃、公子朝一起叛变。

最初齐豹将宗鲁推荐给公孟，担任骖乘。齐豹快发动叛乱时，对宗鲁说："公孟品行不好，你是知道的，不要同他一起乘车，我要杀掉他。"宗鲁得到："我由于您的推荐而得以侍奉公孟，您在公孟面前宣扬我的好名声，所以他才亲近我。虽然公孟品行不好，我也知道；但是因为利益的缘故，我不能离开他，这是我的过错。要是我现在听到有灾祸就逃走，这就表明我以前欺骗了您。您做您计划好的事情吧，我做好了牺牲的准备，以周全地侍奉您；而且回去后死在公孟那里，也是很好的。"

【原文】

丙辰，卫侯在平寿。公孟有事于盖获①之门外，齐子氏帷于门外，而伏甲焉。使祝灶真戈于车薪以当门，使一乘从公孟以出；使华齐御公孟，宗鲁骖乘。及闳②中，齐氏用戈击公孟，宗鲁以背蔽之，断肱③，以中公孟之肩。皆杀之。

公闻乱，乘，驱自阅门入。庆比御公，公南楚骖乘。使华寅乘贰车。及公宫，鸿𫘦雒驷乘于公。公载宝以出。褚师子申遇公于马路之衢，遂从。过齐氏，使华寅肉袒，执盖以当其阙，齐氏射公，中南楚之背，公遂出。寅闭郭门，逾而从公。公如死鸟。析朱鉏宵从窦④出，徒行从公。

【注释】

①盖获：卫国城郭门的名称。

②闳：巷门，曲门。

③肱：手臂由肘到肩的部分，指胳膊。

④窦：洞，指城墙的排水沟。

【译文】

六月二十九，卫灵公处于平寿。公孟絷将到盖获门外祭祀，齐豹家族便在门外设置帷帐，在里边埋伏着士兵。派祝蛙把戈藏在车上的柴禾中挡住城门，派一辆车跟住公孟絷断他的后路。公孟让华齐驾车，宗鲁做骖乘。到达曲门中间的时候，齐氏用戈击杀公孟，宗鲁用背来替公孟遮挡，被打断了胳臂，戈击中了公孟的肩膀。齐氏将他们全部杀死。

卫灵公听到发生叛乱的消息，坐上车，驱驰回城从闳门进入国都。庆比驾车，公南楚做骖乘。派华寅乘坐副车。到达宫殿的时候，鸿駵魋又坐上卫灵公的车子。灵公进宫装载宝物后出来，褚师子申在马路的十字路口遇到灵公，就跟随着他们出去。经过齐豹家族的时候，卫灵公让华寅光着上身，拿着车盖遮挡住侍从的空缺处。齐氏用箭射卫灵公，却射中了公南楚的背部，卫灵公于是逃出国都。华寅关上城郭的门，跳出来追随卫灵公。卫灵公逃到死鸟。析朱鉏夜里从排水沟悄悄钻出来，徒步跟随卫灵公。

【原文】

齐侯使公孙青聘于卫。既出，闻卫乱，使请所聘。公曰："犹在竟内，则卫君也。"乃将事焉，遂从诸死鸟。请将事。辞曰："亡人不佞，失守社稷，越在草莽，吾子无所辱君命。"宾①曰："寡君命下臣于朝曰：'阿下②执事。'臣不敢贰。"主人曰："君若惠顾先君之好，照临敝邑，镇抚其社稷，则有宗祧在。"乃止。卫侯固请见之。不获命，以其良马见，为未致使故也。卫侯以为乘马。宾将掫③，主人辞曰："亡人之忧，不可以及吾子；草莽之中，不足以辱从者。敢辞。"宾曰："寡君之下臣，君之牧圉也。若不获捍外役，是不有寡君也。臣惧不免于戾，请以除死。"亲执铎，终夕与于燎④。

①宾：傧相，赞礼的人，举行礼仪时导行仪节的人。后文的主人指接待宾客的人。他们都充当着传话者的角色。

②阿下：亲附而卑下之。

③掫：巡夜打更，代指巡夜。

④燎：应为"僚"，指巡夜的士兵。

【译文】

齐景公派公孙青到卫国聘问。公孙青已经出了国境，听到卫国发生叛乱，便派人请示聘问这件事如何处理。齐景公说："只要还在国境之内，灵公就是卫国的国君。"于是公孙青继续进行聘问之事，跟着灵公到了死鸟。公孙青请求执行聘问的礼仪。主人辞谢说："我这个逃亡之人没有才能，失去了对国家的守护，游荡在杂草丛中，您别让贵国君王的命令受到侮辱。"宾说："君王在朝廷上命令我说：'你要亲近卑下地执行你的任务。'我不敢违背君命。"主人说："君王如果恩惠顾及到先王对贵国的友好，就请光临我们的城邑，平定安抚我们的国家，那么就有宗庙供您举行聘问之礼。"公孙青就停止了聘问。卫灵公固执地请求会见他。公孙青推辞不了，只好用几匹好马作为礼物进行私下会见，这是由于没有获取君王使命的缘故。卫灵公将公孙青所赠送的马用作驾车的马。客人打算在夜里设置警戒，主人辞谢说："逃亡之人的忧虑，不能够连累到您；即使处于杂草丛中，也不能够委屈您。谨敢辞谢。"客人说："我是齐王的臣子，就是替卫君牧牛放马的人。如果不能执行在外面警戒的差役，就是心目中没有君王了。我害怕不能免于罪过，请求通过这样做免死。"亲自拿着大铃，整晚和卫国的巡夜人在一起。

【原文】

齐氏之宰渠子召北宫子。北宫氏之宰不与闻，谋杀渠子，遂伐齐氏，灭之。丁巳晦，公入，与北宫喜盟于彭水①之上。秋七月戊午朔，遂盟国人。八月辛亥，公子朝、褚师圃、子玉霄、子高鲂出奔晋。闰月戊辰，杀宣姜。卫侯赐北宫喜谥曰贞子，赐析朱鉏谥曰成子，而以齐氏之墓予之。

卫侯告宁于齐，且言子石。齐侯将饮酒，徧赐②大夫曰："二三子之教也。"苑何忌辞，曰："与于青之赏，必及于其罚。在《康诰》③曰：'父子兄弟，罪不相及。'况在群臣？臣敢贪君赐以干先王？"

【注释】

①彭水：古地名，在今河南鲁山县东南。
②徧：同"遍"。
③康诰：西周时周成王任命康叔治理殷商旧地民众的命令。

【译文】

齐氏的家臣渠子召见北宫喜。北宫喜的家臣不让他知道就私底下密谋，杀死渠子，然后讨伐齐氏，灭掉了他们。六月三十日，卫灵公进入国都，同北宫喜在彭水边举行盟誓。秋季七月初一，为朔日，就同国内的百姓盟誓。八月二十五日，公子朝、褚师圃、子玉霄、子高鲂逃亡到晋国。闰八月十二日，诛杀宣姜。卫灵公赏赐北宫喜谥号为贞子，赏赐析朱鉏谥号为成子，并把齐氏的墓地给了他们。

卫灵公向齐国汇报了国内的安定局面，而且提到了公孙青。齐景公正要饮酒，便将酒挨个赏赐给大夫们，说："我多亏了你们的教导啊。"苑何忌推辞不喝，说："现在分享了君王对公孙青的赏赐，以后一定会共同受到对他的责罚。《康诰》上说：'父子兄弟之间，有罪过不相互牵连。'何况是在大臣之间呢？我怎么敢因为贪图君王的赏赐而冒犯了成王呢？"

【原文】

琴张闻宗鲁死，将往吊之。仲尼曰："齐豹之盗，而孟絷之贼，女何吊焉？君子不食奸，不受乱，不为利疚于回①，不以回待人，不盖不义，不犯非礼。"

宋华、向之乱，公子城、公孙忌、乐舍、司马强、向宜、向郑、楚建、郳甲出奔郑。其徒与华氏战于鬼阎②，败子城。子城适晋。

【注释】

①疚于回：受到邪恶的影响。疚，病的意思。回，邪的意思。

【译文】

琴张听说宗鲁去世，打算前往吊丧。孔子说："他是齐豹之所以成为叛贼的根源，也是孟絷之所以被戕害的根源，你为什么还要去为他吊丧呢？君子不吃坏人的俸禄，不接受变乱的行为，不因为利而动邪恶的念头，不用奸邪的手段对待他人，不掩护不义的行为，不做出非礼的事情。"

宋国处于华氏、向氏作乱的时期，公子城、公子忌、乐舍、司马强、向宜、向郑、楚建、郧申出逃到郑国。他们的党羽在鬼阎同华氏作战，打败了子城。子城去往晋国。

【原文】

华亥与其妻，必盟而食所质公子者而后食。公与夫人每日必适华氏，食公子而后归。华亥患之，欲归公子。向宁曰："唯不信，故质其子。若又归之，死无日矣。"公请于华费遂①，将攻华氏。对曰："臣不敢爱死，无乃求去忧而滋长乎！臣是以惧，敢不听命？"公曰："子死亡有命，余不忍其詢②。"冬十月，公杀华、向之质而攻之。戊辰，华、向奔陈，华登奔吴。向宁欲杀大子。华亥曰："干君而出，又杀其子，其谁纳我？且归之有庸③。"使少司寇牼④以归，曰："子之齿长矣，不能事人。以三公子为质，必免。"公子既入，华牼将自门行。公遽见之，执其手，曰："余知而无罪也，入，复而所。"

【注释】

①华费遂：人名，是华氏的族人，担任宋国的大司马。
②詢（gòu）：耻，受到侮辱。
③庸：功劳。
④少司寇牼：少司寇，官名，为司寇的副手。牼，华亥的庶兄华牼。

【译文】

华亥和他的妻子，一定要盥洗干净伺候作为人质的公子吃完饭以后自己才吃饭。宋元公和夫人每天一定去华氏家里，等公子吃完以后才回到宫中。华亥觉得这种情况很苦恼，就想把公子们归还给宋元公。向宁说："正因为元公缺乏信用，所以将他的儿子取来作为人质。如果又把他释放回去，我们的死期就不远了。"宋元公向华费遂请示，要攻打华氏。华费遂答道："我不敢吝惜自己的生命，但您这样做会让太子被杀是想消除忧虑反而滋长出更大的忧虑啊！我是担心这个，哪敢不听从您的命令呢？"宋元公说："孩子们死了算他们命不好，我不能忍受他们一直受到那样的侮辱。"冬十月，宋元公杀掉华氏、向氏两家的人质而攻伐他们。十二月，华亥、向宁逃亡到陈国，华登逃亡到吴国。向宁要杀死太子。华亥说："因为冒犯国君而出逃，又杀死他的儿子，还有谁愿意接纳我们？并且放他们回去也算是我们有了功劳。"便派少司寇华牼带着公子们回去，说："您的年龄太大了，不能再去别的国家侍奉他人。您用三个公子作为没参加叛变的证明，一定可以免罪。"等公子们进入国都后，华牼正打算从公门离开。宋元公连忙会见他，拉着他的手，说："我知道你没罪，进去吧，我要恢复你的官职。"

【原文】

齐侯疥①，遂痁②，期而不瘳③。诸侯之宾问疾者多在。梁丘据与裔款言于公曰："吾事鬼神丰，于先君有加矣。今君疾病，为诸侯忧，是祝、史之罪也。诸侯不知，其谓我不敬，君盍诛于祝固、史嚚以辞宾？"公说，告晏子。晏子曰："日宋之盟，屈建问范会之德于赵武。赵武曰：'夫子之家事治④；言于晋国，竭情无私。其祝、史祭祀，陈信不愧；其家事无猜，其祝、史不祈'。建以语康王。康王曰：'神、人无怨，宜夫子之光辅五君以为诸侯主也。'"公曰："据与款谓寡人能事鬼神，故欲诛于祝、史，子称是语，何故？"

【注释】

①疥：一种令人皮肤发痒的传染性皮肤病。
②痁（shān）：疟病。
③瘳（chōu）：病愈。
④家事治：家事，家族中的事务。治，整治，修治，指井然有序。形容家族事务处理很好。

　　齐景公生了疥疮，跟着又有了疟疾，一年之内都没有痊愈。诸侯派来问候的客人很多都留在齐景公那儿。梁丘据和裔款对齐景公说："我们敬奉鬼神的祭品十分丰盛，比先王已经有所增加了。现在您得了重病，让各国诸侯否感到担心，这是祝、史的罪过。诸侯不了解的，会说是因为我们不尊敬鬼神，您何不杀掉祝固、史嚣从而向客人们解释？"齐景公很赞赏，便告诉晏子这个建议。晏子说："往日在宋之盟上，屈建向赵武询问范会的德行。赵武说：'他将家族的事务处理得很好，在晋国向国君进言，竭尽自己的心思为国家打算而不谋私利。他的祝、史在祭祀的时候，向鬼神陈说实情毫不羞愧。他的家族中没有不明白的事情，所以祝、史从不向鬼神祈祷。'屈建把赵武的话告诉康王。康王说：'鬼神、人们都对他毫无怨言，那他辅助五位国君成为各诸侯国的主人就是应该的了。'"齐景公说："梁丘据与裔款认为我能够侍奉鬼神，所以要诛杀祝固、史嚣，您这样说，是为什么呢？"

【原文】

　　对曰："若有德之君，外内不废，上下无怨，动无违事，其祝、史荐信①，无愧心矣。是以鬼神用飨，国受其福，祝、史与焉。其所以蕃祉老寿者，为信君使也，其言忠信于鬼神。其适遇淫君，外内颇邪，上下怨疾，动作辟违，从欲厌私，高台深池，撞钟舞女②。斩刈民力，输掠其聚，以成其违，不恤后人。暴虐淫从，肆行非度，无所还忌，不思谤讟，不惮鬼神。神怒民痛，无悛于心。其祝、史荐信，是言罪也；其盖失数美，是矫诬也。进退无辞，则虚以求媚。是以鬼神不飨其国以祸之，祝、史与焉。所以天昏孤疾者，为暴君使也，其言僭嫚于鬼神。"公曰："然则若之何？"对曰："不可为也：山林之木，衡鹿③守之；泽之萑蒲，舟鲛守之④；薮之薪蒸，虞候守之；海之盐、蜃，祈望守之。县鄙之人，入从其政；偪介之关，暴征其私；承嗣大夫，强易其贿。布常无艺，征敛无度；宫室日更，淫乐不违。内宠之妾，肆夺于市；外宠之臣，僭令于鄙。私欲养求，不给则应。民人苦病，夫妇皆诅。祝有益也，诅亦有损。聊、摄以东，姑、尤以西，其为人也多矣。虽其善祝，岂能胜亿兆人之诅？君若欲诛于祝、史，修德而后可。"公说，使有司宽政，毁关，去禁，薄敛，已责⑤。

【注释】

①荐信：进陈实情。荐，荐陈，进陈。信，实情。

②撞钟舞女：敲击编钟，舞女跳舞。代指奏乐歌舞。

③衡鹿：官名。守护山林之官。

④泽之萑蒲，舟鲛守之：萑蒲，植物名，盗贼常聚集于萑蒲所生之地，故亦用以代指盗贼出没之处。舟鲛，古代掌管薮泽的官。

⑤责：同"债"，这儿指百姓因为赋税对公家所欠的债务。

【译文】

晏子答道："如果是有德行的君主，国家政治和宫廷事务都没有荒废，官员百姓没有怨言，没有做出违背礼仪的事情，那么他的祝、史向鬼神进陈实情，就没有任何惭愧的心情了。因此鬼神享用了祭品，国家受到福祉，祝、史是有功劳的。他们之所以有福有寿，是因为他们做了诚实国君的使者，他们对鬼神讲话诚实有信。他们如果正好碰上一个荒淫的国君，国政私事都很荒乱，被大臣百姓所怨恨厌恶，行为邪僻背礼，放纵欲望满足私心，修筑高台深池，沉溺于奏乐歌舞，滥用民力，掠夺百姓的资产，用这些行为犯下大错，而不体恤后代。暴虐放纵，随心所欲无视礼节，内心无所顾忌，不考虑行为所带来的毁谤怨恨，不害怕鬼神。鬼神愤怒而百姓痛恨，他内心还是不肯改悔。他的祝、史要是陈说实情，就只会是在报告国君的罪过。他们为掩盖君王过错而专说好事，这是虚诈欺骗。真话假话都不易陈说，只好说些不相干的空话讨好鬼神，所以鬼神不享用他们国家的祭品，还给国家降临灾难，祝、史也应承担责任。他们之所以夭折患病，是因为做了暴虐国君的使者，他们对鬼神说话欺诈轻侮。"齐景公说："那该怎么办呢？"晏子答道："没有办法。山林中的树木，由衡鹿看管。洼地里的芦苇，由舟鲛看管。草野中的柴火，由虞候看管。大海中的盐蛤，由祈望看管。如今偏远地方的官吏，来国都参与政事。邻近国都的关卡，横征暴敛满足私欲。世袭的大夫，强行拥有财物。发布政令没有准则，征收赋税没有节度，国君每天轮换着到各个宫室居住，荒淫作乐不思远离。宫内的宠妾，在市场上随意掠夺，朝外的宠臣，在边境上假传圣旨。奉养追求满足自己的私欲，臣民不能办到就立即治罪。百姓痛苦困窘，丈夫妻子都在诅咒。祝祷有好处，诅咒就有害处。聊地、摄地东边，姑水、尤水西边，人口还有很多啊。即使祝、史善于祝祷，还能够胜过无数人的诅咒吗？君王如果要诛杀祝、史，要先修养自己的德行后才可以。"齐景公接纳他的意见，让官吏宽和政令，拆掉关卡，废除禁令，减轻赋税，减免了对公家的积欠。

【原文】

十二月，齐侯田于沛，招虞人以弓，不进。公使执之。辞曰："昔我先君之田也，旃①以招大夫，弓以招士，皮冠②以招虞人。臣不见皮冠，故不敢进。"乃舍之。仲尼曰："守道不如守官③。"君子韪之。

【注释】

①旃：红色的曲柄旗。

②皮冠：古代打猎时戴的帽子。

③守道不如守官：守住道义不如守住官职。在此处，守道是指听到君王的召唤便应声前往，守官则是要看到自己应招的物品方可前往拜见君王。进而言之，前者是服从君王命令，后者则是遵守理解不可动摇。

【译文】

十二月，齐景公在沛泽进行田猎，用弓召唤虞人，虞人没有前来拜见。齐景公便派人抓捕他治罪，虞人辩解说："从前先王打猎的时候，用红色的旗子召唤大夫，用弓召唤士，用皮冠召唤虞人。我没有看到皮冠，所以不敢进见。"齐景公就放了他。孔子说："根据道义没有根据官位重要。"君子赞同这句话。

【原文】

齐侯至自田，晏子侍于遄台，子犹①驰而造焉。公曰："唯据与我和夫！"晏子对曰："据亦同也，焉得为和？"公曰："和与同异乎？"对曰："异。和如羹②焉，水、火、醯、醢、盐、梅，以烹鱼肉，燀之以薪，宰夫和之，齐之以味，济其不及，以泄其过。君子食之，以平其心。君臣亦然。君所谓可而有否焉，臣献其否以成其可；君所谓否而有可焉，臣献其可以去其否，是以政平而不干，民无争心。故《诗》曰："亦有和羹，既戒既平。鬷嘏无言，时靡有争③。"先王之济五味、和五声也，以平其心，成其政也。声亦如味，一气，二体，三类，四物，五声，六律，七音，八风，九歌④，以相成也；清浊、小大，短长、疾徐、哀乐、刚柔、迟速、高下、出入、周疏，以相济也。君子听之，以平其心。心平，德和。故《诗》曰：'德音不瑕⑤。'今据不然。君所谓可，据亦曰可；君所谓否，据亦曰否。若以水济水，谁能食之？若琴瑟之专壹，谁能听之？同之不可也如是。"

【注释】

①子犹：齐国大夫梁丘据，字子犹。

②羹：调和五味（醋、酱、盐、梅、菜）做成的带汁的肉。

③亦有和羹，既戒既平。鬷嘏无言，时靡有争：出自《诗·商颂·烈祖》。原文是称赞殷中宗，说他能跟大臣和谐，国政如同烹制优良的羹汤。戒，敬戒。鬷，同"总"。嘏，大的意思。无言，没有怨恨之言。

④一气，二体，三类，四物，五声，六律，七音，八风，九歌：一气，空气，指声音要用气来发动。二体，指舞蹈的文舞和武舞。三类：指《诗》中的风、雅、颂三部分。四物，四方之物，指乐器用四方之物做成。五声，即五音。六律，指用来确定声音高低清浊的六个阳声，即黄钟、太簇、姑洗、蕤宾、夷则、无射。七音，指宫、商、角、徵、羽、变宫、变徵七种音阶。八风，八方之风。九歌：可以歌唱的九功之德，即水、火、木、金、土、谷、正德、利用、厚生。

⑤德音不瑕：出自《诗·豳风·狼跋》。德音，本指美德，这里借指美好的音乐。瑕，玉上的斑点，这里指缺陷。

【译文】

齐景公田猎回到都城，晏子在遄台等候，梁丘据驾着车前来迎接。齐景公说："还是据跟我和啊！"晏子答道："据也只不过跟您同而已，哪里称得上和呢？"齐景公说："和跟同不一样吗？"晏子回答说："不一样。和就好比是烹制羹汤，用水、火、醋、酱、盐、梅子来烹调鱼和肉，使用柴禾生火烧煮，厨工进行调配，使味道适中，太淡就增加调料，太浓就加水。君子享用羹汤，内心变得平和。君臣之间也是如此。君王所认为可行的事情但其中有不可实行的，臣下就指出它不可实行的地方，从而使事情完备可行。国君认为不可实行但其中有可行的部分，臣下就指出可行的地方，清除它的不可行之处。这样便能够政事平和而不违背礼仪，百姓不起争执之心。所以《诗》说：'国政如同调制好的羹汤，敬戒而且平和。总领政事毫无被指责之处，上下也都没有争斗。'先王调配五味、调和五声，是用来平和内心，周全国政的。声音也跟味道一样，是由一气、二体、三类、四物、五声、六律、七音、八风、九歌相辅相成的。是由清浊、大小、短长、缓急、哀乐、刚柔、快慢、高低、出入、疏密互为调节的。君子听到这样的声音，内心平和。内心平和，政事就协调。所以《诗》说：'德音没有缺失'。如今据没有做到这样。君王认为可行的，据就认为可行。国君认为不可行的，他也就认为不可行。这就好像用清水去调剂清水，谁还想喝它呢？如同琴瑟只能弹出一个音调，谁还愿听它呢？同之所以不应该就在于这个缘故。"

【原文】

饮酒乐。公曰："古而无死，其乐若何！"晏子对曰："古而无死，则古之乐也，君何得焉？昔爽鸠氏始居此地，季荝因之，有逢伯陵因之，蒲姑氏因之，而后大公因之。古若无死，爽鸠氏之乐，非君所愿也。"

郑子产有疾，谓子大叔曰："我死，子必为政。唯有德者能以宽服民，其次莫如猛。夫火烈，民望而畏之，故鲜死焉；水懦弱，民狎而玩之，则多死焉，故宽难。"疾数月而卒。大叔为政，不忍猛而宽。郑国多盗，取人于萑苻①之泽。大叔悔之，曰："吾早从夫子，不及此。"兴徒兵②以攻萑苻之盗，尽杀之，盗少止。

【注释】

①萑苻：也做"萑蒲"。湖泽名。萑，荻类植物，与蒲同为水生植物。

②徒兵：步兵。

【译文】

饮酒高兴了。齐景公说："要是自古以来没有死亡，人们该有多么快乐啊!"晏子回答说:"要是自古以来没有死,如今的欢乐就是古代人在欢乐了,君王能得到什么呢?很久以前爽鸠氏开始居住在这里,季荝承袭爽鸠氏,有逢伯陵承袭季荝,蒲姑氏承袭有逢伯陵,之后太公承袭了蒲姑氏。要是自古以来没有死亡,那现在还是爽鸠氏的欢乐,君王不想这样吧。"

郑国的子产得了病,对子太叔说:"我死后,一定会由你执掌国政。只有任用有德行的人才可以凭借宽柔使百姓顺服,其次是选择严苛的人。火看起来势头猛烈,百姓看着就害怕,所以很少有人死于火。水性柔和,百姓轻视而以它玩乐,因此很多人死在水中。所以宽柔之政更难施行。"子产生病几个月后便去世。子太叔执掌,不忍心执行严苛手段而实施宽柔政策。郑国便产生了许多强盗,聚集在萑苻进行抢劫。太叔觉得后悔,说:"我要是早点听从子产的话,国政就不至于到现在这种地步了。"调遣军队攻打萑苻的强盗,将他们全部杀掉。抢劫的行为才稍稍收敛。

【原文】

仲尼曰:"善哉!政宽则民慢,慢则纠之以猛。猛则民残,残则施之以宽。宽以济猛,猛以济宽,政是以和。《诗》曰:'民亦劳止,汔可小康;惠此中国,以绥四方①,'施之以宽也。'毋从诡随,以谨无良;式遏寇虐,惨不畏明②',纠之以猛也。'柔远能迩,以定我王③',平之以和也。又曰,'不竞不絿,不刚不柔,布政优优,百禄是遒④',和之至也。"及子产卒,仲尼闻之,出涕曰:"古之遗爱也。"

【注释】

①民亦劳止,汔可小康;惠此中国,以绥四方:出自《诗·大雅·民劳》。汔,也许可以。康,安。中国,指京城。绥,安抚。四方,指四方诸侯国。

②毋从诡随,以谨无良,式遏寇虐,惨不畏明:出自《诗·大雅·民劳》。从,同"纵",放过,放纵。诡随,狡诈行骗的人。谨,管束。式,用。遏,制止,禁止。惨,曾,乃。明,法度。

③柔远能迩,以定我王:出自《诗·大雅·民劳》。柔,安抚。能,亲善。

④不竞不绌，不刚不柔，布政优优，百禄是道：出自《诗·商颂·长发》。竞，急。绌（qiú），缓。优优，同"悠悠"，温和宽厚的样子。道，聚集。

【译文】

孔子说："好啊！政策宽柔百姓就会怠慢，怠慢就用严苛来矫正。执行严苛手段百姓就会受到伤害，伤害就推行宽柔之政。用宽柔调节严苛，用严苛调节宽柔，政事就会因此而和谐。《诗》说：'百姓已觉得劳苦，就可以稍作停歇。恩惠国内的人民，从而安定四方'，这是说要实施宽柔之政。'不要放过狡诈之人，用这种手段管束坏人。要严刑禁止抢劫行凶之人，他们不顾法度'，这是说要用严苛手段调节政事。"安抚远国亲近邻国，来安定君王的的地位"，这是说用平和来安定国政。又说，'不急不缓，不刚不柔，施政从容不迫，种种好处就到来'，这就是和谐的最高境界。"子产去世的时候，孔子听到消息，流着眼泪说："他秉承了古代的慈惠之风啊。"

二十八年经

二十有八年春王三月，葬曹悼公。

公如晋，次于乾侯。

夏四月丙戌，郑伯宁卒。

六月，葬郑定公。

秋七月癸巳，滕子宁卒。

冬葬滕悼公。

二十八年传

【原文】

二十八年春，公如晋，将如乾侯①。子家子曰："有求于人，而即其安，人孰矜②之？其造于竟。"弗听。使请逆于晋。晋人曰："天祸鲁国，君淹恤在外，君亦不使一个辱在寡人，而即安于甥舅②，其亦使逆君？"使公复于竟，而后逆之。

晋祁胜与邬臧通室。祁盈将执之，访于司马叔游。叔游曰："《郑书》

有之：'恶直丑正，实蕃有徒。'无道立矣，子惧不免。《诗》曰：'民之多辟，无自立辟③。'姑已，若何？"盈曰："祁氏私有讨，国何有焉？"遂执之。祁胜赂荀跞，荀跞为之言于晋侯。晋侯执祁盈。祁盈之臣曰："钧将皆死，慭④使吾君闻胜与臧之死也以为快。"乃杀之。夏六月，晋杀祁盈及杨食我。食我，祁盈之党也，而助乱，故杀之，遂灭祁氏、羊舌氏。

【注释】

①乾侯：春秋晋邑，在今河北省成安县东南。
②甥舅：指齐国，因齐国、鲁国数代通婚，所以互为甥舅之国。
③民之多辟，无自立辟：出自《诗·大雅·板》。辟，邪僻。
④慭：音 yìn。发语词。可做宁愿之意。

【译文】

鲁昭公二十八年春天，昭公去往晋国，将要前往乾侯。子家子说："有求于齐国，却在齐国住得心安理得，谁还会同情您呢？您还是到边境上等着吧。"昭公不听。派人请求晋国前来迎接。晋国人说："上天降祸给鲁国，使君王在外面久遭患难，他也不派个使者屈尊前来问候我，却安安稳稳地住在我们齐国，难道还想我派人去齐国迎接他吗？"让昭公回到鲁国境内，然后将他接到了乾侯。

晋国的祁胜和邬臧交换妻妾。祁盈打算抓捕他们，向司马叔游咨询。叔游说："《郑书》有这样的话：'嫉害正直者，这类人很多。'无道之人在位，您应该顾虑自己无法免于祸患。《诗》说：'民众已经有很多邪僻，自己不要再陷于邪僻。'暂且别管他们吧，怎么样？"祁盈说："这是我讨伐族内的家臣，跟国家有什么关系？"便抓捕了他们。祁胜贿赂荀跞，苟跞替他向晋顷公进言。晋顷公逮捕了祁盈。祁盈的家臣们说："同样都是死，让我们的主人听到祁胜和邬臧的死讯后再死他也能觉得快活！"于是就杀了祁胜和邬臧。夏季六月，晋国诛杀祁盈和杨食我。杨食我，是祁盈的同党，并且帮助他作乱，所以杀了他。就把祁氏、羊舌氏消灭了。

【原文】

初，叔向欲娶于申公巫臣氏，其母欲娶其党。叔向曰："吾母多而庶鲜，吾惩舅氏①矣。"其母曰："子灵之妻杀三夫，一君、一子，而亡一国、两卿矣，可无惩乎？吾闻之：'甚美必有甚恶。'是郑穆少妃姚子之子，子貉之妹也。子貉早死，无后，而天钟美于是②，将必以是大有败也。昔有仍氏生女，黰黑，而甚美，光可以鉴，名曰玄妻。乐正后夔取之，生伯封，实有豕心③，贪惏无餍，忿颣无期，谓之封豕。有穷后羿灭之，夔是以不祀。且三代之亡、共子之废，皆是物也，女何以为哉？夫有尤物，足以移人。苟非德义，则必有祸。"叔向惧，不敢取。平公强使取之，生伯石。

【注释】

①惩舅氏：惩，惩戒之意。意思是父亲娶舅氏却庶子不多，由此看来舅氏生育能力不足，所以要引以为戒。

②钟美于是：将美集中在她身上。

③豕心：猪的心。猪贪食，因以用它来比喻贪婪之心。

【译文】

最先，叔向想娶申公巫臣的女儿，他母亲想让他娶她族氏的女子。叔向说："我的庶母众多但庶生兄弟很少，我要以此为戒啊。"他母亲说："巫臣的妻子夏姬害死了三个丈夫、一个国君、一个儿子，并且使得一个国家、两个卿灭亡，能不引以为戒吗？我听说：'过于漂亮者一定有过于凶恶之处。'她是郑穆公少妃姚子的女儿，子貉的妹妹。子貉死得早，没有后代，上天便把一切美好聚集显现在夏姬身上，一定是要用她来败坏大事情啊。从前有仍氏所生的女儿，头发又密又黑，非常漂亮，光泽可以照见人影，把她称作玄妻。乐官之长后夔娶了她，生下伯封，他的心肠像猪一样，贪婪不能满足，愤怒乖戾没有限度，人们称他为封豕。有穷氏君王羿灭了他，后夔因此不能获得祭祀。而且夏商周三代的灭亡，太子申生的被废黜，都是因为贪图美色。你为何还要娶她呢？娶了特别漂亮的女子，足够改变人的心性，娶她的如果不是有德有义之人，就一定会得到祸患。"叔向害怕了，不敢娶巫臣的女儿。晋平公强迫他娶了过来，生下杨食我。

【原文】

伯石始生，子容①之母走谒诸姑，曰："长叔姒②生男。"姑视之。及堂，闻其声而还，曰："是豺狼之声也。狼子野心。非是，莫丧羊舌氏矣。"遂弗视。

秋，晋韩宣子卒，魏献子为政，分祁氏之田以为七县，分羊舌氏之田以为三县。司马弥牟为邬大夫，贾辛为祁大夫，司马乌为平陵大夫，魏戊为梗阳大大，知徐吾为涂水大夫，韩固为马首大夫，孟丙为盂大夫，乐霄为铜鞮大夫，赵朝为平阳大夫，僚安为杨氏大夫。谓贾辛、司马乌为有力③于王室，故举之；谓知徐吾、赵朝、韩固、魏戊，余子之不失职、能守业④者也；其四人者，皆受县而后见于魏子，以贤举也。

【注释】

①子容：伯华的儿子，伯华是叔向的哥哥。伯华为长，叔向次之。

②长叔姒：长叔，叔向是伯华最年长的弟弟，所以称长叔。姒，年龄小的称呼年龄较大的为姒。叔向之妻年龄比子容母大，所以子容母称她为长叔姒。

③力：功劳的意思。指贾辛、司马乌于鲁昭公二十二年率师纳敬王。

④守业：保存祖先留下的基业或守住已有的事业。

【译文】

杨食我刚出生的时候，子容的母亲跑去禀告婆婆，说："长叔的媳妇生了个男孩。"婆婆去探望。到了堂前，听到婴儿的哭声就转身回来，说："这是豺狼的声音啊。像豺狼一样的人一定内心暴虐。除了他，没人会使羊舌氏灭亡啊！"便不再前去看望。

秋季，晋国的韩宣子去世，魏献子执掌国政。他把祁氏的封地分为七个县，把羊舌氏的封地分为三个县。司马弥牟担任邬邑大夫，贾辛担任祁邑大夫，司马乌担任平陵大夫，魏戊担任梗阳大夫，知徐吾担任涂水大夫，韩固担任马首大夫，孟丙担任盂邑大夫，乐霄担任铜鞮大夫，赵朝担任平阳大夫，僚安担任杨氏大夫。魏献子认为贾辛、司马乌曾有功于王室，所以任用他们。认为知徐吾、赵朝、韩固、魏戊，是庶子中能够不会丢失职务、能够保持祖业的人。另外四个人，都是先接受县大夫的职位然后才进见魏献子，他们是因为贤能而被举荐。

【原文】

魏子谓成鱄：“吾与戊^①也县，人其以我为党乎？”对曰：“何也！戊之为人也，远不忘君，近不偪^②同；居利思义，在约思纯，有守心而无淫行^③，虽与之县，不亦可乎！昔武王克商，光有天下，其兄弟之国者十有五人，姬姓之国者四十人，皆举亲也。夫举无他，唯善所在，亲疏一也。《诗》曰：‘惟此文王，帝度其心。莫其德音，其德克明。克明克类，克长克君。王此大国，克顺克比。比于文王，其德靡悔。既受帝祉，施于孙子^④。’心能制义曰度，德正应和曰莫，照临四方曰明，勤施无私曰类，教诲不倦曰长，赏庆刑威曰君，慈和遍服曰顺，择善而从之曰比，经纬天地曰文。九德不愆，作事无悔，故袭天禄，子孙赖之。主之举也，近文德矣，所及其远哉！”

【注释】

①戊：魏戊，是魏献子的庶子。党：偏袒。
②偪：同“逼”，逼迫。
③淫行：过分的行为，不合礼制的行为。
④“唯此文王……施于孙子”：出自《诗·大雅·大明》。

【译文】

魏献子对成鱄说：“我将一个县交给魏戊去治理，人们会认为我有偏私之心吗？”成鱄答道：“怎么会呢？魏戊的为人，远会不忘记君王，近不会逼迫同事，面临利益能先想到道义，身处困窘也没有叨滥之心，能够保持礼义而不会有丝毫触犯。即使给他一个县去治理，难道不可以吗？从前武王推翻商朝，得到了广博的天下，他的兄弟得以封国的有十五人，其他姬姓得以封国的有四十人，这些都是在推举自己的亲族。举荐没有其他的标准，只要具备善的德行，亲近疏远的姓氏都是一样。《诗》说：‘这个文王，能够审度自己的内心。他的行为端正，他的贤德彰显。他能明辨是非能分清善恶，能做师长能为人君。他在这个大国为王，能让四方归顺依附。同文王亲近，他的德行不会让你遗憾。他已经承蒙天帝的福祉，还将延及子孙后代。’内心能自规于道义叫做‘度’，德行端正万物应和叫做‘莫’，光照临于四方各地叫做‘明’，勤于施惠没有私心叫做'类'，教训开导不知疲倦叫做'长'，赏赐公正刑罚威严叫做'君'，慈祥和顺人人归服叫做'顺'，选择良善跟从学习叫做'比'，掌管治理万事万物叫做'文'。文王九种德行都未缺失，做完事情没有遗憾，所以能承袭上天的恩惠，子孙后代都靠他享受福祉。您举荐县大夫的行为，已经接近文德了，恩惠也会长久流传吧！"

【原文】

贾辛将适其县，见于魏子。魏子曰："辛来！昔叔向适郑，鬷蔑恶，欲观叔向，从使之收器者，而往，立于堂下，一言而善。叔向将饮酒，闻之，曰：'必鬷明也！'下，执其手以上，曰：'昔贾大夫恶，娶妻而美，三年不言不笑，御以如皋①，射雉，获之，其妻始笑而言。贾大夫曰："才之不可以已。我不能射，女遂不言不笑夫！"今子少不扬②，子若无言，吾几失子矣。言之不可以已也如是！'遂如故知。今女有力于王室，吾是以举女。行乎！敬之哉！毋堕乃力！"

【注释】

①皋：沼泽，水边的湿地。
②飏：通"扬"，指外貌好看。

【译文】

贾辛将要到祁县去任职，前去拜见魏献子。魏献子说："你过来！从前叔向到郑国去，鬷蔑长相丑陋，想要看看叔向，就跟随收拾器皿的人，到了叔向所在之地，站在堂下，说了一句话说得很好。叔向正要喝酒，听到了这句话，说：'你一定是鬷蔑！'走下堂来，拉着他的手走上去，说：'从前贾国的一位大夫外貌丑陋，娶了个妻子却很漂亮，嫁给他后三年不说话也不笑，驾车载她前往泽地，射野鸡，猎杀到目标，她才开始发笑以及说话。贾国大夫说：'才能是不能没有的啊！我要是不擅长射箭，你就会永远不说话也不笑了吧！'现在您的外貌稍有些不好看，您要是不说话，我就几乎不能认出您来。这说明言辞是不可以没有的啊！'于是他们两人像相知多年一样。如今你有功于王室，我所以推举你担任县大夫。赶紧去吧！要行事慎重啊！不要降低了你的功勋！"

仲尼闻魏子之举^①也，以为义，曰："近不失亲^②，远^③不失举，可谓义矣。"又闻其命贾辛也，以为忠，《诗》曰^④：'永言配命，自求多福'忠也。魏子之举也义，其命也忠，其长有后于晋国乎！"

冬，梗阳人有狱，魏戊不能断，以狱上。其大宗赂以女乐^⑤，魏子将受之。魏戊谓阎没、女宽曰："主以不贿闻于诸侯，若受梗阳人，贿莫甚焉。吾子必谏！"皆许诺。退朝，待于庭。馈入，召之。比置，三叹。既食，使坐。魏子曰："吾闻诸伯叔，谚曰：'唯食忘忧^⑥。'吾子置食之间三叹，何也？"同辞而对曰："或赐二小人酒，不夕食。馈^⑦之始至，恐其不足，是以叹。中置，自咎^⑧曰：'岂将军食之而有不足？'是以再叹。及馈之毕，愿以小人之腹为君子之心，属厌而已。"献子辞梗阳人。

【注释】

①举：举荐人才。
②近：亲近。失：指避讳。亲：亲人，亲族。
③远：疏远。
④指《诗'大雅'文王》。
⑤女乐：歌舞伎。
⑥忘忧：忘却忧愁。
⑦馈：食物。
⑧自咎：自责，归罪于己。

【译文】

孔子听到魏献子举荐人才的事，将它看作是义，说："举荐关系亲近的不避讳亲族，举荐关系疏远的不丢弃标准，这可以说是义啊。"又听闻他指示贾辛的话，将它看作是忠："《诗》所说的'能够长久合于天命，为自己求得很多福祉'，就是指忠。魏献子举荐人才符合义的要求，命令指示贾辛体现了忠，他的后代一定能在晋国长久享有禄位啊！"

冬季，梗阳县有争讼事件，魏戊判决不了，便把案件呈报给魏献子。诉讼一方的大家族用女乐向魏献子进行贿赂，魏献子准备接受。魏戊对阎没、女宽说："家主以从不收受贿赂闻名于诸侯。要是接受了梗阳人的女乐，贿赂没有超过这个的了。你们一定要劝谏啊！"两人都答应了。退朝以后，他们便等在庭院里。饭菜送进来后，魏献子召他们进去吃饭。摆放饭菜的时候，两人叹息了三次。吃饭结束后，便让他们坐下。魏献子说："我从伯父叔父那儿听闻，俗话说：'只在吃饭的时候能够忘掉忧愁。'你们在吃饭期间叹息了三次，为什么呢？"两人同时答道："有人赐酒给我们两人，我们昨天晚上就没有吃饭。饭菜刚送到的时候，我们担心不够吃，因此叹息。饭吃到中途的时候，我们内心里责备自己说：'难道将军您让我们吃饭还用担心吃不饱吗？'因此再次叹息。等到饭菜吃完，希望我们的肚腹能够像君子的心胸一样，只要饱了就知道满足。"魏献子便拒绝了梗阳人的贿赂。

二十九年经

二十有九年春，公至自乾侯，居于郓。齐侯使高张来唁公。

公如晋，次于乾侯。

夏四月庚子，叔诣卒。

秋七月。

冬十月，郓溃。

二十九年传

【原文】

二十九年春，公至自乾侯，处于郓。齐侯使高张来唁公，称主君①。子家子曰："齐卑君矣，君只辱焉。"公如乾侯。

三月己卯，京师杀召伯盈、尹氏固及原伯鲁之子。尹固之复②也，有妇人遇之周郊，尤之，曰："处则劝人为祸，行则数日而反，是夫也，其过三岁乎？"

夏五月庚寅，王子赵车入于鄻以叛，阴不佞败之。

平子每岁贾马，具从者之衣屦，而归之于乾侯。公执归马者，卖之，乃不归马。

卫侯来献其乘马，曰启服，垫③而死。公将为之椟④。子家子曰："从者病矣，请以食之。"乃以帷⑤裹之。

①主君：春秋时卿大夫家臣称卿大夫为主为君。

②复：返回。尹固、子朝于昭公二十六年逃往楚国，此时因路途遥远而返回。

③堑：护城河，壕沟。这里是掉进沟里的意思。

④椟：柜子，匣子。这里指棺材。

⑤帷：帷幕。

【译文】

鲁昭公二十九年，春季，昭公从晋国的乾侯回到鲁国，住在郓邑。齐景公派高张前来慰问，称昭公为"主君"。子家子说："齐国是在轻视君王，君王去齐国得到的只会是屈辱！"昭公又去往乾侯。

三月十三日，在国都里杀死了召伯盈、尹氏固和原伯鲁的儿子。尹固返回的时候，有个妇人在戍周郊外碰到了他，责备他，说："你居处国内就鼓励他人发动祸乱，逃奔国外没多久便返回，你这种人，还能活过三年吗？"

夏季五月二十五日，王子赵车进入郓邑凭借该地发动叛变，阴不佞去败他。

季平子年年购买马匹，置办好昭公随从人员的衣服鞋子，便一起送到乾侯。昭公拘留了送马的人，把马卖掉，季平子就不再送马。

卫侯前来把自己驾车的马献给昭公，这匹马名叫"启服"，掉进沟里摔死了。昭公打算给马做个棺材将它埋葬。子家子说："随从人员们非常疲惫，将马肉给他们吃吧！"于是昭公就用帷幕裹住马把它埋了。

【原文】

公赐公衍羔裘①，使献龙辅②于齐侯，遂入羔裘。齐侯喜，与之阳穀③。

公衍、公为之生也，其母偕出。公衍先生。公为之母曰："相与偕出，请相与偕告。"三日，公为生。其母先以告，公为为兄。公私喜于阳穀，而思于鲁，曰："务人为此祸④也。且后生而为兄，其诬也久矣。"乃黜之，而以公衍为大子。

①羔裘：用紫羔制的皮衣。古时为诸侯、卿、大夫的朝服。

②龙辅：龙纹美玉。

③阳穀：春秋齐邑，今山东阳谷东北。

④务人为此祸：务人，指公为。为此祸，指公为与公若谋划驱逐季氏而引发了后来致使昭公出奔的祸乱。

【译文】

昭公赐给公衍羔裘，派他进献有龙纹的美玉给齐景公，他于是连羔裘也进献了。齐侯很高兴，把阳穀赏赐给鲁国。

公衍、公为快出生的时候，他们的母亲一同出去居住在产房。公衍先出生，公为的母亲便说：“我们是一起出来的，也请求一起去报喜吧。”三天后，公为出生。因为他的母亲抢先报喜，公为当了哥哥。昭公对于得到阳穀私下里感到很高兴，而且又想起鲁国的事情，说：“公为惹出了鲁国这场灾祸，况且他后出生反而做了哥哥，欺瞒我已经很久了！”便废黜公为，而立公衍为太子。

【原文】

秋，龙见于绛郊。魏献子问于蔡墨曰：“吾闻之，虫莫知于龙，以其不生得①也，谓之知，信乎？”对曰：“人实不知，非龙实知。古者畜龙，故国有豢龙氏，有御龙氏。”献子曰：“是二氏者，吾亦闻之，而知其故，是何谓也？”对曰：“昔有飂叔安，有裔子曰董父，实甚好龙，能求其耆欲以饮食之，龙多归之，乃扰②畜龙，以服事③帝舜，帝赐之姓曰董，氏曰豢龙，封诸鬷川，鬷夷氏其后也。故帝舜氏世有畜龙。及有夏孔甲，扰于有帝，帝赐之乘龙，河、汉各二，各有雌雄。孔甲不能食，而未获豢龙氏。有陶唐氏既衰，其后有刘累，学扰龙于豢龙氏，以事孔甲，能饮食之。夏后嘉之，赐氏曰御龙。以更豕韦之后。龙一雌死，潜醢以食夏后。夏后飨之，既而使求之。惧而迁于鲁县，范氏其后也。”

【注释】

①生得：生擒，活捉。

②扰：驯服，驯养。

③服事：古代指五服之内所封的诸侯定期朝贡，各依服数以事天子。意思同"服侍"。

【译文】

秋季，绛邑的郊外出现了龙。魏献子向蔡墨请教说："我听说：虫类没有比龙聪明的，因为它不会被活捉，所以说它聪明，是真的吗？"蔡墨答道："这是因为人实在不聪明，而不是因为龙真的聪明。古时候人们可以蓄养龙。所以国家有豢龙氏，有御龙氏。"魏献子说："这两种姓氏，我也听说过，但不明白是怎么得来的。是什么缘由呢？"蔡墨答道："过去有一个飂国国君叔安，他有个很远的后代名叫董父，非常喜欢龙，能够了解龙的喜好欲望从而喂养它们；很多龙都到了他那里，他就驯服蓄养龙，用它们来侍奉舜。舜赐给他的姓叫做董，赐给他的氏叫做豢龙，把他封在鬷川，鬷夷氏就是他的后代。所以帝舜氏代代都有人养龙。到了夏孔甲的朝代，他归服于天帝。天帝赐给他四条龙，黄河、汉水各两条，每处都有一雌一雄。孔甲不会饲养龙，并且没有找到豢龙氏。陶唐氏衰败后，他的后代有个叫刘累的，向豢龙氏学习如何驯养龙，用这个本领侍奉孔甲，他能够向龙喂养食物。孔甲嘉奖他，赐给他氏叫做御龙，以代替豕韦氏的后代。两条龙里面一条雌的死掉，刘累悄悄地将龙肉做成肉酱给孔甲吃。孔甲吃了，不久后又让刘累再找来吃。刘累害怕而迁移到鲁县，范氏就是他的后代。"

【原文】

献子曰："今何故无之？"对曰："夫物，物有其官，官修其方，朝夕思之。一日失职，则死及之。失官不食。官宿其业，其物乃至。若泯弃①之，物乃抵伏，郁湮②不育。故有五行之官，是谓五官，实列受氏姓，封为上公③，祀为贵神。社稷五祀，是尊是奉。木正曰句芒，火正曰祝融，金正曰蓐收，水正曰玄冥，土正曰后土。龙，水物也，水官弃矣，故龙不生得。不然，《周易》有之，在《乾☰》之《姤☰》曰'潜龙勿用'；其《同人☰》曰'见龙在田'；其《大有☰》曰'飞龙在天'；其《夬☱》曰，'亢龙有悔'；其《坤》曰'见群龙无首，吉'；《坤》之《剥☶》曰'龙战于野'。若不朝夕见，谁能物之？"

①泯弃：灭绝废弃，泯灭抛弃。

②湮：滞塞不通，郁抑不畅。

③上公：按照周制，三公（太师、太傅、太保）八命，出封时，加一命，称为上公。

【译文】

魏献子说："如今为什么没有龙呢？"蔡墨答道："每样事物，都有管理它的官员，官员创制出自己的管理方式，从早到晚想着本职工作。一旦失职，就可能被处以死罪。丢掉官职就无法享有俸禄。官员长久地从事他的职业，事物才会到来。如果丢弃不管，事物就隐伏不出，凝滞堵塞不能生长。所以才有了掌管五行的官员，称作五官。他们都享有赐姓并被授予上公的爵位，五官之长死后作为尊贵的神享有祭祀。土地神、五谷神以及五行之神一同受到祭祀，被人们尊奉。木官之长叫句芒，火官之长叫祝融，金官之长叫蓐收，水官之长叫玄冥，土官之长叫后土。龙，是水中的事物；水官已经被废弃，所以龙不能被活捉。如果不是这样，《周易》里面所说的，乾卦初九爻的爻辞'潜龙勿用'，乾卦九二爻的爻辞'见龙在田'，乾卦九五爻的爻辞'飞龙在天'，乾卦上九爻的爻辞'亢龙有悔'"乾卦用九爻的爻辞'见群龙无首，吉'，坤卦上六爻爻辞'龙战于野'。要不是早晚都见到龙，谁又能描绘出它的这些形态呢？"

【原文】

献子曰："社稷五祀①，谁氏之五官②也？"对曰："少皞氏有四叔，曰重、曰该、曰修、曰熙，实能金、木及水。使重为句芒，该为蓐收，修及熙为玄冥，世不失职，遂济穷桑，此其三祀也。颛顼氏有子曰犁，为祝融；共工氏有子曰句龙，为后土，此其二祀也。后土为社；稷，田正③也。有烈山氏之子曰柱为稷，自夏以上祀之。周弃亦为稷，自商以来祀之。"

【注释】

①五祀：古代祭祀的五种神祇，即五行之神。

②氏之五官：氏之，给与称号。五官，五行之官。古代传说中的五神。

③田正：古代田官之长。

【译文】

魏献子说："土地神谷神以及五行神的祭祀，五官都是谁的姓氏呢？"蔡墨答道："少皞氏有四个叔父，一个叫重，一个叫该，一个叫修，一个叫熙，掌管着金、木和水。少皞氏让重担任句芒，该担任蓐收，修和熙担任玄冥，世世代代不丢弃职务，他们便帮助少皞氏在穷桑建立起帝业。这是金、木、水这三种祭祀的由来。颛顼氏有个儿子叫做犁，担任祝融；'共工氏有个儿子叫做句龙，担任后土。这是火、土两种祭祀的由来。后土就是土地神。谷神，是田官之长。有一个烈山氏的儿子名叫柱，做了谷神，夏代以前的人就开始祭祀他。周朝的弃也做过谷神，商代以来祭祀的就是他。"

【原文】

冬，晋赵鞅、荀寅帅师城汝滨，遂赋晋国一鼓①铁，以铸刑鼎，著范宣子所为刑书焉。仲尼曰："晋其亡乎！失其度矣。夫晋国将守唐叔②之所受法度，以经纬其民，卿大夫以序守之，民是以能尊其贵，贵是以能守其业。贵贱不愆，所谓度也。文公是以作执秩③之官，为被庐之法④，以为盟主。今弃是度也，而为刑鼎，民在鼎矣，何以尊贵？贵何业之守？贵贱无序，何以为国？且夫宣子之刑，夷之搜⑤也，晋国之乱制也，若之何以为法？"蔡史墨曰："范氏、中行氏其亡乎！中行寅为下卿，而干上令，擅作刑器，以为国法，是法奸也。又加范氏焉，易之，亡也。其及赵氏，赵孟与焉。然不得已，若德，可以免。"

【注释】

①鼓：量词。古以三十斤为一钧，四钧为一石，四石为一鼓，一鼓合四百八十斤。

②唐叔：也称唐叔虞，晋国的始祖，是周武王的幼子，周成王的弟弟。

③执秩：主管爵秩的官名。

④被庐之法：晋文公于文公四年所制定的法律。被庐是晋国的地名，当时晋楚争霸，势在必战，晋文公在被庐检阅军队，制定此法。

⑤夷之搜：在夷邑行阅兵礼。

【译文】

冬季，晋国的赵鞅、荀寅率领军队在汝水岸边筑城，于是向晋国的百姓征收了一鼓铁，用它们铸造一个刑鼎，鼎上铸刻着范宣子所制定的刑书。孔子说："晋国要灭亡了啊！它已经丢失了自己的原则。晋国一直遵守唐叔订立的准则，用它来治理百姓；卿大夫根据自己的职位按准则行事，百姓因此能尊敬地位高的人，位高者因此能守住自己的职务。贵贱之间的等级不能抛弃，这就是所说的准则。文公因此设置执秩这个官职，制定出被庐之法，从而成为会盟的主持者。现在废弃这一准则而铸造刑鼎，百姓查看鼎就知道罪行了，还凭什么尊重位高者？位高者还能守住什么职务呢？贵贱丧失等级秩序，还算是什么国家呢？况且范宣子的刑书，是在夷邑行阅兵礼时产生的，是晋国国事混乱时订立的制度，为什么还要把它作为法律呢？"蔡史墨说："范氏、中行氏快要灭亡了吧！中行寅爵位只是下卿，却违反上级的命令，擅自铸造刑鼎，用它来作为国家的法律，这是效仿奸邪啊。又加上范氏修改被庐之法，他们就要灭亡了！还会连累到赵氏，因为赵孟参与了铸刑鼎这件事。但赵孟是出于不得已，要是修德，还可以免于灾祸。"

定公（元年～十五年）

元年经

元年春王。

三月，晋人执宋仲几于京师。

夏六月癸亥，公之丧至自乾侯。

戊辰，公即位。

秋七月癸巳，葬我君昭公。

九月，大雩。

立炀宫。

冬十月，陨霜杀菽。

元年传

【原文】

元年春王正月辛巳，晋魏舒合诸侯之大夫于狄泉①，将以城成周。魏子莅政②。卫彪傒曰："将建天子，而易位以令，非义也。大事奸义，必有大咎。晋不失诸侯，魏子其不免乎！"是行也，魏献子属役于韩简子及原寿过，而田于大陆，焚焉，还，卒于宁。范献子去其柏椁③，以其未复命而田也。

【注释】

①狄泉：一作翟泉。在今河南洛阳。

②莅政：临朝治理政事，这里指魏舒主持这件事。

③柏椁：柏木作的外棺。按照古礼，卿下葬时应当使用柏椁。

【译文】

鲁定公元年，春季周历正月，初七日，晋国的魏舒在狄泉会合各诸侯国的大夫，打算增厚成周的城墙。魏舒代替天子前来主持这件事，卫国的彪傒说："我们是要替天子办事，您却超出自己的地位来发号施令，这不合于道义。在重大的事情上违背道义，一定会身陷重大的灾患。晋国要是还能够号召诸侯，您就逃不过灾难吧！"这样一说，魏舒把主持筑城的事情交给韩简子和原寿过，自己便到荒芜的大泽打猎，并放火烧荒，回来后，死在宁邑。范献子安葬他时不使用柏椁，这是因为他尚未向天子复命就前去田猎。

【原文】

孟懿子会城成周，庚寅，栽①。宋仲几不受功，曰："滕、薛、郳，吾役②也。"薛宰曰："宋为无道，绝我小国于周，以我适楚，故我常从宋。晋文公为践土之盟③，曰：'凡我同盟，各复旧职。'若从践土，若从宋，亦唯命。"仲几曰："践土固然。"薛宰曰："薛之皇祖奚仲居薛，以为夏车正，奚仲迁于邳，仲虺居薛，以为汤左相。若复旧职，将承王官④，何故以役诸侯？"仲几曰："三代各异物，薛焉得有旧？为宋役，亦其职也。"士弥牟曰："晋之从政者新，子姑受功，归，吾视诸故府⑤。"仲几曰："纵子忘之，山川鬼神其忘诸乎？"士伯怒，谓韩简子曰："薛征于人，宋征于鬼。宋罪大矣。且己无辞而抑我以神，诬我也。'启宠纳侮'，其此之谓矣。必以仲几为戮。"乃执仲几以归。三月，归诸京师。

【注释】

①栽：种植，指夯土动工。

②役：劳役，服役。此处意思是当让滕、薛、郳三国代替宋国执行劳役。

③践土之盟：践土，古地名。春。

④王官：天子授予的官位。

⑤故府：旧府库，这里指储存档案的地方。

【译文】

孟懿子前往参加修筑成周城墙的盟会。十六日，开始夯土动工。宋国的仲几不同意，说："滕国、薛国、郳国，是供我们役使的。"薛国的宰臣说："宋国做出了不合道义的事，让我们这种小国不能和周朝往来，让我国前去侍奉楚国，所以我国一直顺从宋国。晋文公主持了践土之盟的时候，说：'凡是跟楚国结盟的诸侯，都可以恢复到从前的职位。'我国要么服从践土之盟，要么顺从宋国，都是只能够听从命令。"仲几说："践上之盟本就是让你们仍旧服侍宋国。"薛国的宰臣说："薛国的始祖奚仲居住在薛邑，担任夏朝的车正。奚仲后来迁往邳邑，仲虺便执掌薛邑，最后做了商汤的左相。要是恢复原来的职位，薛国将会接受周天子的封赐，哪用为诸侯国效命呢？"仲几说："三代的情况都是不同的，薛国怎么能追溯到商汤的时代呢？为宋国服役，就是你们的职责。"士弥牟说："晋国的执政者是刚刚上任的，就你暂时接替宋国的劳役，回去后，我查查档案。"仲几说："即便您忘记了，难道盟会时所祷告的山川鬼神还会忘掉吗？"士弥牟很愤怒，对韩简子说："薛国指出的作证者是人，宋国指出的作证者却是鬼神，宋国犯下了很大的罪过，而且他自己没有道理使用鬼神来压制我们，这是想诓骗我们。'给他恩宠却招致侮辱'，就是说宋国这种行为。您一定要惩罚仲几。"就抓了仲几回国。三月，仲几被押送到都城。

【原文】

城三旬而毕，乃归诸侯之戍。

齐高张后，不从诸侯。晋女叔宽曰："周苌弘、齐高张皆将不免。苌叔违天，高子违人。天之所坏，不可支^①也；众之所为，不可奸也。"

夏，叔孙成子逆公之丧于乾侯。季孙曰："子家子亟言于我，未尝不中吾志也。吾欲与之从政，子必止之，且听命焉。"子家子不见叔孙，易几而哭。

叔孙请见子家子，子家子辞曰："羁未得见，而从君以出。君不命^②而薨，羁不敢见。"叔孙使告之曰："公衍、公为实使群臣不得事君，若公子宋主社稷，则群臣之愿也。凡从君出而可以入者，将唯子是听。子家氏未有后，季孙愿与子从政。此皆季孙之愿也，使不敢以告。"对曰："若立君，则有卿士、大夫与守龟在，羁弗敢知。若从君者，则貌而出者，入可也；寇而出者，行可也。若羁也，则君知其出也，而未知其入也，羁将逃也。"

丧及坏隤，公子宋先入，从公者皆自坏隤反。

【注释】

①支：帮助，保护。
②不命：没有留下遗命。

城墙三十天就修筑好，便让诸侯的戍卒返回自己的国家。

齐国的高张到得很晚，没有赶上各国筑城之事。晋国的女叔宽说："周朝的苌弘、齐国的高张都难以免于祸患。苌弘背弃上天，高张违背人意，上天要惩罚他们，谁也无法保护。民众想做的事。谁也不能干扰。"

夏季，叔孙成子到乾侯替昭公迎丧。季孙说："子家子数次向我进言，没有一次不合于我的心意。我想要让他治理鲁国政事，你一定要留下他，并且有事都要请求他的指示。"子家子不肯会见叔孙，便改变自己的哭丧时间。

叔孙请求进见子家子，子家子辞谢说："我尚未会见您，就跟着君王出逃了。君王没向我留下遗命就逝世，我不敢私自会见您。"叔孙派人告诉他说："公衍、公为实在不让我追随君王。要是公子宋执掌国事，我们都是愿意的。跟随君王出去的人们谁可以回国，完全按照您的意思。子家氏没有后继者，季孙希望您能够管理政事。些这都是季孙的愿望，他不敢前来奉告。"子家子说："要是决定立国君的事情，那么有卿、士、大夫和守龟在那里就足够了，我不敢参与。至于追随君王的人，那些只是表面上跟着出国的，可以回去，因为和季氏结仇而跟着出逃的，可以自己离开。要说到我，君王知道我跟着他出来，却无法知道我回到国内，所以我打算逃走。"

灵柩到达坏隤，公子宋先进入国内，一心追随昭公的人都从坏隤逃了出来。

【原文】

六月癸亥，公之丧至自乾侯。戊辰，公即位。季孙使役如阚公氏①，将沟②焉。荣驾鹅曰："生不能事，死又离之，以自旃也。纵子忍之，后必或耻之。"乃止。季孙问于荣驾鹅曰："吾欲为君谥，使子孙知之。"对曰："生弗能事，死又恶之，以自信也？将焉用之？"乃止。

秋七月癸巳，葬昭公于墓道③南。孔子之为司寇也，沟而合诸墓。

昭公出故，季平子祷于炀公。九月，立炀宫。

周巩简公弃其子弟而好用远人④。

【注释】

①阚公氏：阚，地名，因为是鲁国各代死去的君王下葬之地，所以叫做阚公氏。

②沟：挖沟。此处季孙氏令人挖沟，是要破坏昭公墓地，使其与祖坟隔离。

③墓道：墓前或墓室前的甬道。

④远人：远方的人，关系疏远的人。指外族人或外国人。

【译文】

六月二十一日，昭公的灵柩从乾侯运回了鲁国。二十六日，定公即位为王。季孙派遣劳役到阚公氏，想在那里挖沟。荣驾鹅说："君王活着时您没有好好侍奉，等他死后又将其墓地与祖坟隔开，你使用这种行为来体现自己的罪过啊。纵然您真忍心这样做，您的后代也一定会把它当做是耻辱。"季孙就停下来。季孙问荣驾鹅说："我要为君王创建谥号，让后代都知道我的功劳。"荣驾鹅说："活着没有侍奉君王，他死后又给予恶谥，您是要用这种行为表明您对他的厌恶把。哪用得着这样啊？"季孙就停下来。

秋季，七月二十二日，将昭公安葬在墓道南边。孔子做司寇的时候，在昭公坟墓外挖沟让它跟祖坟合为一处。

因为昭公出逃的缘故，季平子曾向炀公祈求免灾。九月，修建了炀公庙。

周朝的巩简公抛弃他的亲戚，而喜欢任用远族。

四年经

四年春王二月癸巳，陈侯吴卒。

三月，公会刘子、晋侯、宋公、蔡侯、卫侯、陈子、郑伯、许男、曹伯、莒子、邾子、顿子、胡子、滕子，薛伯、杞伯、小邾子、齐国夏于召陵，侵楚。

夏四月庚辰，蔡公孙姓帅师灭沈，以沈子嘉归，杀之。

五月，公及诸侯盟于皋鼬。

杞伯成卒于会。

六月，葬陈惠公。

许迁于容城。

秋七月，公至自会。

刘卷卒。

葬杞悼公。

楚人围蔡。

晋士鞅、卫孔围帅师伐鲜虞。

葬刘文公。

冬十有一月庚午，蔡侯以吴子及楚人战于柏举，楚师败绩。

楚囊瓦出奔郑。

庚辰，吴入郢。

四年传

【原文】

四年春三月，刘文公①合诸侯于召陵，谋伐楚也。

晋荀寅求货于蔡侯，弗得，言于范献子曰："国家方危，诸侯方贰，将以袭敌，不亦难乎！水潦②方降，疾疟方起，中山不服，弃盟取怨，无损于楚，而失中山，不如辞蔡侯。吾自方城以来，楚未可以得志，只取勤③焉。"乃辞蔡侯。

晋人假羽旄④于郑，郑人与之。明日，或旆以会。晋于是乎失诸侯。

【注释】

①刘定公：人名，周天子手下的大臣。
②水潦：大雨，雨水。指水灾。
③勤：劳，劳师废财白费力气之意。
④羽旄：用羽毛装饰旌旗。天子的车才能使用。

【译文】

鲁定公四年，春季，三月，刘文公在召陵会合诸侯，谋划讨伐楚国的事。

晋国的苟寅向蔡侯索取财物，没有得到。就对范献子说："国家正处于危急时刻，各国诸侯又有自己的打算，想在这种情况下攻打楚国，不也是很困难吗？大雨的灾害正在为患，疟疾刚刚兴起，中山国不服从我们。抛弃跟楚国的盟约而招来怨恨，这样对楚国不能构成损失，反而让我们自己失去了中山。不如拒绝蔡侯。我们自从在方城击败楚军之后，直到现在都无法从楚国占到便宜。出兵只会是劳师废财啊。"所以就拒绝了蔡侯伐楚的请求。

晋国向郑国借羽旄观看，郑国给了他们。第二天，晋国就把羽毛装饰在旗杆顶上前往参加盟会。晋国因为这种行为而失掉了诸侯各国的拥戴。

【原文】

将会，卫子行敬子言于灵公曰："会同难，啧有烦言^①，莫之治也。其使祝佗从！"公曰："善。"乃使子鱼。子鱼辞，曰："臣展四体^②，以率旧职，犹惧不给^③而烦刑书^④。若又共二，徼^⑤大罪也。且夫祝，社稷之常隶也。社稷不动，祝不出竟，官之制也。君以军行，祓社衅鼓^⑥，祝奉以从，于是乎出竟。若嘉好之事，君行师从，卿行旅从，臣无事焉。"公曰："行也！"

【注释】

①啧有烦言：谓互相责备，争论不一。
②展四体：展开整个身躯。指竭尽全力工作。
③不给：不暇，来不及。
④烦刑书：劳烦刑法，指获罪。
⑤徼：同"邀"。招致，获得。
⑥祓社衅鼓：祓社，祷告于社庙。衅鼓：杀牲后以血涂鼓。

【译文】

快快要进行会盟的时候，卫国的子行敬子对卫灵公说："会盟难以达成一致的意见，又互相责备和争论，就不好解决了。让祝佗跟着您前往吧。"卫灵公说："好。"就让祝佗跟着去了。祝佗推辞，说："我尽力行事，来继承先人的职务，尚且担心不能按时完成，从而获罪。要是再承担两种职责，就会招致大罪。并且我所担任的太祝这个职务，需要经常侍奉土地神和谷神。国家不迁移，太祝就不能出国境，这是职责的规定。君王率领军队出征时，先到神庙祭祀杀牲衅鼓，太祝奉命跟随，这时才可以走出国境。如果是朝会这一类的好事情，国君出行有一师人马跟随，卿出行有一旅人马跟随，没有我的事情。"卫灵公说："你一定要去！"

【原文】

及皋鼬①，将长蔡于卫。卫侯使祝佗私于苌弘曰："闻诸道路，不知信否。若闻蔡将先卫，信乎？"苌弘曰："信。蔡叔，康叔②之兄也，先卫，不亦可乎？"子鱼曰："以先王观之，则尚德也。昔武王克商，成王定之，选建明德，以蕃屏周。故周公相王室，以尹天下，于周为睦。分鲁公以大路、大旗，夏后氏之璜③，封父之繁弱④，殷民六族，条氏、徐氏、萧氏、索氏、长勺氏、尾勺氏，使帅其宗氏，辑其分族，将其类丑，以法则周公。用即命于周。是使之职事于鲁，以昭周公之明德。分之土田陪敦、祝、宗、卜、史，备物、典策，官司、彝器；因商奄之民，命以《伯禽》而封于少暤之虚。分康叔以大路、少帛、綪茷、旃旌、大吕，殷民七族，陶氏、施氏、繁氏、锜氏、樊氏、饥氏、终葵氏；封畛土略，自武父以南及圃田之北竟，取于有阎之土以共王职；取于相土之东都以会王之东蒐。聃季授土⑤，陶叔授民，命以《康诰》而封于殷虚。皆启以商政，疆以周索。分唐叔以大路、密须之鼓、阙巩、沽洗，怀姓九宗，职官五正。命以《唐诰》，而封于夏虚，启以夏政，疆以戎索。

【注释】

①皋鼬：春秋郑邑，在河南临颍县南。
②蔡叔，康叔：分别为蔡国、卫国的立国之君。
③璜：美玉名，璜玉为半璧形。
④繁弱：良弓名。丑：众的意思。
⑤授土：帝王以五色土为太社，分封诸侯时，各授以他们相应的某方某色土，如东方青土，南方赤土等，使归以立社。这里指接受土地。

【译文】

到了皋鼬，打算把蔡国排在卫国前面歃血。卫灵公派祝佗私下问苌弘："我们在路上听说了，不知是不是真的。听说要把蔡国安排在卫国前面歃血，是真的吗？"苌弘说："是真的。蔡叔，是康叔的哥哥，因此把蔡国排在卫国之前，不也是可以的吗？"祝佗说："采用先王的标准来实施，是要尊崇以德行来排列次序。从前武王推翻商朝，成王平定天下，选择任用有贤德的人，用他们作为屏障护卫周朝。所以周公被请来辅助周朝王室，治理天下，四方诸侯国同周朝和睦相处。赏赐给鲁公大路、大旗，赐给夏后氏璜玉，赐给封父的繁弱弓。殷朝的其他六个氏族条氏、徐氏、萧氏、索氏、长勺氏、尾勺氏，则让他们统领本宗的各个小氏族，再集合分出去的宗族，率领六族众人，前来顺从周公的管辖，归附周朝听取命令。让他们听从鲁国的命令，从而体现出周公的贤明之德。赐给鲁国诸多附庸小国，以及各国的太祝、宗人、太卜、太史，服用器物、典籍书册、百官、常用器具，让鲁国安抚商奄国的百姓，用《伯禽》来告诫他们，而将鲁国封在少皞的故城曲阜。赐给康叔大路、少帛、綪筏、旃旌、大吕，还有殷朝的七个家族：陶氏、施氏、繁氏、锜氏、樊氏、饥氏、终葵氏。替卫康叔划定封邑的疆界，从武父以南到达圃田北面。取得有阎国的国土，以完成王室的命令。攻占相土的东都，以协助天子巡查东方。聃季向康叔授予土地，陶叔向康叔授予百姓，用《康诰》来告诫他，而将他封在殷朝的故城朝歌。鲁公和康叔都沿用商朝的制度，但采用周朝的规定来划定疆域。赐给唐叔大路、赐给密须鼓、赐给阙巩与沽洗。对怀姓的九个宗族，五官之长，则用《唐诰》来告诫他们，而封在夏朝的故城大夏。唐叔沿用夏朝的制度，采用戎人的方式来划定疆域。

【原文】

三者皆叔也，而有令德①，故昭之以分物。不然，文、武、成、康之伯犹多，而不获是分也，唯不尚年②也。管、蔡启商，惎间王室，王于是乎杀管叔而蔡蔡叔，以车七乘，徒七十人。其子蔡仲改行帅德③，周公举之，以为己卿士，见诸王而命之以蔡。其命书云：'王曰：胡！无若尔考之违王命也！'若之何其使蔡先卫也？武王之母弟八人，周公为大宰，康叔为司寇，聃季为司空，五叔无官，岂尚年哉？曹，文之昭也；晋，武之穆也。曹为伯甸，非尚年也。今将尚之，是反先王也。晋文公为践土之盟，卫成公不在，夷叔，其母弟也，犹先④蔡。其载书云：'王若曰：晋重、鲁申、卫武、蔡甲午、郑捷、齐潘、宋王臣、莒期。'藏在周府，可覆视⑤也。吾子欲复文、武之略，而不正其德，将如之何？"苌弘说，告刘子，与范献子谋之，乃长卫侯于盟。

【注释】

①令德：美好的德行。令：美好。
②尚年：崇尚年龄。
③改行帅德：改变不良行为，诚心向善。
④先：先于，在之前。
⑤覆视：查核，察看。

【译文】

"周公、康叔、唐叔三人都是周天子的兄弟，又有美好的德行，所以用赏赐他们这种方式来宣扬他们的德行。若非因为这个缘故，文王、武王、成王、康王还有很多哥哥，但他们都没有得到这类赏赐，正好说明不崇尚用年龄来排定次序。管叔、蔡叔勾结商朝遗民，谋划侵犯王室。天子就诛杀管叔而流放了蔡叔，给了他七辆车，七十个奴隶。蔡叔的儿子蔡仲弃恶行善，周公便举荐他，让他担任自己的卿士。带着他他拜见周天子，天子才任命他做了蔡侯。任命他的文件写道：'天子说：蔡仲，不要像你父亲那样违背天子的命令！'因此怎能让蔡国在卫国前面歃血呢？武王的同母兄弟有八个，周公担任太宰，康叔担任司寇，聘季担任司空，另外五个兄弟没能获得职位，怎么会是崇尚以年龄排次序呢？曹国，是文王的后代。晋国，是武王的后代。曹国将伯爵封在甸服，并不是因为崇尚年龄。现在要尊崇它，这就是违背了先王制定的准则。晋文公主持践土之盟的时候，卫成公没有前往，参加盟会的夷叔，是卫成公的同母兄弟，尚且排在蔡国的前面歃血。盟约是这样写的：'天子说：晋国的重、鲁国的申、卫国的武、蔡国的甲午、郑国的捷、齐国的潘、宋国的王臣、莒国的期。'盟约就藏在成周的府库中，这是可以查看的。您想要恢复文王、武王的制度，而不端正自己的行为，您还想怎么做呢？"苌弘听从了他的意见，通报刘子，然后和范献子商量这件事，在歃血结盟时就让卫侯排在蔡侯的前面。

【原文】

反自召陵，郑子大叔未至而卒。晋赵简子为之临①，甚哀，曰："黄父之会，夫子语我九言，曰：'无始乱，无怙富，无恃宠，无违同，无敖礼，无骄能，无复怒②，无谋非德，无犯非义。'"

沈人不会于召陵，晋人使蔡伐之。夏，蔡灭沈。

秋，楚为沈故，围蔡。伍员为吴行人③以谋楚。

楚之杀郤宛也，伯氏之族出。伯州犁之孙嚭为吴大宰以谋楚。楚自昭王即位，无岁不有吴师，蔡侯因之，以其子干与其大夫之子为质于吴。

【注释】

①临：前来吊丧之意。

②复怒：为同一件事情而再次发怒。

③行人：官名，类似于外交官。

【译文】

从召陵返回，郑国的子太叔没有进入国内就死在路上。晋国的赵简子前来吊丧，非常悲痛，说："我们在黄父见面的时候，他对我说了九句话，说：'不要挑起祸端，不要凭借富有，不要倚仗宠信，不要损毁共同的盟约，不要倨傲礼节，不要自夸有才能，不要为同一事情发怒两回，不要谋划不道德的事，不要参与不正义的事。'"

沈国没有参加在召陵举行的盟会，因此晋国让蔡国攻打沈国。夏季，沈国被蔡国消灭。

秋季，楚国因为沈国被灭的缘故，出兵包围了蔡国。伍员担任吴国的行人，谋划对付楚国。

当初楚国诛杀郤宛的时候，伯氏的族人很多逃到了国外。吴国让伯州犁的孙子伯嚭担任宰相谋划攻打楚国之事。楚国自从昭王即位为王，没有哪年不发动军队同吴国打仗。蔡昭侯想利用吴国对付楚国，便把自己的儿子乾和一个大夫的儿子送进吴国作人质。

【原文】

冬，蔡侯、吴子、唐侯伐楚。舍舟于淮汭①，自豫章与楚夹汉。左司马戌谓子常曰："子沿汉而与之上下，我悉方城外以毁其舟，还塞大隧、直辕、冥厄。子济汉而伐之，我自后击之，必大败之。"既谋而行。武城黑②谓子常曰："吴用③木也，我用革也，不可久也，不如速战。"史皇谓子常："楚人恶子而好司马。若司马毁吴舟于淮，塞城口④而入，是独克吴也。子必速战！不然，不免。"乃济汉而陈，自小别至于大别。三战，子常知不可，欲奔。史皇曰："安，求其事；难而逃之，将何所入？子必死之，初罪必尽说。"

【注释】

①淮沬：淮河的弯道，指淮河边。
②武城黑：武城，地名，在今河南南阳。黑，人名。
③用：此处指军队所用的兵器。
④城口：大隧、直辕、冥阨三隘道的总名。

【译文】

冬季，蔡昭侯、吴王阖庐、唐成公联手攻打楚国。吴军将战船停靠在淮河边登岸，从豫章开始同楚军隔着汉水对峙。楚国左司马沈尹戌对子常建议："您沿着汉水和他们周旋，我带领方城外的所有部队去毁掉他们的战船，返回时再屯兵堵住大隧、直辕、冥陌这三处隘道。这时候，您便率军渡过汉水进攻，我从后面夹击，一定可以大败吴军。"商定谋略就出发了。楚国武城黑对子常说："吴军的兵器是木头制成，我们的则使用皮革，皮革放的时间不能太长，我们要赶快进攻。"史皇对子常说："楚国人讨厌您而喜欢左司马。如果他在淮河边毁掉了吴军的战船，堵住城口而回兵进攻，就相当于他一个人打败了吴军啊。您一定要赶快进攻。不这样做，就无法免于祸难。"子常就渡过汉水排列部队，从小别一直排到大别。交战三次后，子常觉得不能取胜，就想弃战逃走。史皇说："国家安定的时候您抢着执掌政事，如今遇到祸患就想要逃走。您还能逃到哪儿呢？您一定要拼命打这一仗，以前的过失就可以全部免去。"

【原文】

十一月庚午，二师陈于柏举。阖庐之弟夫概王晨请于阖庐曰："楚瓦①不仁，其臣莫有死志。先伐之，其卒必奔；而后大师继之，必克。"

弗许。夫概王曰："所谓'臣义而行，不待命'者，其此之谓也。今日我死，楚可入也。"以其属五千先击子常之卒。子常之卒奔，楚师乱，吴师大败之。子常奔郑。史皇以其乘广②死。吴从楚师及清发，将击之。夫槩王曰："困兽犹斗，况人乎？若知不免而致死，必败我。若使先济者知免，后者慕之，蔑有斗心矣。半济而后可击也。"从之，又败之。楚人为食，吴人及之，奔。食而从之，败诸雍澨。五战，及郢。

【译文】

十一月十八日，吴、楚两国在柏举排列军队。吴王阖庐的弟弟夫概王早晨向阖庐建议说："楚国的子常不行仁德，他的部下没有死战到底的决心。我们率先进攻，他的军队一定溃逃。然后再大部队进行追击，一定可以得胜。"阖庐不同意。夫概王说："所谓'臣下觉得合于道义的事就放手去做，不必等待上级的命令'，说的就是这种情况吧！今天我拼死作战，就可以杀进楚国的都城了。"就率领他的部下五千士兵先行攻打子常的队伍，子常的部队溃逃，楚军大乱，吴军大败楚军。子常逃亡到郑国，史皇在兵车前战死。吴军追击楚军，到达清发，准备发动进攻。夫槩王说："被困的野兽尚且要争斗，何况人呢？如果他们认为反正难逃一死，便拼死同我们交战，一定会打败我们。要是让先渡河的楚军觉得能够逃脱，后边的军队便会羡慕他们，楚军就失去斗志了。让他们渡河到一半的时候发动进攻。"吴王听从他的建议，再次将楚军打败。楚军正在做饭，吴军又追赶到，楚军慌忙逃走。吴军吃完楚军做的饭再继续追击，在雍澨击败楚军。经过五次交战，吴军攻到楚国的都城郢。

【原文】

己卯，楚子取其妹季芈畀我以出，涉雎。针尹固与王同舟，王使执燧①象以奔吴师。

庚辰，吴入郢，以班处宫。子山②处令尹之宫，夫槩王欲攻之，惧而去之，夫槩王入之。

左司马戍及息而还，败吴师于雍澨，伤。初，司马臣阖庐，故耻为禽焉，谓其臣曰："谁能免吾首？"吴句卑曰："臣贱，可乎？"司马曰："我实失子，可哉！"三战皆伤，曰："吾不可用也已。"句卑布裳，刭而裹之，藏其身，而以其首免。

【注释】

①燧：火燧，这里指指将火系在象的尾巴上。
②子山：人名。吴王阖庐的儿子。

【译文】

十一月二十八日，楚王带了他妹妹季芈畀我逃出郢都，渡过睢水。鍼尹固和楚王一同乘船出逃。楚昭王让针尹固用火把点燃大象尾巴将它们驱往吴军。

二十九日，吴军进入郢都，按照职位高低分别住进楚国宫室。子山住进了令尹府，夫概王便要攻打他，子山觉得害怕而搬走，夫概王住进令尹府。

左司马沈尹戌到达息邑就率军回攻，在雍澨打败吴军，沈尹戌受了伤。最初，左司马曾做过阖庐的手下，所以耻于被吴军俘虏。对他的部下说："谁能让吴国人得不到我的尸首？"吴句卑说："我地位低下，能承担这个任务吗？"司马说："我以前实在没能看出你的贤德啊，你当然可以了！"沈尹戌在三次战斗中都受了伤，说："我快要死了。"句卑摊开衣裙，割下他的头颅裹在里面，藏好他的尸体，然后带着沈尹戌的头逃走了。

【原文】

楚子涉睢，济江，入于云中①。王寝，盗攻之，以戈击王，王孙由于以背受之，中肩。王奔郧。钟建负季芈以从。由于徐苏而从。郧公辛之弟怀将弑王，曰："平王杀吾父，我杀其子，不亦可乎？"辛曰："君讨臣，谁敢雠之？君命，天也。若死天命，将谁雠？《诗》曰：'柔亦不茹，刚亦不吐。不侮矜寡，不畏强御。②'唯仁者能之。违强陵弱，非勇也；乘人之约，非仁也；灭宗废祀，非孝也；动无令名，非知也。必犯是，余将杀女。"斗辛与其弟巢以王奔随。

【注释】

【译文】

楚昭王渡过睢水，过了长江，进入云中。楚昭王睡觉的时候，强盗袭击了他，用戈刺向昭王，王孙由于用背替楚王挡戈，被击中了肩膀。楚昭王逃到郧邑。钟建背着季芈跟从他。王孙由于渐渐苏醒后也追随楚王。郧公辛的弟弟怀打算杀掉楚昭王，说："楚平王杀了我父亲，我杀掉他的儿子，不也是可以的吗？郧公辛说："君王处治他的大臣，谁还能怨恨吗？国君的命令，是上天的旨意。要是死于上天的命令，你去怨恨谁呢？《诗》说：'软的东西不吃掉，硬的东西不吐出。见到鳏寡不欺侮，遇见强者不畏缩。'只有仁爱的人才能做到这样。避开强者，欺凌弱者，不是勇；乘人之危，不是仁；拆毁宗庙废除祭祀，不是孝；行为没有正当的名义，不是知。你一定要这样做的话，我就先杀掉你。"斗辛就和他的弟弟巢护卫楚昭王逃往随国。

【原文】

吴人从之，谓随人曰："周之子孙在汉川者，楚实尽之。天诱其衷①，致罚于楚，而君又窜之，周室何罪？君若顾报周室，施及寡人，以奖天衷，君之惠也。汉阳之田，君实有之。"楚子在公宫之北，吴人在其南。子期②似王，逃王，而己为王，曰："以我与之，王必免。"随人卜与之，不吉，乃辞吴曰："以随之辟小，而密迩于楚，楚实存之。世有盟誓，至于今未改。若难而弃之，何以事君？执事之患不唯一人，若鸠③楚竟，敢不听命？"吴人乃退。炉金初宦于子期氏，实与随人要言④。王使见，辞曰："不敢以约为利。"王割子期之心以与随人盟。

【注释】

②子期：楚昭王的哥哥公子结。

③鸠：安抚，安集。

④要言：约言，约定。这里指炉金与随国约定不交出楚王，并且使子期逃脱。

【译文】

吴军前来追杀楚昭王，对随国国君说："周朝后代被封在汉水流域的诸侯国，楚国将它们全部消灭。上天用自己的意志作为引导，降灾祸给楚国，你现在却把楚昭王藏了起来。周朝王室有什么罪过吗？你如果懂得报答周王室，施报能延及到我，让我可以执行上天的旨意，这是你莫大的恩惠。汉水北面的土地，您就可以拥有。"楚王住在随国王宫的北面，吴军在随国王宫的南面。子期跟楚昭王长得很像，他便奔逃到楚昭王那里，穿上楚昭王的服饰，说："把我交给吴军吧，君王就一定可以免于祸患。"随国人为这个主意卜问吉凶，结果不吉利，就向吴国推辞说："以随国的偏僻狭小，并且紧挨着楚国，实在是因为楚国才能得到保全。随、楚世世代代都立下盟誓，到今天仍没改变。如果楚国有了危难我们就抛弃它，那又凭什么侍奉君王呢？您所考虑的，不应该是昭王他一个人。要是您能够安抚楚国整个国家，还有谁敢不听您的命令呢？"吴国就撤军了。炉金从前在子期那里做家臣的时候，就跟随国当真有过约定。楚昭王便要见他，炉金推辞说："我不敢因为君王如今处于困境之中就趁机谋求私利。"楚昭王割破子期的胸口取血，来同随国举行盟誓。

【原文】

初，伍员与申包胥①友。其亡也，谓申包胥曰："我必复②楚国。"申包胥曰："勉之！子能复之，我必能兴之。"及昭王在随，申包胥如秦乞师，曰："吴为封豕、长蛇③，以荐食上国，虐始于楚。寡君失守社稷，越在草莽，使下臣告急，曰：'夷德无厌，若邻于君，疆埸之患也。逮吴之未定，君其取分焉。若楚之遂亡，君之土也。若以君灵抚之，世以事君。'秦伯使辞焉，曰："寡人闻命矣。子姑就馆，将图而告。"对曰："寡君越在草莽，未获所伏，下臣何敢即安④？"立依于庭墙而哭，日夜不绝声，勺饮不入口七日。秦哀公为之赋《无衣》⑤，九顿首而坐。秦师乃出。

【注释】

①申包胥：人名。楚国大夫。包胥是字，申是他的食邑。

②复：同"覆"，颠覆。

③封豕、长蛇：尧帝时期的野兽，为害百姓，尧命令羿擒杀它们。封：大。豕：野猪。

④即安：就馆，前往安逸的居所。

⑤《无衣》：《诗·秦风》中的篇名。以"王于兴师"之句开头，表明出兵的意愿。

【译文】

最初，伍员同申包胥关系很好。伍员逃亡的时候，对申包胥说："我一定会让楚国倾覆。"申包胥说："你努力吧！你要是能倾覆楚国，我一定会让楚国振兴。"等楚昭王到了随国。申包胥就前往秦国请求出兵，说："吴国就如同封豕、长蛇，数次侵吞中原国家，它的侵害从楚国开始。我们楚王失去了国家，流亡在荒草丛中，让我前来报告急难，说：'夷人的本性就贪得无厌，要是吴成为君王的邻国，就会给边境带来祸患。趁着吴国尚未安定，您可以同吴国平分楚国。要是楚国被吴国吞并，相当于占领了您的国土啊。如果仰仗您的威力抚恤楚国，楚国定会世世代代侍奉君王。"秦哀公派人辞谢申包胥，说："我知道你的意思了。你暂且到客馆休息，等我们商量好就回复你。"申包胥答道："我们君王逃亡到杂草丛林中，连个安身之地都没有，我怎么敢安心休息呢？'站着靠住院墙大哭，哭声日夜不停歇，七天没喝一口水。秦哀公向他吟诵了《无衣》这首诗。申包胥叩头九次，然后坐下。秦国便出兵攻打吴国。

五年经

五年春王三月辛亥朔，日有食之。

夏，归粟子蔡。

于越入吴。

六月丙申，季孙意如卒。

秋七月壬子，叔孙不敢卒。

冬，晋土鞅帅师围鲜虞。

五年传

【原文】

五年春，王人杀子朝于楚。

夏，归粟于蔡，以周亟，矜无资。

越入吴，吴在楚也。

六月，季平子行东野。还，未至，丙申，卒于房。阳虎将以玙璠^①敛，仲梁怀弗与，曰："改步^②改玉。"阳虎欲逐之，告公山不狃。不狃曰："彼为君也，子何怨焉？"既葬，桓子行东野，及费。子泄为费宰，逆劳于郊，桓子敬之。劳仲梁怀，仲梁怀弗敬。子泄怒，谓阳虎："子行之乎？"

申包胥以秦师至。秦子蒲、子虎帅车五百乘以救楚。子蒲曰："吾未知吴道^③。"使楚人先与吴人战，而自稷会之，大败夫概王于沂。吴人获薳射于柏举，其子帅奔徒以从子西，败吴师于军祥。

【注释】

①玙璠（yú fán）：美玉。是国君所佩戴的玉。

②改步：借指地位的改变。古代地位不同，步伐的长短快慢也就不同。

③吴道：吴国人的战术。

【译文】

鲁定公五年，春季，周朝军队在楚国杀掉了子朝。

夏季，鲁国赠送粮食给蔡国，用来救济急难，怜悯蔡国没有粮食。

越国军队攻进吴国，这是由于吴军入侵到楚国。

六月，季平子巡视东野，返回的途中，尚未抵达都城，十七日，在房邑去世。阳虎打算用美玉给他陪葬，仲梁怀不同意，说："地位改变，佩戴的玉器也应随之改变。"阳虎便想驱逐他，将这个想法告诉公山不狃。不狃说："他是为君王着想，您能怨恨什么呢？"安葬季平子之后，桓子巡视东野，到达费邑。子泄当时担任费邑的邑宰，到郊外迎接慰劳桓子，桓子很敬重他。慰劳仲梁怀的时候，仲梁怀却对他不表示恭敬。

子泄很愤怒，对阳虎说："您要驱逐他吗？"

申包胥带着秦军到达。秦国的子蒲、子虎率领战车五百辆来救援楚国。子蒲说："我还不知道吴军的战术。"便让楚军先和吴军交战，自己领兵从稷邑攻打吴军，在沂邑大败夫概王。吴军在柏举停虏了蘧射，蘧射的儿子带领溃逃的士兵追随子西，在军祥击败了吴军。

【原文】

秋七月，子期、子蒲灭唐。九月，夫槩王归，自立也，以与王战，而败，奔楚，为棠溪氏。吴师败楚师于雍澨。秦师又败吴师。吴师居麇，子期将焚之，子西曰："父兄亲暴骨焉，不能收，又焚之，不可。"子期曰："国亡矣，死者若有知也，可以歆旧祀？岂惮焚之？"焚之而又战，吴师败，又战于公婿之溪。吴师大败，吴子乃归。囚闉舆罢。闉舆罢请先，遂逃归。叶公诸梁之弟后臧从其母于吴，不待而归。叶公终不正视①。

乙亥，阳虎囚季桓子及公父文伯，而逐仲梁怀。冬十月丁亥，杀公何藐。己丑，盟桓子于稷门之内，庚寅，大诅②。逐公父歜及秦遄，皆奔齐。

【注释】

①正视：正眼看，指看得起。
②大诅：诅，祭神以加祸某人。大诅是说很多人参与了诅。

【译文】

秋季七月，子期、子蒲消灭唐国。九月，夫槩王回到吴国，自立为王，同吴王阖庐的军队交战，被打败，便逃到楚国，称作棠溪氏。吴军在雍澨打败楚军，秦军又打败吴军。吴军驻扎在麇，子期准备对吴军实行火攻，子西说："父兄亲戚的尸骨还在麇邑，我们既然不能收敛他们，反而要烧毁，不可以这样。"子期说："国家快要灭亡，死去的人如果有知觉，还可以享用从前的祭祀，怎会害怕尸骨被烧毁呢？"楚军便放火烧向吴军，然后紧跟着进攻，吴军败退。吴楚又在公婿之溪交战，吴军大败。吴王就返回吴国。吴军停获了闉舆罢。闉舆罢请求先往吴国，从而趁机逃回楚国。叶公诸梁的弟弟后臧跟随他母亲住在吴国，后来抛弃母亲回到楚国。叶公因此始终瞧不起后臧。

九月二十八日，阳虎囚禁了季桓子和公父文伯，并驱逐仲梁怀。冬季，十月，初十日，阳虎杀掉公何藐。十二日，与桓子在稷门里边举行盟誓。十三日，进行大诅。驱逐了公父文伯和秦遄，他们都逃到齐国。

【原文】

楚子入于郢。初，斗辛闻吴人之争宫也，曰："吾闻之：'不让，则不和；不和，不可以远征。'吴争于楚，必有乱；有乱，则必归，焉能定楚？"王之奔随也，将涉于成臼。蓝尹亹涉其帑^①，不与王舟。及宁，王欲杀之。子西曰："子常唯思旧怨以败，君何效焉？"王曰："善。使复其所，吾以志前恶。"王赏斗辛、王孙由于、王孙圉、钟建、斗巢、申包胥、王孙贾、宋木、斗怀。子西曰："请舍怀也。"王曰："大德灭小怨，道也。"申包胥曰："吾为君也，非为身也。君既定矣，又何求？且吾尤子旗，其又为诸？"遂逃赏。王将嫁季芈，季芈辞曰："所以为女子，远丈夫^②也。钟建负我矣。"以妻钟建，以为乐尹。

【注释】

①帑：通"孥"，家眷，眷属。
②丈夫：代指男人。

【译文】

楚昭王进入郢都。起初，斗辛听到吴军争夺楚国宫室的事情，说："我听说：'将帅不谦让，军队就不和睦；军队不和睦，就不能出师远征。'吴军在楚国相互争夺，一定会导致动乱，发生动乱，就一定会撤军回国，哪还能平定楚国呢？"楚昭王当初逃往随国的时候，正要在成白渡河，蓝尹亹用船接走自己的妻子儿女，不把船给楚昭王。等到楚国安定后，楚昭王便要杀掉他。子西说："子常就是因为惦记着以前的仇恨而导致失败，君王您为什么还要学他呢？"楚昭王说："逆说得对。我就让蓝尹亹恢复以前的职位，通过这件事铭记从前的过失。"楚昭王赏赐斗辛、王孙由于、王孙围、钟建、斗巢、申包胥、王孙贾、宋木、斗怀。子西说："请放弃对斗怀的赏赐！"楚昭王说："大的功劳可以掩盖小的仇恨，这是正义的。"申包胥说："我是为了国君，而不是为了自己。既然君王已经安定了，我还要求什么呢？况且我很讨厌子旗这种人，难道还要我学他吗？"因此他就没接受楚王的赏赐。楚昭王准备让季芈出嫁，季芈辞谢说："女人之所以为女人，就是要远离男人不相接触。钟建都已经背过我了。"楚昭王便把她嫁给钟建，让钟建做了乐尹。

【原文】

王之在随也，子西为王舆服以保路①，国于脾泄。闻王所在，而后从王。王使由于城麇，复命。子西问高厚焉，弗知。子西曰："不能，如辞。城不知高厚，小大何知？"对曰："固辞不能，子使余也。人各有能有不能。王遇盗于云中，余受其戈，其所犹在。"袒而视②之背，曰："此余所能也。脾泄③之事，余亦弗能也。"

晋士鞅围鲜虞，报观虎之败也。

【注释】

①路：道路，此处指楚国被灭后四处奔逃的楚人。
②视：通"示"，展示。
③脾洩：地名。春秋时楚邑。今湖北江陵附近。

【译文】

楚昭王在随国的时候，子西仿制了君王的车子和服饰来集会溃散的楚人，并在脾洩建立了国都。打听到楚昭王的所处的地方，便前往追随楚王。楚昭王派王孙由于在麇邑筑城，王孙由于回来复命。子西问起城墙的高度厚度，王孙由于却不知道。子西说："你要是承担不了这个职责，就该前来推辞。你连城墙的高度厚度大小都不知道，还能知道什么呢？"王孙由于答道："我当初坚决推辞说自己干不了这件事情，您非要逼着我前去。每个人都有自己擅长的事也有不擅长的事。君王在云中碰到强盗，我替他挡住了戈，伤口仍在这儿！"王孙由于便脱去衣服展示后背，说："替楚王挡戈这种事我干得了。在脾泄建立都城这类事情，我是干不了的。"

晋国的士鞅率兵包围鲜虞，是为了报复观虎的那次战败。

十年经

十年春王三月，及齐平。

夏，公会齐侯于夹谷。

公至自夹谷。

晋赵鞅帅师围卫。

齐人来归郓、讙、龟阴田。

叔孙州仇、仲孙何忌帅师围郈。

秋，叔孙州仇、仲孙何忌帅师围郈。

宋乐大心出奔曹。

宋公子地出奔陈。

冬，齐侯、卫侯、郑游速会于安甫。

叔孙州仇如齐。

宋公之弟辰暨仲佗、石彄出奔陈。

十年传

【原文】

十年春，及齐平。

夏，公会齐侯于祝其，实夹谷。孔丘相[①]，犁弥言于齐侯曰："孔丘知礼而无勇，若使莱人以兵劫鲁侯，必得志焉。"齐侯从之。孔丘以公退，曰："士兵之！两君合好，而裔夷[②]之俘以兵乱之，非齐君所以命诸侯也。裔不谋夏，夷不乱华，俘不干盟，兵不偪好——于神为不祥，于德为愆义，于人为失礼，君必不然。"齐侯闻之，遽辟之。

【注释】

①相：傧相，替主人接引宾客和主持赞礼的人。

②裔夷：华夏地域以外边远的夷人。

【译文】

鲁定公十年春季，鲁国跟齐国讲和。

夏季，定公在祝其会见齐景公，祝其就是夹谷。孔丘担任相。犁弥对齐景公说："孔丘知道礼仪但缺乏勇，如果派莱人武力劫持鲁昭公，一定能够成功。"齐景公听从他的意见。孔丘带着定公退出，说："士兵们，拿起武器进攻！两国国君进行友好的会盟，却让这些蛮夷的俘虏用武力前来捣乱，不应该是齐王用来号令诸侯的手段啊。边远不能图谋中原，夷族不能搅乱华夏，俘虏不能侵犯盟会，武力不能逼近友善。这对于神明来说是不吉祥，对于德行来说是损害正义，对于百姓来说是抛弃礼仪，您一定不会这样做。"齐景公听到孔丘的话，很快就让莱地人避开。

【原文】

将盟，齐人加于载书①曰："齐师出竟②而不以甲车三百乘从我者，有如此盟！"孔丘使兹无还揖对，曰："而不反我汶阳之田，吾以共命③者，亦如之！"

齐侯将享公。孔丘谓梁丘据曰："齐、鲁之故，吾子何不闻焉？事既成矣，而又享之，是勤执事也。且牺、象不出门④，嘉乐不野合。飨而既具，是弃礼也；若其不具，用秕稗⑤也。用秕稗，君辱；弃礼，名恶。子盍图之！夫享，所以昭德也。不昭，不如其已也。"乃不果享。

齐人来归郓、讙、龟阴之田。

晋赵鞅围卫，报夷仪也。

【注释】

①载书：盟约。

②出竟：指出境作战。竟：同"境"。

③共命：供给齐国之命。共：同"供"。

④牺象不出门：牺，牺尊。象，象尊。栖尊与象尊都是古时的酒器，外形像兽。不出门，不出宫门，意为只在朝会和庙堂使用。

⑤秕稗：秕，不饱满的谷物。稗，像禾的杂草。秕稗在此处形容享礼的秽薄。

【译文】

快要进行盟誓，齐国在盟约中加上一句话："如果齐国军队出境打仗，而鲁国不派三百辆甲车跟随的话，有盟誓为证！"孔丘让兹无还拱手行礼作答，说："如果你们不归还我们汶阳的国土，却让我们来满足齐国的要求，也有盟誓为证！"齐景公准备设享礼招待定公。孔丘对梁丘据说："齐国、鲁国从前的礼仪，你难道没听过吗？事情已经完成，却又要设享礼，这是烦劳执事啊。并且牺尊、象尊不出国门，各种乐器不在野外合奏。设享礼要是全都置备它们，这是不合礼仪。如果不具备它们，就如同秕稗一样秽薄。像秕稗一样，会让君王受到侮辱；不守礼仪，会让名声受到损坏。你想得到哪种结果呢？享礼，是用来弘扬德行的。不能弘扬德行，还不如放弃它。"于是最终没有用享礼。

齐国前来归还郓邑、谨邑、龟阴这几个地方的国土。

晋国的赵鞅率军包围卫国，这是为了报复去年夷仪被夺。

【原文】

初，卫侯伐邯郸午于寒氏，城其西北而守之，宵熸^①。及晋围卫，午以徒七十人门于卫西门，杀人于门中，曰："请报寒氏之役。"涉佗曰："夫子则勇矣；然我往，必不敢启门。"亦以徒七十人旦门焉，步左右，皆至而立，如植^②。日中不启门，乃退。反役，晋人讨卫之叛故，曰："由涉佗、成何。"于是执涉佗，以求成于卫。卫人不许。晋人遂杀涉佗，成何奔燕。君子曰："此之谓弃礼，必不钧。《诗》曰：'人而无礼，胡不遄^③死？'涉佗亦遄矣哉！"

【注释】

①宵熸：军队夜间溃散。

②如植：像树一样不动地方。

③人而无礼，胡不遄死：出自《诗·鄘风·相鼠》。遄，速，快。

【译文】

起初，卫侯在寒氏讨伐邯郸午，攻破寒氏城的西北角而派兵据守，午趁黑夜逃走。等到晋国包围卫国的时候，午带领步兵七十人攻打卫国西门，在城门杀伤卫国士兵，说："这是为寒氏之役报仇。"涉佗说："他算得上勇敢了，但是我要去了，卫国一定连城门都不敢打开。"也带领步兵七十人，早晨前去攻打城门，走到城门左右两旁，全都站在那里，像树木一样。直到中午城门都未打开，他们才退回来。战争结束后，晋国质问卫国背叛的原因，卫国说："是因为涉佗、成何。"晋国人便抓住涉佗用他向卫国讲和。卫国不同意。晋国就杀掉了涉佗。成何逃亡到燕国。君子说："这就是不守礼仪。两人获罪的轻重一定不相同。《诗》说：'做人而没有礼，何不赶快死掉？'涉佗死得也算快啊。"

【原文】

初，叔孙成子欲立武叔，公若藐固谏曰："不可。"成子立之而卒。公南①使贼射之，不能杀。公南为马正，使公若为郈宰。武叔既定②，使郈马正侯犯杀公若，弗能。其圉人曰："吾以剑过朝，公若必曰：'谁之剑也？'吾称子以告，必观之。吾伪固而授之末，则可杀也。"使如之。公若曰："尔欲吴王我③乎？"遂杀公若。侯犯以郈叛，武叔懿子围郈，弗克。

【注释】

①公南：叔孙家臣，是武叔的党羽。
②既定：已经确定，大局已定。
③吴王我：把我当做吴王，意思是刺杀自己。吴王，指吴王僚，于鲁昭公二十七年被专诸刺杀。

【译文】

起初，叔孙成子想立武叔做继承人，公若藐执意进谏说："不可以。"成子立了武叔后去世。公南派刺客用箭射杀公若，没能杀掉他。公南担任马正，派遣公若担任郈邑邑宰。武叔安定局势后，派郈邑的马正侯犯刺杀公若，没能成功。这时侯犯的管马人说："我拿着剑经过郈宰的朝堂，公若一定会问：'这把剑是谁的？'。我告诉他这把剑属于您，公若一定会前来观看它。我装作不懂礼节而把剑尖对着他递过去，就可以趁机杀掉他。"侯犯就派他照这样做。公若说："你把我当做吴王僚吗？"管马人便杀死了公若。侯犯凭借郈邑叛变，武叔包围郈，不能攻克。

【原文】

秋，二子及齐师复围郈，弗克。叔孙谓郈工师①驷赤曰："郈非唯叔孙氏之忧,社稷之患也,将若之何?"对曰:"臣之业在《扬水》②卒章之四言矣。"叔孙稽首。驷赤谓侯犯曰:"居齐、鲁之际而无事,必不可矣。子盍求事于齐以临民?不然,将叛。"侯犯从之。齐使至,驷赤与郈人为之宣言于郈中曰:"侯犯将以郈易于齐,齐人将迁郈民。"众凶惧③。驷赤谓侯犯曰:"众言异矣。子不如易于齐,与其死也,犹是郈也,而得纾焉,何必此?齐人欲以此偪鲁,必倍与子地。且盍多舍甲于子之门以备不虞。"侯犯曰:"诺。"乃多舍甲焉。侯犯请易于齐,齐有司观郈。将至,驷赤使周走呼曰:"齐师至矣!"郈人大骇,介④侯犯之门甲,以围侯犯。驷赤将射之,侯犯止之,曰:"谋免我。"侯犯请行,许之。驷赤先如宿,侯犯殿。每出一门,郈人闭之。及郭门,止之,曰:"子以叔孙氏之甲出,有司若诛之,群臣惧死。"驷赤曰:"叔孙氏之甲有物⑤,吾未敢以出。"犯谓驷赤曰:"子止而与之数。"驷赤止,而纳鲁人。侯犯奔齐。齐人乃至郈。

【注释】

①工师:古官名。上受司空领导,下为百工之长。专掌营建工程和管教百工等事。

②扬水:出自《诗·唐风》。最后一章的四个字是"我闻有命"。表明接受命令之意。

③凶惧:恐惧,惊扰不安。

④介:穿上。

⑤有物:有记号,有标记。

【译文】

秋季,武叔、公南两人以及齐军两次包围郈邑,都没攻打下来。武叔对郈邑的工师驷赤说:"郈邑不仅仅是叔孙氏的忧虑,更是国家的祸患,要怎样对付它呢?"驷赤说:"我的职责在《扬水》这首诗最后一章的四个字说了出来。"叔孙跪拜致谢。驷赤对侯犯说:"郈邑处在齐国、鲁国的中间却不侍奉哪一国,一定是不行的。您为什么不请求侍奉齐国来统治百姓呢?不这样做,他们就会叛变。"侯犯听从了他的意见。齐国的使者到来后,驷赤和他手下的郈人在郈邑散布谣言说:"侯犯准备将郈同齐国进行交换,齐国将要迁走郈邑的百姓。"民众因此惊恐不安。驷赤又对侯犯说："百姓的意愿跟你不同。与其死在他们手中，还不如用郈邑和齐国人进行交换。您所得到的地盘也相当于是郈邑，还可以缓和局面，为什么一定要守在这儿呢？齐国想借郈邑逼迫鲁国，必然会加倍给您土地。而且您为什么不多准备一些皮甲，放在门内以防意外呢？"侯犯说："好。"就准备了很多皮甲。侯犯请求在齐国换得一块土地，齐国的官员要求视察郈邑。快要到达郈的时候，驷赤派人绕着全城大喊："齐国的军队打来了！"郈人非常害怕，穿上侯犯准备的皮甲，包围住侯犯。驷赤要用箭射他们，侯犯阻止了，说："想办法让我免于祸患。"侯犯请求离开，百姓们答应了他。驷赤先往宿地，侯犯走在最后，每当他们走出一道门，郈人就关上它。到了外城门，郈人拦住侯犯说："您带着叔孙氏的皮甲出去，官员们如果因为丢失皮甲而治罪，我们担心被杀死。"驷赤说："叔孙氏的皮甲有标记，我们不敢带出去。"侯犯对驷赤说："你留下来向他们点交皮甲的数目。"驷赤便留下将鲁军迎进城来。侯犯逃往齐国。齐国就把郈邑的地图户籍等册簿还给鲁国。

【原文】

宋公子地嬖蘧富猎，十一分其室，而以其五与之。公子地有白马四，公嬖向魋，魋欲之。公取而朱其尾、鬣以与之。地怒，使其徒挟①魋而夺之。魋惧，将走，公闭门而泣之，目尽肿。母弟辰曰："子分室以与猎也，而独卑魋，亦有颇②焉。子为君礼，不过出竟，君必止子。"公子地出奔陈，公弗止。辰为之请，弗听。辰曰："是我迂吾兄也。吾以国人出，君谁与处？"冬，母弟辰暨仲佗、石彄出奔陈。

【注释】

①挟：音 chì，用鞭、杖或竹板之类的东西打。
②颇：偏颇，不公平。

【译文】

宋国的公子地宠信蘧富猎，将自己的家产分作十一份，把其中的五份给了蘧富猎。公子地有四匹白马。宋景公宠信向魋，向魋想要这四匹马。宋景公牵来马匹涂红它的尾巴、鬣毛赐给向魋。公子地很愤怒，派他的手下打了向魋一顿并夺回马匹。向魋觉得害怕，打算逃走，宋景公关上门对着向魋哭泣，哭得两个眼睛都肿起来。宋景公的同母兄弟辰对公子地说："您都可以把家产分给蘧富猎，却唯独瞧不起向魋，也有不公平的地方。您一向对君王持守礼节，至多不过走出国境，君王一定会制止您。"公子地出逃跑往陈国，宋景公没有阻止他。公子辰替他请求，宋景公不听。公子辰说："这是我欺骗了我哥哥啊。要是我也带着国内的人们出国，君王还能跟谁处在一起呢？"冬季，宋景公同母兄弟辰和仲佗、石彄出逃奔向陈国。

【原文】

武叔聘于齐，齐侯享之，曰："子叔孙！若使郈在君之他竟，寡人何知焉？属与敝邑际^①，故敢助君忧之。"对曰："非寡君之望也。所以事君，封疆社稷是以，敢以家隶勤^②君之执事？夫不令之臣，天下之所恶也，君岂以为寡君赐？"

【注释】

①际：交际，交界。
②勤：劳烦，劳驾。

【译文】

武叔到齐国聘问，齐景公宴请他，说："子叔孙！如果郈邑在鲁国其他方向的边境上，我还能知道它什么呢？这里正好和我国交界，所以我们才敢帮助鲁君分忧。"武叔回答说："这不是我们君王的愿望啊。我们之所以事奉您，是为国家疆土的安全着想，怎么敢为了侯犯那样的家臣而烦劳君王您的官员呢？不好的臣子，是天下人都憎恨的，君王讨伐侯犯难道能说是对于鲁君的恩惠吗？"

十四年经

十有四年春，卫公叔戍来奔。卫赵阳出奔宋。

二月辛巳，楚公子结、陈公孙佗人帅师灭顿，以顿子牂归。

夏，卫北宫结来奔。

五月，於越败吴于檇李。

吴子光卒。

公会齐侯、卫侯于牵。

公至自会。

秋，齐侯、宋公会于洮。

天王使石尚来归脤。

卫世子蒯聩出奔郑。卫公孟彄出奔郑。

宋公之弟辰自萧来奔。

大蒐于比蒲。

邾子来会公。

城莒父及霄。

十四年传

【原文】

十四年春，卫侯逐公叔戍与其党，故赵阳奔宋，戍来奔。

梁婴父恶董安于，谓知文子曰："不杀安于，使终为政于赵氏，赵氏①必得晋国，盍以其先发难也讨于赵氏？"文子使告于赵孟曰："范、中行氏虽信为乱，安于则发之，是安于与谋乱也。晋国有命，始祸者②死。二子既伏其罪矣，敢以告。"赵孟患之。安于曰："我死而晋国宁，赵氏定，将焉用生？人谁不死？吾死莫矣。"乃缢而死。赵孟尸诸市③，而告于知氏曰："主命戮罪人安于，既伏其罪矣，敢以告。"知伯从赵孟盟，而后赵氏定，祀安于于庙。

顿子牂欲事晋，背楚而绝陈好。二月，楚灭顿。

【注释】

①赵氏：原名赵鞅，又名志父。也称赵孟、赵简子。

②始祸者：最开始发动祸乱的人。

③尸诸市：尸，暴尸。市，集市，街市。

【译文】

鲁定公十四年春季，卫灵公驱逐公叔戍以及他的党羽，因此赵阳逃往宋国，公叔戍逃来鲁国。

梁婴父憎恨董安于，对知文子说："要是不杀掉安于，让他一直为赵简子掌管政事，赵简子一定会篡夺晋国国政，为什么您不借口于他而先发动责难讨伐赵简子呢？"知文子派人告诉赵孟说："范氏、中行氏虽然确实发动了叛乱，但这是安于挑起的，是安于跟他们策划作乱的。晋国有法令，挑起祸端的人应当处死。如今范氏、中行氏已经服罪了。冒昧地向您禀告。"赵孟对此很苦恼。董安于说："我死去可以让晋国平静，赵氏安定，那我还活着做什么呢？人谁能不死，我死得够晚了。"就上吊自杀了。赵鞅把他的尸体展示在集市中，然后通告知氏说："您下令诛杀罪人安于，他已经承认自己的罪过自杀了。冒昧地禀告您。"知伯跟赵鞅举行盟誓，然后赵氏得以安定，将安于陪祀在赵氏的宗庙里。

顿国国君牂想要事奉晋国，背弃楚国而断绝同陈国的友好往来。二月，楚国消灭顿国。

【原文】

夏，卫北宫结来奔，公叔戌之故也。

吴伐越，越子勾践御之，陈①于槜李。勾践患吴之整也，使死士②再禽焉，不动。使罪人三行，属剑于颈，而辞曰："二君有治③，臣奸旗鼓④，不敏于君之行前，不敢逃刑，敢归死。"遂自刭也。师属之目，越子因而伐之，大败之。灵姑浮以戈击阖庐，阖庐伤将指，取其一屦。还，卒于陉，去槜李七里。夫差⑤使人立于庭，苟出入，必谓己曰："夫差！而忘越王之杀而父乎？"则对曰："唯。不敢忘！"三年乃报越。

【注释】

①陈：通"阵"。排列阵势。
②死士：敢死之士，指敢死队。
③有治：有战事，出兵交战。
④旗鼓：代指军令、号令。
⑤夫差：阖闾的儿子。阖闾死后为吴国国君。

【译文】

夏季，卫国的北宫结逃来鲁国，这是由于公叔戌的缘故。

吴国进攻越国，越王勾践抵御吴军，将军队排列在携李。勾践惧怕吴军军阵严整，派遣死士两次向前冲击引诱吴军，但吴军丝毫不动。勾践又让罪犯排成三行，用剑架在自己脖子上然后致辞说："两国国君领兵交战，我们却违背号令，在君王的队伍前面显示出不理智，不敢逃避刑罚，谨自首而死。"便都自杀了。吴军都专注地看着这件事，越王趁机发动进攻，打败了吴军。灵姑浮用戈击杀吴王阖庐，阖庐的脚趾受伤，灵姑浮获取吴王的一只鞋。阖庐返回的途中，在陉邑去世，距离携李只有七里。夫差派人站在庭院中，每逢进出，都一定让他们对自己说："夫差，你忘记越王杀掉了你的父亲吗？"夫差就回答说："知道了。我不敢忘记！"经过三年，就向越国报了仇。

【原文】

晋人围朝歌，公会齐侯、卫侯于脾、上梁之间，谋救范、中行氏。析成鲋、小王桃甲率狄师以袭晋，战于绛①中，不克而还。士鲋奔周，小王桃甲入于朝歌。

秋，齐侯、宋公会于洮，范氏故也。

卫侯为夫人南子召宋朝②。会于洮，太子蒯聩献盂于齐，过宋野。野人歌之曰："既定尔娄猪③，盍归吾艾豭？"大子羞之，谓戏阳速曰："从我而朝少君，少君见我，我顾，乃杀之。"速曰："诺。"乃朝夫人。夫人见大子，大子三顾，速不进。夫人见其色，啼而走，曰："蒯聩将杀余。"公执其手以登台。大子奔宋，尽逐其党，故公孟彄出奔郑，自郑奔齐。

【注释】

①绛：春秋晋都，在今山西翼城东南十五里。
②宋朝：宋国的公子。貌美，曾与南子私通。
③娄猪：母猪。一说谓娄猪为求牡之猪。此处指南子。后文的"艾豭"是公猪。指宋朝。

【译文】

晋军围住朝歌，鲁定公在脾邑和上梁之间跟齐景公、卫灵公进行盟会，谋划救援范氏、中行氏。析成鲋、小王桃甲率领狄国军队袭击晋军，同晋军在绛邑中部交战，没能取胜就退兵返回。析成鲋逃往成周，小王桃甲进入朝歌。

秋季，齐景公、宋景公在洮邑进行会盟，是因为范氏的缘故。

卫灵公为了夫人南子而召回了宋朝。卫国将去洮邑参加会盟。太子蒯聩奉命将盂邑献给齐国，途经宋国野外。野外的宋人歌唱道："你们那只求子的母猪既然已得到了满足，为什么还不归还我们那只漂亮的公猪？"太子觉得很羞耻，对戏阳速说："你跟着我去朝见夫人，夫人接见我的时候，我用目光向你示意，你就杀掉她。"戏阳速说："好。"于是就前往朝见南子。南子接见太子，太子三次用目光示意，戏阳速都不肯动手。南子观察到太子的神色，哭着就逃走了，说："蒯聩要杀我。"卫灵公拉着她的手登上高台。太子逃往宋国，卫灵公将太子的党羽全部驱逐出国。所以公孟彄逃亡到郑国，又从郑国逃亡到齐国。

【原文】

大子告人曰："戏阳速祸余。"戏阳速告人曰："大子则祸余。大子无道，使余杀其母。余不许，将戕于余；若杀夫人，将以余说^①。余是故许而弗为，以纾^②余死。谚曰：'民保于信'，吾以信义也。"

冬十二月，晋人败范、中行氏之师于潞，获籍秦、高强。又败郑师及范氏之师于百泉。

【注释】

①说：通"脱"，脱罪。
②纾：缓和，解除。

【译文】

太子告诉别人说："戏阳速把我害了。"戏阳速告诉别人说："太子是要嫁祸给我。太子不守礼节，派我杀害他的母亲。我不答应，他就要杀掉我。要是我杀死夫人，他就会用我来推脱自己的罪过。所以我才答应他但不动手，通过这样从死路上挽救自己。俗话说：'百姓用诚信保全自身。'我就是利用承诺的方式保全了自己。"

冬季，十二月，晋国人在潞邑打败范氏、中行氏的军队，俘获了籍秦、高强。又在百泉击败郑国和范氏的军队。

哀公（元年~二十七年）

元年经

元年春王正月，公即位。

楚子、陈侯、随侯、许男围蔡。

鼷鼠食郊牛，改卜牛。

夏四月辛巳，郊。

秋，齐侯、卫侯伐晋。

冬，仲孙何忌帅师伐邾。

元年传

【原文】

元年春，楚子围蔡，报柏举①也。里而栽②，广丈，高倍。夫屯昼夜九日，如子西之素。蔡人男女以辨③。使疆于江、汝之间而还。蔡于是乎请迁于吴。

【注释】

①柏举：鲁定公四年，吴国败楚军于柏举，从而攻入郢都。

②里而栽：里，指距城一里。栽，构筑堡垒。

③辨：分辨，这里指男女分开。

【译文】

鲁哀公元年，春季，楚昭王领兵包围蔡国，是为了报复柏举那次战役。楚军在离都城一里的地方修筑垒墙，垒厚一丈，高两丈多。驻军整整九天垒墙就建成了，跟子西预计的时间一样。蔡国男女分开出城投降。楚昭王让蔡国迁徙到长江以北汝水以南的地域就班师回国了。蔡国因此向吴国请求迁徙到吴国去。

【原文】

吴王夫差败越于夫椒，报檇李也。遂入越。越子以甲楯①五千保于会稽，使大夫种②因吴大宰嚭以行成。吴子将许之。伍员曰："不可。臣闻之：'树德莫如滋，去疾莫如尽。'昔有过浇杀斟灌以伐斟鄩，灭夏后相，后缗方娠，逃出自窦，归于有仍③，生少康焉。为仍牧正，惎浇能戒之④。浇使椒求之，逃奔有虞，为之庖正，以除其害。虞思于是妻之以二姚⑤，而邑诸纶。有田一成，有众一旅⑥。能布其德，而兆其谋，以收夏众，抚其官职；使女艾谍浇，使季杼诱殪，遂灭过、戈，复禹之绩，祀夏配天，不失旧物。今吴不如过，而越大于少康，或将丰之，不亦难乎！句践能亲而务施，施不失人，亲不弃劳。与我同壤，而世为仇雠。于是乎克而弗取，将又存之，违天而长寇雠，后虽悔之，不可食已。姬之衰也，日可俟也。介在蛮夷，而长寇雠，以是求伯，必不行矣。"弗听。退而告人曰："越十年生聚，而十年教训，二十年之外，吴其为沼⑦乎！"三月，越及吴平。吴入越，不书，吴不告庆、越不告败也。

夏，四月，齐侯、卫侯救邯郸，围五鹿。

【注释】

①甲楯：指全副武装的士兵。楯，同"盾"。

②种：文种，越国的大夫，楚国人。后文的"嚭"指伯嚭，是伯州犁的孙子，担任吴国的太宰，楚人。

③有仍：后缗的娘家，古代诸侯国名。在今山东济宁。

④惎浇能戒之：惎，忌恨。戒，戒备，提防。

⑤二姚：指有虞国君虞思的两个女儿。虞是姚姓国，所以称二姚。

⑥成：十平方里为一成。旅：五百人为一旅。

⑦为沼：变为水池。借指国家灭亡。

【译文】

吴王夫差率军在夫椒击败越军，报复了越军在檇李杀死阖闾的仇恨，随后便攻进越国。越王勾践带着披甲持盾的士兵五千人退守会稽山，派遣大夫文种通过吴国太宰嚭同吴国议和。吴王准备答应他。伍员说："不可以。我听说：'树立德行最好不断增益，消灭病害最好清除干净。'从前有过国的国君浇杀了斟灌从而进攻斟郭，消灭夏后相，后缗正有身孕，通过城墙的小洞逃走，回到有仍国，生下少康。少康后来担任有仍的牧正，对浇十分仇恨而又时时戒备。浇派遣椒寻找少康。少康逃到有虞国，担任有虞庖正，才躲过杀身之祸。有虞氏的首领虞思便把两个女儿嫁给少康，把他封在纶邑，拥有方圆十里的土地，有五百人的兵力。少康便可以施予恩德笼络人心，开始自己的报仇复国计划。他召集夏朝的残余势力，安抚那些官员，派遣女艾到浇那里做间谍，派季杼诱骗浇的弟弟豷。最终消灭过国、豷国，复兴大禹的功业。少康奉祀夏朝的祖先来配合对上天的祭祀，不丢弃从前的制度。现在吴国不如过国，而越国强于少康，答应议和将使越国有机会壮大，不就会成为吴国的祸患吗？勾践能与人亲近并且广施恩惠，施与恩赐便不会失去民心，与人亲近从不忽视有功劳之人。越国和我国疆域相接，并且世世代代都是仇敌。在这种情况下如果我们打败越国却不趁机吞并它，反而还让它继续存在，这是违背上天而助长仇敌。以后即使感到后悔，也来不及了。吴国的衰败，指日可待啊。我国介于越国楚国中间，如今却助长仇敌，这样来谋取霸业，肯定是不可以的啊。"吴王不听他的。伍员退下去告诉别人说："越国用十年来生民聚财，用十年来教导训练军队，二十年后，吴国的宫殿就要变成污池啊。"三月，越国同吴国议和。吴军进入越国。《春秋》不记载这件事，是因为吴国没有报告胜利，越国没有报告失败的缘故。

　　夏季四月，齐景公、卫灵公救援邯郸，包围了玉鹿。

【原文】

　　吴之入楚也，使召陈怀公。怀公朝国人而问焉，曰："欲与楚者右，欲与吴者左。陈人从田，无田从党。"逢滑当公而进，曰："臣闻，国之兴也以福，其亡也以祸。今吴未有福，楚未有祸，楚未可弃，吴未可从。而晋，盟主也；若以晋辞吴，若何？"公曰："国胜君亡，非祸而何？"对曰："国之有是多矣，何必不复？小国犹复，况大国乎？臣闻，国之兴也，视民如伤①，是其福也；其亡也，以民为土芥②，是其祸也。楚虽无德，亦不艾杀③其民。吴日敝于兵，暴骨如莽，而未见德焉。天其或者正训楚也，祸之适吴，其何日之有？"陈侯从之。及夫差克越，乃修先君之怨。秋八月，吴侵陈，修旧怨也。

①视民如伤：形容帝王、官吏极其顾恤民众疾苦。伤，受伤者。

②土芥：泥土和杂草，比喻卑贱的东西。

③艾杀：斩割，芟除。艾，终止，断绝。

【译文】

吴军攻进楚国的时候，派人召见陈怀公。怀公朝会国内大臣咨询意见，说："支持楚国的站到右边，支持吴国的站到左边。有土地的陈国人根据土地所在选择左右，没有土地的就和亲族站到一起。"逢滑面向怀公走上前去，说："我听说国家的振兴是因为有福德，它的灭亡是因为得到祸患。现在吴国尚未树立福德，楚国还没遭受祸患，因此楚国还不能抛弃，吴国还不能追随。而晋国，是会盟的主持者，要是用晋国作借口来推辞吴国，怎么样呢？"怀公说："楚国被吴国打败楚王逃走，这还不算是祸患吗？"逢滑答道："有这种情况的国家太多了，难道它们一定不能复兴吗？小国都可以复兴，何况是楚国这样的大国呢？我听说，国家振兴时，将百姓看作受伤者唯恐惊动，这就是它的福德。国家快灭亡时，把百姓看作泥土草芥任意践踏，这就是它的祸患。楚国虽然没有德行，也未曾杀害过它的百姓。吴国整日忙着发动战争，暴露的尸骨像杂草一样多，因此也没有显示出有德行。上天可能正是要通过这样来教训楚国。祸患降临给吴国，也要不了多久吧。"陈怀公听从他的意见。等到夫差攻下越国，吴国就开始清算先王所结下的仇怨。秋季，八月，吴国侵伐陈国，是为了结算以前的仇恨。

【原文】

齐侯、卫侯会于乾侯，救范氏也。师及齐师、卫孔圉、鲜虞人伐晋，取棘蒲。

吴师在陈，楚大夫皆惧，曰："阖庐惟能用其民，以败我于柏举。今闻其嗣又甚焉，将若之何？"子西曰："二三子恤不相睦，无患吴矣。昔阖庐食不二味，居不重席，室不崇坛，器不彤镂，宫室不观①，舟车不饰；衣服财用，择不取费。在国，天有灾疠，亲巡孤寡而共其乏困。在军，熟食者分而后敢食，其所尝者，卒乘②与焉。勤恤其民，而与之劳逸，是以民不罢劳，死知不旷。吾先大夫子常易之，所以败我也。今闻夫差，次有台榭陂池焉，宿有妃嫱嫔御焉；一日之行，所欲必成，玩好必从；珍异是聚，观乐是务；视民如雠，而用之日新。夫先自败也已，安能败我？”

冬十一月，晋赵鞅伐朝歌。

【译文】

齐景公、卫灵公在乾侯举行会盟，是为了救援范氏。鲁军以及齐国的军队、卫国的孔圉、鲜虞军队攻打晋国，攻占了棘蒲。

吴军驻扎在陈国，楚国的大夫们都觉得担忧，说：“吴王阖庐就是善于使用他的子民作战，依靠他们在柏举将我们打败。如今听说他的继承人更加厉害，要怎么应付呢？”子西说：“你们担心的只应该是楚国内部不和睦，不用害怕吴国。以前阖庐吃饭只有一种菜肴，坐下只用一层席子，房屋不建在高地基上，器用不加红漆和镂刻，宫室之中不设楼台亭阁，车船不做装饰，衣服和用具，选取实用的而不崇尚好看。在国内，上天降下灾害瘟疫，就亲自探望安抚孤寡并资助贫困的人。在军队中，煮熟的食物等士兵都分到了，然后自己才会食用，他所吃的山珍海味，士兵们都能够分享。吴王阖庐总是体恤百姓，并跟他们共同劳作休息，所以百姓不会觉得辛劳，死了也知道不会被抛弃。我们的先大夫子常却跟阖闾相反，所以吴国能打败我国。现在听说吴王夫差，住的地方修建楼台池沼，睡觉时有嫔妃宫女陪伴。即使出行一天，也一定要满足自己所有需要，一定要随身带着玩赏爱好的东西。他只顾忙着搜集珍奇异物，沉溺于享乐之中；把百姓看作是仇敌，没完没了地役使他们。他这样做就已经先打败了自己，怎么还能够谈打败我国呢？”

冬季十一月，晋国的赵鞅攻打朝歌。

三年经

三年春，齐国夏、卫石曼姑帅师围戚。

夏四月甲午，地震。

五月辛卯，桓宫、僖宫灾。

季孙斯、叔孙州仇帅师城启阳。

宋乐髡帅师伐曹。

秋七月丙子，季孙斯卒。

蔡人放其大夫公孙猎于吴。

冬十月癸卯，秦伯卒。

叔孙州仇、仲孙何忌帅师围邾。

三年传

【原文】

三年春，齐、卫围戚，求援于中山。

夏五月辛卯，司铎火。火逾公宫，桓、僖灾。救火者皆曰顾府。南宫敬至，命周人①出御书，俟于宫，曰：“庀②女，而不在，死。”子服景伯至，命宰人出礼书③，以待命。命不共，有常刑。校人乘马，巾车脂辖，百官官备，府库慎守，官人肃给。济濡帷幕④，郁攸从之。蒙葺公屋，自太庙始，外内以悛。助所不给。有不用命，则有常刑，无赦。公父文伯至，命校人驾乘车。季桓子至，御公立于象魏⑤之外，命救火者伤人则止，财可为也。命藏《象魏》，曰：“旧章不可亡也。”富父槐至，曰：“无备而官办者，犹拾渖也。”于是乎去表之槁，道还公宫。

【注释】

①周人：掌管周书典籍的官员。

②庀：同“庇”，保护，庇护。

③宰人出礼书：宰人，周代冢宰的属官，也用来泛指官员。

④济濡帷幕，郁攸从之：指用湿透的帷幕盖住近火处。济濡，沾湿，使透湿。郁攸，火气，火焰。

⑤象魏：古代天子、诸侯宫门外的一对高建筑，为悬示教令的地方。

【译文】

鲁哀公三年，春季，齐国、卫国包围戚，戚人向中山国请求救援。

夏季，五月二十八日，鲁国司铎官署发生火灾。火势越过君王的宫殿，桓公庙、僖公庙都被烧毁。救火的人都说要看管好府库。南宫敬叔到达，命令周人取出君王的书籍，让他留在宫中等候命令，说："你来保护它们。要是被损坏，就处死你。"子服景伯到达，命令宰人取出礼书，拿着它们等候命令。命令不能执行，就会受到刑罚。校人驾着马，巾车往车轴上涂油，百官行使自己的职责，府库慎重地戒备，执掌馆舍者认真供应宾客的需求。浇湿帷幕，掩盖近火处的火气。然后又用浸湿的东西盖住朝廷建筑，从太庙开始，由外到内挨个进行。帮助人手不够的地方。有不听指挥的，就给予刑罚，不可赦免。公父文伯到达，命令校人为公车套上马。季桓子到达，为哀公驾车执辔站在象魏外边，向救火的人下达命令，有人受伤就让停下来，因为财物是可以重新生产出来的。又下令把文献收藏起来，说："从前的典章不能丢失。"富父槐到达，说："毫无准备就叫百官仓促救火，这就像要拾起地上的汤水一样艰难。"便搬掉火势前方的枯木，在君王宫殿四周开辟火巷隔开大火。

【原文】

孔子在陈，闻火，曰："其桓、僖乎！"

刘氏、范氏世为婚姻，苌弘事刘文公，故周与范氏。赵鞅以为讨。六月癸卯，周人杀苌弘。

秋，季孙有疾，命正常①曰："无死！南孺子之子，男也，则以告而立之；女也，则肥也可。"季孙卒，康子②即位。既葬，康子在朝。南氏生男，正常载以如朝，告曰："夫子有遗言，命其圉臣曰：'南氏生男，则以告于君与大夫而立之。'今生矣，男也，敢告。"遂奔卫。康子请退。公使共刘视之，则或杀之矣。乃讨之。召正常，正常不反。

冬十月，晋赵鞅围朝歌，师于其南。荀寅伐其郛③，使其徒自北门入，己犯师而出。癸丑，奔邯郸。

十一月，赵鞅杀士皋夷，恶范氏也。

【注释】

①正常：季孙的宠臣。
②康子：即前文所说的"肥"。
③郛：古代指城圈外围的大城。

【译文】

孔子正处在陈国，听到鲁国发生火灾的事情，说："是桓公庙、僖公庙吧！"

刘氏、范氏世世代代互通婚姻，苌弘担任刘文公的大夫，所以周朝亲近范氏。赵鞅因这个缘故讨伐周朝。六月，十一日，周人杀掉苌弘。

秋季，季孙得了病，命令正常说："你不要跟着我死！南孺子生下的孩子，要是个男孩，就通告君王立这个儿子为继承人；如果生的是个女孩，那么立肥就可以。"季孙死后，康子继承爵位。安葬季孙后，康子到了鲁定公的朝堂。南孺子生下一个男孩，正常用车载着载着这个男孩来到朝廷上，禀告说："季孙曾留下遗言，命令我说：'南氏生下的如果是个男孩，就禀告君王和大夫然后立他为继承人。'如今孩子出生，是个男孩。冒昧地前来禀告。"说完后就逃往卫国。康子请求放弃爵位。哀公派大夫公刘去探望那个孩子，他却已经被杀死。鲁定公就讨伐杀人凶手。召见正常，正常不回鲁国。

冬季，十月，晋国的赵鞅率军包围朝歌，驻扎在他的南面。荀寅攻打朝歌外城赵鞅的部队，同时让城外的部下从北门攻进来，接应自己突围晋国军队而出。二十三日，荀寅逃往邯郸。

十一月，赵鞅诛杀士皋夷，是因为讨厌范氏的缘故。

六年经

六年春，城邾瑕。

晋赵鞅帅师伐鲜虞。

吴伐陈。

夏，齐国夏及高张来奔。

叔还会吴于柤。

秋七月庚寅，楚子轸卒。

齐阳生入于齐。

齐陈乞弑其君荼。

冬，仲孙何忌帅师伐邾。

宋向巢帅师伐曹。

六年传

【原文】

六年春，晋伐鲜虞，治①范氏之乱也。

吴伐陈，复修旧怨也。楚子曰："吾先君与陈有盟，不可以不救。"乃救陈，师于城父。

齐陈乞伪事高、国者，每朝，必骖乘②焉。所从，必言诸大夫曰："彼皆偃蹇③，将弃子之命。皆曰：'高、国得君，必偪我，盍去诸？'固将谋子，子早图之！图之，莫如尽灭之。需④，事之下也。"及朝，则曰："彼，虎狼也。见我在于之侧，杀我无日矣，请就之位。"又谓诸大夫曰："二子者祸矣，恃得君而欲谋二三子，曰：'国之多难，贵宠之由，尽去之而后君定。'既成谋矣，盍及其未作也，先诸？作而后悔，亦无及也。"大夫从之。

【注释】

①治：惩治，惩罚。

②骖乘：也作"参乘"，乘车时在右边作陪的人。此处意为乘坐同一辆车。

③偃蹇：骄横，傲慢。

④需：等待。

【译文】

鲁哀公六年，春季，晋国攻伐鲜虞，是为了惩罚鲜虞帮助范氏作乱的举动。

吴国攻伐陈国，是为了结从前的仇怨。楚昭王说："先王和陈国有过盟誓，不能不前往救援。"于是出兵救援陈国，驻扎在城父。

齐国的陈乞装作侍奉高张、国夏，每逢上朝必定跟他们坐同一辆车。每次跟随他们时必定会谈及大夫们，说："他们都十分傲慢，想要不听从您们的命令。都说：'高氏、国氏得到了君王的信任，一定会逼走我们，为什么不先下手除掉他们呢？'执意要谋害您们，您们要尽快采取对策啊！最好是将他们全都诛杀。犹豫等待，是事情的下下之选。"

到了朝堂上，陈乞就说："他们像虎狼一样，要是看到我站在您们的旁边，很快就会杀掉我。请允许我站到他们那边。"到了大夫们那里，他又对大夫们说："这两位又要发动祸乱了！他们倚仗受到君王的宠信就想要谋害您们，说：'国家有很多灾难，是因为权贵和宠臣而造成的，将他们全都清除君王才能得以安定。'既然他们已经定好计划，为什么不趁他们尚未行动，抢先下手呢？等他们动手之后才感到悔恨，也就来不及了。"大夫们听从了他的建议。

【原文】

夏六月戊辰，陈乞、鲍牧及诸大夫以甲入于公宫。昭子闻之，与惠子乘如公。战于庄①，败。国人追之，国夏奔莒，遂及高张、晏圉、弦施来奔。

秋七月，楚子在城父，将救陈。卜战，不吉；卜退，不吉。王曰："然则死也。再败楚师，不如死；弃盟、逃雠，亦不如死。死一也，其死仇乎！"命公子申②为王，不可；则命公子结，亦不可；则命公子启，五辞而后许。将战，王有疾。庚寅，昭王攻大冥，卒于城父。子闾退，曰："君王舍其子而让，群臣敢忘君乎？从君之命，顺③也；立君之子，亦顺也。二顺不可失也。"与子西、子期谋，潜师闭涂，逆越女④之子章立之，而后还。

【注释】

①庄：临淄城内的大街。

②公子申：即子西。后文的公子结即子期，公子启即子闾。三人都是昭王的哥哥。

③顺：此处指顺从命令。后面的"顺"则是顺乎礼仪。

④越女：越王勾践的女儿，为楚昭王的妾。

【译文】

夏季六月二十三日，陈乞、鲍牧以及大夫们，率领甲兵攻入君王宫殿。高张听到这个消息，同国夏坐着车到了齐侯那里。在庄街交战，高张、国夏被打败。国内的人们追杀他们，国夏逃到莒国，然后和高张、晏圉、弦施一起逃来我国。

秋季七月，楚昭王率军驻扎在城父，打算救援陈国。卜问战争吉凶的结果不吉利，卜问退兵吉凶的结果也不吉利。楚昭王说："这样就只能死亡。再次让楚军打败仗，不如死掉。抛弃盟誓躲开仇敌，也不如死掉。同样是死，就跟仇敌拼了吧！"命令公子申继位为王，公子申不答应，就命令公子结，公子结也不答应，便命令公子启，公子启推辞五次之后才答应。快要交战的时候，楚昭王得了病。十六日，楚昭王率军攻打大冥，在城父去世。子闾领兵退回，说："君王放弃他的儿子而让位给我们这些做臣下的哥哥，我们怎么敢忘记君王呢？服从君王的命令，是顺；立君王的儿子为王，也是顺。两种顺都不能舍弃啊。"和子西、子期商量，秘密行军封锁道路，迎接越女所生的儿子章，立他做国君，然后退兵回国。

【原文】

是岁也，有云如众赤鸟，夹日以飞三日。楚子使问诸周大史。周大史曰："其当王身乎！若禜之，可移于令尹、司马。"王曰："除腹心之疾，而寘诸股肱，何益？不穀①不有大过，天其夭诸？有罪受罚，又焉移之？"遂弗禜。

初，昭王有疾，卜曰："河为祟②。"王弗祭。大夫请祭诸郊，王曰："三代命祀，祭不越望③。江、汉、雎、漳，楚之望也。祸福之至，不是过也。不穀虽不德，河非所获罪也。"遂弗祭。

【注释】

①不穀：古代王侯自称的谦辞。
②祟：鬼神给人带来的灾祸。
③望：看得见，引申为边际、疆界等意思。

【译文】

这一年，有云彩仿佛一群红色的鸟，围着太阳飞行，持续了三天。楚昭王派人请问成周的太史。周太史说："灾难会降临在君王身上啊！要是举行禳祭，可以转移给令尹、司马。"楚昭王说："切去胸腹心脏的疾病，然后放到大腿胳臂，对身体能带来什么好处呢？我没有犯下严重的罪过，上天会让我死掉吗？有罪过就要受到惩罚，又能转移到哪儿呢？"就没举行禳祭。

起初，楚昭王得了病，占卜的人说："这是黄河之神带来的灾祸。"楚昭王不去黄河祭祀。大夫们请求在郊外进行祭祀。楚昭王说："三代所规定的祭祀制度，祭祀不能越出本国疆域。长江、汉水、雎水、漳水，是楚国的疆界。祸福的降临，不会是超出这些地方的神灵。我即使没有德行，黄河之神也不会是给我降罪的神灵。"就不去郊外祭祀。

【原文】

孔子曰："楚昭王知大道矣。其不失国也，宜哉！《夏书》曰：'惟彼陶唐①，帅彼天常，有此冀方②。今失其行，乱其纪纲③，乃灭而亡。'又曰：'允出兹在兹'。由己率常，可矣。"

八月，齐邴意兹来奔。

陈僖子使召公子阳生。阳生驾而见南郭且于，曰："尝献马于季孙，不入于上乘，故又献此，请与子乘之。"出莱门而告之故。阚止④知之，先待诸外。公子曰："事未可知，反，与壬⑤也处。"戒之，遂行。逮夜至于齐，国人知之。僖子使子士之母养之，与馈者皆入。

【注释】

①陶唐：即唐尧。是传说中的圣王。
②冀方：古代泛指中原地区。
③纪纲：网罟的纲绳。引申为纲领。还有法度、谋略等意思。
④阚止：名子我。公子阳生的家臣。
⑤壬：指阳生的儿子简公。

【译文】

孔子说："楚昭王明白大道的含义了。他不失去国家，是应该的啊！《夏书》说：'陶唐这位君王，遵循上天制定的恒道。他曾拥有中原的这片国土，如今却看不到他的行迹。要是破坏他的法度，就会消失和灭亡。'又说：'诚心推行德行的便是他。'让自己遵循天道就可以了。"

八月，齐国的邴意兹逃来鲁国。

陈僖子派人召见公子阳生。阳生驾车前往拜见南郭且于，说："我曾经进献马匹给季孙，但所献的不能列为上等乘马，所以又挑选出这些马匹，希望跟您乘坐试试。"出了莱门后把原因告诉南郭且于。阚止知道了这件事，先到城外等候他们。公子阳生说："事情还无法知晓，你回去跟壬待在一起吧。"告诫过阚止，就动身前往。天黑时他们抵达齐国，国人就知道了阳生的到来。陈僖子让子士的母亲照料他，让他跟着送食物的人进入王宫。

【原文】

冬十月丁卯，立之。将盟，鲍子醉而往。其臣差车鲍点曰："此谁之命也？"陈子曰："受命于鲍子。"遂诬鲍子曰："子之命也！"鲍子曰："女忘君之为孺子①牛而折其齿乎，而背之也？"悼公稽首，曰："吾子，奉义而行者也。若我可，不必亡一大夫；若我不可，不必亡一公子。义则进，否则退，敢不唯子是从？废兴②无以乱，则所愿也。"鲍子曰："谁非君之子？"乃受盟。使胡姬以安孺子如赖，去鬻姒③，杀王甲，拘江说，囚王豹于句窦之丘。

公使朱毛告于陈子，曰："微子，则不及此。然君异于器，不可以二。器二不匮，君二多难，敢布诸大夫。"僖子不对而泣，曰："君举不信群臣乎？以齐国之困，困又有忧，少君不可以访，是以求长君，庶亦能容群臣乎！不然夫孺子何罪？"毛复命，公悔之。毛曰："君大访于陈子，而图其小可也。'"使毛迁孺子于骀，不至。杀诸野幕之下，葬诸殳冒淳。

【注释】

①孺子：指齐景公的儿子荼。称作安孺子，又称晏孺子。鲁哀公六年齐景公病重时立他为太子。

②废兴：盛衰，兴亡。指官吏的晋升和黜退。这里指君位的废立。

③鬻姒：荼的母亲。

【译文】

冬季十月二十四日，齐国立阳生为国君。正要同众大夫举行盟誓，鲍子喝醉酒来到。他的家臣主车之官鲍点说："立阳生为王是奉了谁的命令？"陈僖子说："是接受了鲍子的命令。"然后诬赖鲍子说："这是您的命令啊！"鲍子说："你忘记了先王为荼做牛而折掉牙齿的事吗？你是在背弃他啊！"齐悼公向鲍子行跪拜礼，说："您是按照道义行事的人啊。如果我能够做国君，不需要杀死您这位大夫。如果我不能够做国君，也不需要杀死我这个公子。符合道义就采用，不符合就舍弃，怎敢不听您的呢？王位的废黜或兴立都不要带来祸乱，这就是我的愿望。"鲍子说："你们谁不是先王的儿子呢？"就接受了盟誓。悼公让胡姬带着安孺子去到赖邑，将鬻姒遣送到其他地方，杀死王甲，拘捕江说，把王豹囚禁在句窦之丘。

齐悼公派朱毛通告陈僖子，说："没有您我就做不了齐国的君王。但是君王跟器具有差别，不可以同时有两个。器具有两个就不会缺乏，君王有两位则会带来灾难。冒昧地向您说明。"陈僖子不回答而开始哭泣，说："君王都不相信他的臣下吗？齐国正陷入饥荒的困境，又面临战争的忧患，年幼的国君难以请示，所以才找来年长的立为君王，或许也能够容忍我们众多臣下吧！要不是因为这个原因，安孺子有什么罪过呢？"朱毛向悼公复命，悼公觉得后悔。朱毛说："您在大事上征求陈子的意见，自己考虑小事情，就可以了。"悼公派朱毛把荼迁徙到骀邑。朱毛没有到达骀，便将荼杀死在野外的帐篷里，把他葬在殳冒淳。

十三年经

十有三年春，郑军达帅师取宋师于嵒。

夏，许男成卒。

公会晋侯及吴子于黄池。

楚公子申帅师伐陈。

于越入吴。

秋，公至自会。

晋魏曼多帅师侵卫。

葬许元公。

九月，螽。

冬十有一月，有星孛于东方。

盗杀陈夏区夫。

十有二月，螽。

十三年传

【原文】

十三年春，宋向魋救其师。郑子剩使徇曰："得桓魋者有赏。"魋也逃归。遂取宋师于嵒，获成讙、郜延。以六邑为虚。

夏，公会单平公、晋定公、吴夫差于黄池。

六月丙子，越子伐吴，为二隧①，畴无余、讴阳自南方，先及郊。吴大子友、王子地、王孙弥庸、寿于姚自泓上观之。弥庸见姑蔑之旗，曰："吾父之旗也。不可以见仇而弗杀也。"大子曰："战而不克，将亡国，请待之。"弥庸不可，属徒五千，王子地助之。乙酉，战，弥庸获畴无余，地获讴阳。越子至，王子地守。丙戌，复战，大败吴师，获大子友、王孙弥庸、寿于姚。丁亥，入吴。吴人告败于王。王恶其闻②也，自刭七人于幕下。

【注释】

①隧：道，路的意思。
②闻：听。此处指被其他诸侯国听到。

【译文】

鲁哀公十三年春季，宋国的向魋率军援救自己的部队。郑国的子剩派人当众宣告说："抓获桓魋的人可以得到赏赐。"向魋就逃回宋国。郑国在嵒邑消灭了宋军，俘获成讙、郜延。郑军将宋国的六个城邑掠夺一空后便弃置了它们。

夏季，哀公与单平公、晋定公、吴王夫差在黄池举行了会盟。

六月十一日，越王攻打吴国，从两条道路进军。畴无余、讴阳率军从南面进攻，先抵达吴国都城的郊区。吴国的太子友、王子地、王孙弥庸、寿于姚从泓水的上游观察越军。弥庸看见姑蔑的旗帜，说："那是越人抢夺的我父亲的旗帜。我不能碰到杀父的仇人却还不立刻去诛杀他们。"太子友说："你现在前去无法取胜，就会让国家灭亡。请你等等吧。"王孙弥庸不答应，率领着部下五千人，王子地为他提供援助。二十日，两军交战，弥庸俘获畴无余，王子地俘获讴阳。越王勾践率军抵达，王子地坚守城池。二十一日，再次交战，越军大败吴军，俘获太子友、王孙弥庸、寿于姚。二十二日，越军攻入吴都。吴军向夫差报告失败的消息。夫差担心被其他诸侯国听到这个消息，在帐幕里杀死七个报信的吴人灭口。

【原文】

秋七月辛丑盟，吴、晋争先。吴人曰："于周室，我为长^①。"晋人曰："于姬姓，我为伯^②。"赵鞅呼司马寅曰："日旰矣，大事未成，二臣之罪也。建鼓整列，二臣死之，长幼必可知也。"对曰："请姑视之。"反，曰："肉食者无墨。今吴王有墨^③，国胜乎？大子死乎？且夷德轻，不忍久，请少待之。"乃先晋人。

【注释】

①长：辈分高或年纪大。吴国第一代君王是太伯，是周部落首领古公亶父的长子，周文王的哥哥。

②伯：同"霸"，霸主，诸侯国联盟的首领。

③肉食者无墨：肉食者，指代大夫以上的人。墨，黑色，形容脸色暗淡无光。

【译文】

秋季七月初六日，举行盟誓的仪式，吴国和晋国争歃血的先后次序。吴国说："在周王室当中，我国的辈分最高。"晋国说："在姬姓诸侯国当中，我国是盟会的首领。"赵鞅对司马寅说："天色已晚，盟会的事情还没能完成，是我们两位大臣的过错啊。不如立起晋鼓整顿部队，同吴国死战分出胜负，这样就可以决定长幼次序了。"司马寅说："请让我暂且先去看看吴王。"返回后，说："地位高贵却气色暗淡。如今吴王气色暗淡，是他的国家被打败了吗？或者太子死去了吗？并且夷人德行轻浮，不能长时间忍耐，我们还是多等等吧。"晋国最终先歃血。

【原文】

吴人将以公见晋侯，子服景伯对使者曰："王合诸侯，则伯帅侯牧^①以见于王；伯合诸侯，则侯帅子、男以见于伯。自王以下，朝聘^②玉帛不同；故敝邑之职贡于吴，有丰于晋，无不及焉，以为伯也。今诸侯会，而君将以寡君见晋君，则晋成为伯矣，敝邑将改职贡：鲁赋于吴八百乘，若为子、男，则将半邾以属于吴，而如邾以事晋。且执事以伯召诸侯，而以侯终之，何利之有焉？"吴人乃止。既而悔之，将囚景伯。景伯曰："何也立后于鲁矣，将以二乘与六人从，迟速唯命。"遂因以还。及户牖，谓太宰曰："鲁将以十月上辛有事于上帝、先王，季辛而毕，何世有职焉，自襄以来，未之改也。若不会，祝宗③将曰：'吴实然。'且请鲁不共，而执其贱者七人，何损焉？"太宰嚭言于王曰："无损于鲁，而只为名，不如归之。"乃归景伯。

【注释】

①侯牧：一方诸侯之长。侯，古代的一种等级。春秋时，将天子以下的王室贵族按爵禄划分为公、伯、侯、子、男五个等级。

②朝聘：诸侯亲自或派遣使臣按期朝见天子，春秋时则为朝见霸主。

③祝宗：古代主持祭祀的祈祷者。

【译文】

吴国想带着鲁哀公一起拜见晋定公，子服景伯对使者说："天子召集各位侯，就由伯带着侯牧去拜见天子；伯召集各位侯，就由侯带着子、男去拜见伯。对于天子以下的爵位，进行朝聘时所进献的玉帛也不相同。所以我国贡奉给吴国的，要比给晋国的丰厚，而不会比给晋国的差，这是因为我们把吴国看作伯。现在诸侯举行会盟，贵国君王却要带着昭公拜见晋王，晋国就成了伯，我国就只好改变进贡的数量。鲁国如今按八百辆战车的数目向贵国进贡。如果变成子、男，就会用三百乘来进贡给吴国，然后用六百乘来侍奉晋国。而且您先前凭借伯的身份召集诸侯，现在却以侯的身份来结束这件事，能得到什么好处呢？"吴国就停止这样做。不久就觉得后悔，便要囚禁景伯。景伯说："我已经在鲁国立好了继承人。我准备带两辆车和六个人跟你们走，早走晚走任凭你们发令。"吴军就囚禁了景伯，并将景伯带回吴国。到达户牖，景伯对太宰嚭说："鲁国即将在十月的第一个辛日祭祀天帝和先王，最后一个辛日结束祭祀。我们家族世世代代都在祭祀中从事职务，从鲁襄公以来未曾改变。如果我不参加祭祀，祝宗祈祷时就会说'吴国让他无法参加'，而且贵国认为鲁国不恭敬，却扣押七个地位卑贱的人，对鲁国有什么影响呢？"太宰嚭对吴王说："对鲁国没有影响，反而只会影响我国的名声，不如放他回去。"所以吴国就放回了子服景伯。

【原文】

吴申叔仪①乞粮于公孙有山氏，曰："佩玉縈兮，余无所系之；旨酒一盛兮，余与褐之父②睨之。"对曰："粱则无矣，粗则有之。若登首山以呼曰'庚癸③乎'，则诺。"

王欲伐宋，杀其丈夫而囚其妇人。大宰嚭曰："可胜也，而弗能居也。"乃归。

冬，吴及越平。

【注释】

①申叔仪：吴国大夫。后文的公孙有山是鲁国大夫。二人为旧相识。
②褐之父：穿着褐的老翁。褐，粗毛布，地位低贱的人所穿的衣服。
③庚癸：军粮的隐语。庚在西方，谷以秋熟，故以庚主谷。癸在北方，居水之位，故以癸主水。

【译文】

吴国的申叔仪到公孙有山氏那里乞讨粮食。说："佩玉下垂，我却没地方系住它；甜美的酒一杯，我和着褐的老翁斜视它却无法喝到。"公孙有山氏答道："细粮已经没了，粗粮还有一些。你爬到首山上面大喊'庚癸乎'，我就拿给你。"

吴王夫打算攻打宋国，杀掉宋国的男子，而将女子关押起来，太宰嚭说："我们可以打败宋国，但不能居住在那儿。"吴王这才同意回国。

十四年经

十有四年春，西狩获麟。

小邾射以句绎来奔。

夏四月，齐陈恒执其君，寘于舒州。

庚戌，叔还卒。

五月庚申朔，日有食之。

陈宗竖出奔楚。

宋向魋入于曹以叛。

莒子狂卒。

六月，宋向魋自曹出奔卫。

宋向巢来奔。

齐人弑其君壬于舒州。

秋，晋赵鞅帅师伐卫。

八月辛丑，仲孙何忌卒。

冬，陈宗竖自楚复入于陈，陈人杀之。

陈辕买出奔楚。

有星孛。

饥。

十四年传

【原文】

十四年春，西狩于大野，叔孙氏之车子锄商获麟，以为不祥，以赐虞人①。仲尼观之，曰："麟也。"然后取之。

小邾射以句绎来奔，曰："使季路要②我，吾无盟矣。"使子路，子路辞。季康子使冉有谓之曰："千乘之国，不信其盟，而信子之言，子何辱焉？"对曰："鲁有事于小邾，不敢问故，死其城下可也。彼不臣③，而济其言，是义之也，由弗能。"

【注释】

①虞人：古掌山泽苑囿之官。

②要：约定。

③不臣：不尽臣子之义。这里指射本为小邾国的官员却将句绎献给鲁国。

【译文】

十四年春季，前往鲁国西方的大野狩猎，叔孙氏的驾车人锄商猎获到一只麒麟，将它当作不祥之物，便把它赐给管山林的虞人。孔子察看后，说："这是麒麟。"然后拿走了它。

小邾国的射凭借句绎投奔鲁国，说："让子路跟我订立约定，我不用跟鲁国举行盟誓。"派子路前往，子路推辞。季康子派冉有对子路说："像鲁国这样拥有一千辆战车的国家，射不相信同它举行的盟誓，反而相信你所说的话，你还觉得有什么屈辱吗？"子路答道："要是鲁国攻打小邾国，我不敢询问缘由，战死在它的城下都可以。如今射没有尽到臣子的职责您却要满足他的愿望，是把他这种行为看作是义。我不能这样做。"

【原文】

齐简公之在鲁也，阚止^①有宠焉。及即位，使为政。陈成子惮之，骤^②顾诸朝。诸御鞅言于公曰："陈、阚不可并也，君其择焉。"弗听。子我夕，陈逆杀人，逢之，遂执以入。陈氏方睦，使疾，而遗之潘沐^③，备酒肉焉，飨守囚者，醉而杀之，而逃。子我盟诸陈于陈宗。

【注释】

①阚止：即子我。后文的陈成子即陈常。
②骤：屡次。
③潘沐：洗头用的淘米水。

【译文】

齐简公居住在鲁国的时候，阚止受到他的宠信。等简公即位为齐国君王的时候，就让阚止执掌政事。陈成子惧怕他，在朝廷上总是回头看他。仆御鞅对齐简公说："陈常、阚止在朝堂上不能共同存在，您要在他们两人间做出选择。"齐简公不听从。子我夜里巡视的时候，陈逆正在杀人，被子我碰到，就将他抓起来带进王宫。陈氏一族当时很和睦，就让陈逆假装生病然后给他送去洗头的淘米水，替他准备酒肉。陈逆请看守的人吃喝，灌醉他们后将其杀掉就逃了出去。子我和陈氏族人在陈氏宗主家里举行盟誓。

【原文】

初，陈豹欲为子我臣，使公孙言己^①，已有丧而止，既而言之，曰："有陈豹者，长而上偻^②，望视，事君子必得志，欲为子臣。吾惮其为人^③也，故缓以告。"子我曰："何害？是其在我也。"使为臣。他日，与之言政，说，遂有宠，谓之曰："我尽逐陈氏而立女，若何？"对曰："我远于陈氏矣，且其违者不过数人，何尽逐焉？"遂告陈氏。子行曰："彼得君，弗先，必祸子。"子行舍于公宫。

【注释】

①言己：给自己说话，即推荐自己。

②上偻：背上部弯曲。

③为人：做人处世接物，指人品。

【译文】

起初，陈豹想做阚止的家臣，请公孙向阚止推荐自己，因为遇到丧事就中止了。丧事结束后公孙就对阚止谈起这件事，说："有一个叫陈豹的人，身材高大但有点驼背，眼光总是往上看。侍奉君子一定可以令人满意。他想做您的家臣。我害怕他品行奸诈，所以推迟禀告您。"阚止说："这有什么影响？他的行为都是取决于我。"便把陈豹召为家臣。过了些时候，阚止和他谈论政事，很赞赏，就宠信陈豹。对他说："我将陈氏族人全都赶走，然后立你为宗主，怎么样？"陈豹答道："我在陈氏中是远支。况且他们不服从我的，也只有少数几个人，为什么要将他们全部赶走呢？"就把阚止的话告诉了陈氏。子行对陈成子说："阚止获得了君王的宠信，不抢先动手，您一定会被他祸害。"子行就住到了王宫里。

【原文】

夏五月壬申，成子兄弟四乘如公。子我在幄①，出，逆之，遂入，闭门。侍人御之，子行杀侍人。公与妇人饮酒于檀台，成子迁诸寝。公执戈，将击之。大史子余曰："非不利也，将除害也。"成子出舍于库，闻公犹怒，将出，曰："何所无君？"子行抽剑，曰："需，事之贼也。谁非陈宗②？所不杀子者，有如陈宗！"乃止。

【注释】

①幄：帷幄，帷帐，君王听政的地方。

②宗：宗主。

【译文】

夏季五月十三日，成子兄弟四人同乘一辆车到了齐简公那儿。子我恰好在帷帐中，出来迎接他们。成子兄弟便走进去，关上了帷帐的门。子我的侍臣进行抵抗，子行杀掉他们。齐简公正和女子在檀台饮酒，成子要将他迁到正寝的宫殿中。简公拿起戈，要击打他们。太史子余说："他们不是要对国君不利，而是要替您除掉有害的人。"成子搬出去住在府库里，听说简公还在生气，就打算逃跑，说："哪个地方没有君王来侍奉呢？"子行抽出剑，说："犹豫不定，是做事情最大的危害。谁不能担任陈氏的宗主呢？要是您走的时候我不杀掉您，凭陈氏历代宗主发誓！"陈成子就停止逃跑。

【原文】

子我归，属徒，攻闱①与大门，皆不胜，乃出。陈氏追之，失道于弇中，适丰丘。丰丘人执之以告，杀诸郭关②。成子将杀大陆子方，陈逆请而免之。以公命取车于道，及耏，众知而东之，出雍门③，陈豹与之车，弗受，曰："逆为余请，豹与余车，余有私焉。事子我而有私于其雠，何以见鲁、卫之士？"东郭贾奔卫。

庚辰，陈恒执公于舒州。公曰："吾早从鞅之言，不及此。"

【注释】

①闱：古代宫室、宗庙的旁侧小门。
②郭关：外城的城关。
③雍门：城门名。

【译文】

阚止回家后，召集手下攻打宫墙的小门和大门，都不能取胜，就逃跑出去。陈氏追赶他，阚止在弇中迷了路，来到丰丘。丰丘人抓住他禀告陈成子，在外城城关将他处死。陈成子要杀死大陆子方，陈逆请求成子放了他。子方凭借齐简公的名义在路上获得了一辆车。乘车抵达耏邑后，被陈氏察觉就逼他东行返回。出了雍门，陈豹送给他一辆车，子方不接受，说："陈逆为我向陈成公请求，陈豹送我车辆。我和他们有私交。侍奉子我却同他的仇人有私交，怎么有脸面跟鲁国、卫国的大夫们相见呢?"子方便逃往卫国。

二十一日，陈成子在舒州扣押了齐简公。简公说:"我早些听从御鞅的话，就不至于沦落到现在这个地步了。"

【原文】

宋桓魋之宠害于公，公使夫人骤请享焉，而将讨之。未及，魋先谋公，请以鞍易薄。公曰:"不可。薄，宗邑也。"乃益鞍七邑，而请享公焉。以日中为期，家备①尽往。公知之，告皇野曰:"余长魋也，今将祸余，请即救。"

司马子仲曰:"有臣不顺，神之所恶也，而况人乎? 敢不承命。不得左师不可，请以君命召之。"左师每食，击钟。闻钟声，公曰:"夫子将食。"既食，又奏。公曰:"可矣。"以乘车往，曰:"迹人②来告曰:'逢泽③有介麇焉。'公曰:'虽魋未来，得左师，吾与之田，若何?'君惮告子，野曰:'尝私焉。'君欲速，故以乘车逆子。"与之乘，至，公告之故，拜，不能起。司马曰:"君与之言。"公曰:"所难子者，上有天，下有先君。"对曰:"魋之不共，宋之祸也，敢不唯命是听。"司马请瑞④焉，以命其徒攻桓氏。其父兄故臣曰:"不可，"其新臣曰:"从吾君之命"。遂攻之。子颀骋而告桓司马。司马欲入，子车止之，曰:"不能事君，而又伐国，民不与也，只取死焉。"向魋遂入于曹以叛。

六月，使左师巢伐之，欲质大夫以入焉。不能，亦入于曹，取质。魋曰:"不可。既不能事君，又得罪于民，将若之何?"乃舍之。民遂叛之。向魋奔卫。向巢来奔，宋公使止之，曰:"寡人与子有言矣，不可以绝向氏之祀。"辞曰:"臣之罪大，尽灭桓氏可也。若以先臣之故，而使有后，君之惠也。若臣，则不可以入矣。"

【注释】

①家备:臣下私家的军队。
②迹人:指探子。
③逢泽:古泽薮名，在今河南商丘南，古睢水所积，春秋宋地。
④瑞:符节，做发兵之用。

宋国的桓魋因为受到宠信，扩张势力危害到宋景公的地位。宋景公让夫人突然宴请桓魋，想趁机讨伐他。还没有来得及实行计划，桓魋就先图谋宋景公，请求用他的封邑鞍来换取宋国的薄邑。景公说："不可以。薄邑，是祖庙所在的地方。"桓魋就把另外七个城邑并入鞍，然后要宴请答谢宋景公，时间选定在中午。桓魋把自己私藏的兵器铠甲全都搬到了那里。宋景公知道了这个消息，告诉皇野说："我助长了桓魋，现在他却要加害我。请你赶紧救我。"

皇野说："臣下不服从君王，神明都憎恨这种行为，何况是人呢？我怎敢不接受您的命令？但这件事不得到左师的帮助是办不成的，请用您的名义召见他。"左师每次吃饭都要敲钟。听到钟声，宋景公说："左师开始吃饭了。"吃完以后，又奏乐。宋景公说："饭吃完了。"皇野乘坐一辆车前往左师那儿，说："猎场的人来禀告说：'逢泽有一只麋鹿。'君王说：'虽然桓魋还没有到达，但我想请来左师，我跟他一起打猎，怎么样呢？'君王不便通知您。我说：'让我私底下告诉他吧。'国君想要您快点去，所以用一辆车子来接您。"左师和皇野同乘一辆车，到了宋景公那儿，景公将原因告诉了他，左师跪拜害怕得不能站起来。皇野说："君王您跟他进行盟誓。"宋景公说："如果我想要害你，上有天帝作证，下有先君作证。"左师答道："桓魋对君王不恭敬，这是宋国的祸患。我怎敢不顺从您的命令呢？"皇野请求兵符，用它来命令军队攻打桓魋。皇野的父老兄长和旧臣说："不能出兵。"他的新臣说："服从君王的命令。"皇野就率兵讨伐桓魋。子颀骑着马飞奔前往禀告桓魋。桓魋打算攻进王宫，子车劝阻他，说："不能侍奉国君，反而又要攻打王宫，百姓是不会亲附你的，这只是自寻死路啊。"桓魋就进入曹邑发动叛变。

六月，宋景公派左师向巢讨伐桓魋。向巢想要得到大夫做人质而回来，没有办到，也进入曹邑取得人质。桓魋对向巢说："你不可以这样做。既不能侍奉国君，又得罪了曹邑的百姓，要怎么办呢？"于是向巢释放人质。百姓便背弃了他们。桓魋逃往卫国，向巢逃来鲁国。宋景公派人拦住他，说："我跟你举行过盟誓，我不可以赶走你断绝了向氏的祭祀。"向巢辞谢说："我的罪过很大。君王将桓氏全部灭亡是应该的。但要是由于桓魋是从前之臣的缘故，而让桓氏有继承人，这是君王对他的恩惠。像我这样的罪过就不可以待在宋国了。"

【原文】

司马牛致其邑与珪①焉而适齐。向魋出于卫地，公文氏攻之，求夏后氏之璜②焉。与之他玉而奔齐。陈成子使为次卿③，司马牛又致其邑焉，而适吴。吴人恶之，而反。赵简子召之，陈成子亦召之，卒于鲁郭门之外，阮氏葬诸丘舆④。

甲午，齐陈恒弑其君壬于舒州⑤。孔丘三日齐，而请伐齐三。公曰："鲁为齐弱久矣，子之伐之，将若之何？"对曰："陈恒弑其君，民之不与⑥者半。以鲁之众加齐之半，可克也。"公曰："子告季孙。"孔子辞，退而告人曰："吾以从大夫之后也，故不敢不言。"

【注释】

①珪：玉珪。守邑的符信。
②璜：古玉器名，是一种弧形的玉器，古代贵族朝聘、祭祀、丧葬、征召的玉制礼器，也作佩饰。
③次卿：低于卿的政务官。
④丘舆：春秋鲁邑，在山东费县西。
⑤舒州：春秋齐地，亦作徐州，在山东滕县。
⑥不与：不归附。

【译文】

司马牛交出他的封邑和玉珪，就逃往齐国。桓魋逃亡到卫国，公文氏攻打他，向他索要夏后氏的玉璜。桓魋给了公文氏其他种类的玉，就逃往齐国，陈成子让他担任次卿。司马牛再次交出自己的封邑，然后去往吴国。受到吴人的厌恶便回到了宋国。晋国的赵简子召唤他，齐国的陈成子也召唤他。在途中司马牛死在鲁国的外城门外，阮氏把他葬在丘舆。

六月初五，齐国的陈桓在舒州杀害了齐国的君王壬。孔子斋戒三天，并且三次请求讨伐齐国。哀公说："鲁国被齐国削弱已经很长时间了，你现在却要讨伐齐国，这件事要怎么做呢？"孔子答道："陈桓杀了他的君王，齐国有一半的百姓都不愿支持他。用鲁国的兵力，再加上齐国的那一半民众，就能够打败陈桓。"哀公说："你去禀告季孙。"孔子推辞了。退下去告诉别人说："我因为列于大夫行列的后面，所以不敢不向君王提出意见。"

【原文】

初，孟孺子泄将围马^①于成，成宰公孙宿不受，曰："孟孙为成之病，不围马焉。"孺子怒，袭成，从者不得入，乃反。成有司使，孺子鞭之。秋八月辛丑，孟懿子卒，成人奔丧，弗内^②；袒、免，哭于衢，听共，弗许；惧，不归。

【注释】

①围马：养马。
②内：同"纳"。接受。

【译文】

起初，孟孺子准备在成邑养马，成邑的邑宰公孙宿不同意，说："孟懿子因为成邑很贫困的缘故，不让在此地养马。"孺子很愤怒，攻打成邑。跟随他的人不能攻下来，这才返回。成邑官员派人去拜见孟懿子，被孺子鞭打了一顿。秋季，八月，十三日，孟懿子去世，成邑的邑宰前往参加丧礼，孺子不让他进去。邑宰脱去上衣帽子在大路上号哭，并表示愿意供孺子驱使。孺子仍不答应。成邑的邑宰觉得害怕，不敢返回成邑。

十五年经

十有五年春王正月，成叛。
夏五月，齐高无㕛奔北燕。
郑伯伐宋。
秋八月，大雩。
晋赵鞅帅师伐卫。
冬，晋侯伐郑。
及齐平。
卫公孟彄出奔齐。

十五年传

【原文】

十五年春，成叛于齐。武伯伐成，不克，遂城输。

夏，楚子西、子期伐吴，及桐汭，陈侯使公孙贞子吊焉，及良而卒，将以尸入。吴子使大宰嚭劳，且辞曰："以水潦之不时，无乃廩然①隕大夫之尸，以重寡君之忧，寡君敢辞。"上介②芋尹盖对曰："寡君闻楚为不道，荐③伐吴国，灭厥民人，寡君使盖备使④，吊君之下吏。无禄，使人逢天之戚，大命隕队，绝世于良。废日共积，一日迁次⑤。今君命逆使人曰：'无以尸造于门'，是我寡君之命委于草莽也。且臣闻之曰：'事死如事生，礼也。'于是乎有朝聘而终、以尸将事之礼，又有朝聘而遭丧之礼。若不以尸将命，是遭丧而还也，无乃不可乎！以礼防民，犹或逾之，今大夫曰'死而弃之'，是弃礼也，其何以为诸侯主？先民有言曰：'无秽虐士。'备使奉尸将命，苟我寡君之命达于君所，虽隕于深渊，则天命也，非君与涉人⑩之过也。"吴人内之。

【注释】

①廩然：水泛滥貌。廩，通"滥"。
②上介：古代外交使团的副使或军政长官的高级助理。
③荐：重，屡次。
④备使：充任使臣，一说副使。
⑤迁次：移居，从一处搬到另一处。这里指行军赶路。

【译文】

鲁哀公十五年春季，成邑背叛孟孙氏投靠齐国。孟武伯攻打成邑，没有攻下，就在输邑筑城。

夏季，楚国的子西、子期攻伐吴国，部队抵达桐汭。陈闵公派公孙贞子前往吴国慰问，到达良邑就死了，陈国打算把公孙贞子的尸体运进吴国城中。吴王派太宰嚭前来慰劳，并且拒绝说："因为雨灾不按时节发作，要是大水泛滥损坏了贵国大夫的身体，就会加重我们君王的忧虑。君王特向您辞谢。"芋尹盖答道："君王听说楚国不行正道，屡次攻打吴国，杀戮无辜百姓，君王派遣我充任副使，前来慰问您手下的大臣。很不幸，正恰逢上天降临的灾难，丢掉了宝贵的生命，在良邑离开世间。我们将不少时间花在找寻殡殓需要的物品上，怕耽误君王使命便只好加紧赶路。现在您却命令迎接的使臣说‘不要让灵柩靠近城门’，是将我们君王的命令丢弃在杂草丛中啊。而且我听说：‘侍奉死人要像他还活着一样来侍奉，这是礼仪。’因此就有了朝聘过程中使臣死去，仍要由尸体完成使命这种礼仪，又有朝聘时遇到丧事的礼仪。如果不让死去的人继续完成使命，就如同遇到丧事却自己回国一样，这是不可以的吧！用礼仪来治理百姓，还会有人越过它不遵守，现在您说‘死了就丢弃他’，这是丢弃礼仪啊。吴王还怎么能担任诸侯的盟主呢？过去有人说过：‘不要把死人看成污秽之物。’我奉承着灵柩前来完成使命，如果我们君王的命令能够上达于贵国君王那里，即使葬身于深渊之中，也是上天的旨意，而不是君王和吴国官吏们的过错。”吴国便接纳他们进城。

【原文】

秋，齐陈瓘如楚，过卫，仲由见之曰：“天或者以陈氏为斧斤，既斫丧公室[1]，而他人有之，不可知也；其使终飨之，亦不可知也。若善鲁以待时，不亦可乎！何必恶焉？”子玉曰：“然。吾受命矣，子使告我弟。”

冬，及齐平。子服景伯如齐，子赣为介，见公孙成[2]，曰：“人皆臣人，而有背人之心，况齐人虽为子役，其有不贰乎？子，周公之孙也，多飨大利，犹思不义。利不可得，而丧宗国[3]，将焉用之？”成曰：“善哉！吾不早闻命。”

【注释】

①公室：君主之家，指诸侯。
②公孙成：即公孙宿，曾在鲁国成邑担任邑宰。
③宗国：同姓诸侯国，因与天子同宗，为其支庶，故称。这里指祖国。

【译文】

秋季，齐国的陈瓘去往楚国。经过卫国的时候，子路拜见他，说：

"上天或许是把陈氏当做一把斧头，已经用它损毁了齐国公室。他人能否持有它，无法知道；陈氏能否始终享用它，也无法知道。您如果和鲁国亲善从而等待时机，不是很好吗？为何一定要交恶呢？"陈瓘说："说得对。我接受指示了。你派人告诉我的弟弟。"

冬季，鲁国跟齐国讲和。子服景伯到齐国去，子赣担任介。拜见公孙成的时候，子赣说："人们都侍奉其他人，有人便会产生背叛之心。何况是齐人侍奉你这样一个鲁国人，他们能不生出背叛之心吗？你是周公的后代，享受到很多好处，却还做出不义的事情。利益没能够谋取到，反而失去宗国，这样有什么用呢？"公孙成说："说得对啊！可惜我没有早听到你这番话。"

【原文】

陈成子馆客，曰："寡君使恒告曰：'寡人愿事君如事卫君。'"景伯揖子赣而进之，对曰："寡君之愿也。昔晋人伐卫，齐为卫故，伐晋冠氏，丧车五百。因与卫地，自济以西，禚、媚、杏以南，书社①五百。吴人加敝邑以乱，齐因其病，取谨与阐，寡君是以寒心。若得视卫君之事君也，则固所愿也。"

成子病之，乃归成，公孙宿以其兵甲入于嬴。

卫孔圉②取大子蒯聩之姊，生悝。孔氏之竖③浑良夫长而美，孔文子卒，通于内。大子在戚，孔姬使之焉。大子与之言曰："苟使我入获国，服冕、乘轩，三死无与。"与之盟，为请于伯姬。

【注释】

①书社：古代得一种制度。以二十五家立社，把社内人名登录簿册，谓之"书社"。也指按社登记入册的人口及其土地。

②孔圉：即孔文子。后文的蒯聩之姊即孔伯姬。

③竖：旧称未成年的童仆，小臣，引申为卑贱旧称未成年的童仆，小臣，引申为卑贱旧称未成年的童仆，小臣。可引申为卑贱。

【译文】

陈成子到客馆会见景伯、子赣他们，说："君王派我前来通告说：'我愿意侍奉贵国君王如同侍奉卫国君王一样。'"景伯向子赣拱手行礼请他上前应答。子赣答道："这也正是我们君王的愿望。从前晋军攻打卫国的时候，齐国为了援助卫国，进攻晋国的冠氏，丧失战车五百辆。但也由此保住了卫国的土地，从济水以西和禚邑、媚邑、杏邑以南，五百个书社。吴国攻打我们鲁国的时候，齐国趁我国处于困境，占取谨邑和阐邑，我们君王因此觉得失望痛心。如果能像卫国君王那样侍奉贵国君王，就是我们一直所希望的。"

陈成子感到很惭愧，就把成邑归还给鲁国。公孙宿带着他的士兵们逃进赢邑。

卫国的孔围娶了太子蒯聩的姐姐，生下悝。孔氏的小僮浑良夫，身材高大而外貌俊美，孔文子死后，浑良夫就跟孔伯姬私通。太子处在戚邑的时候，孔伯姬派浑良夫前去会见太子。太子对他说："要是能让我回去获得君王之位，便让你穿大夫服乘大夫车，并可以免去你三次死罪。"浑良夫同太子举行盟誓，替他向孔姬请求。

【原文】

闰月，良夫与大子入，舍于孔氏之外圃。昏，二人蒙衣①而乘，寺人罗②御，如孔氏。孔氏之老栾宁问之，称姻妾以告，遂入，适伯姬氏。既食，孔伯姬杖戈而先，大子与五人介，舆豭③从之。迫孔悝于厕④，强盟之，遂劫以登台。栾宁将饮酒，炙未熟，闻乱，使告季子；召获驾乘车，行爵食炙，奉卫侯辄来奔。

【注释】

①蒙衣：以巾蒙头，指伪装成女子。
②寺人罗：寺人，古代宫中的近侍小臣，多以阉人充任。罗，寺人的名字。
③舆豭：舆，车里装载东西的部分，后泛指车。豭，公猪。
④厕：同"侧"，旁边。

【译文】

闰十二月，浑良夫和太子回到卫都，居住在孔氏外面的菜园子里。天黑后，两人用巾蒙住头，寺人罗为他们驾车，进入孔氏家中。孔氏的家老栾宁询问，就对他称说是姻亲家的侍妾，于是进了门，到达孔姬那儿。吃完饭后，孔姬持着戈走在前面，太子和五个人身披甲衣，用车载着公猪跟随她。把孔悝逼到旁边，强迫他盟誓，便挟持他登上孔氏的家台。栾宁正要喝酒，所烤的肉还没熟，听到变乱的消息，派人告诉子路。召获驾使着君王平时所乘的车，喝着酒吃着肉，伺候着卫侯辄逃来鲁国。

【原文】

季子将入，遇子羔将出，曰："门已闭矣。"季子曰："吾姑至焉。"子羔曰："弗及，不践①其难！"季子曰："食②焉，不辟其难。"子羔遂出子路入。及门，公孙敢门焉，曰："无入为也。"季子曰："是公孙也，求利焉，而逃其难。由不然，利其禄，必救其患。"有使者出，乃入，曰："大子焉用孔悝？虽杀之，必或继之。"且曰："大子无勇，若燔台，半，必舍孔叔。"大子闻之，惧，下石乞、盂黡敌子路，以戈击之，断缨③。子路曰："君子死，冠不免。"结缨而死。孔子闻卫乱，曰："柴也其来，由也死矣。"孔悝立庄公。庄公害故政，欲尽去之，先谓司徒瞒成曰："寡人离病于外久矣，子请亦尝之。"归告褚师比，欲与之伐公，不果。

【注释】

①践：踩，踏，引申为遭受之意。
②食：这里是食其俸禄的意思。
③缨：指系在脖子上的帽带。

【译文】

子路正要进入卫国国都，遇上子羔正往外走，说："城门已经关闭了。"子路说："我姑且去那儿看看。"子羔说："来不及了，不要让自己陷身灾难！"子路说："我享用他的俸禄，就不应逃避灾难。"子羔就出去了。子路进入城中，到达孔氏大门口。公孙敢在那里守门，说："出去后就不要再进来了。"子路说："是公孙敢啊，你替蒯聩守门从而谋取利益躲避祸难。我不会这样，我享受他的俸禄，就一定要拯救他的祸患。"这时有使者出来，子路就趁机进去。说："太子您哪儿用得着孔悝呢？即使您杀掉他，一定会有人顶替他。"又说："太子您缺乏勇气。如果我放火烧台，烧到一半的时候，您一定会释放孔叔。"太子听到了觉得担心，让石乞、盂黡下台抵御子路。他们用戈攻击子路，斩断了他的帽带。子路说："君子死的时候，帽子不能除掉。"系好帽带就死了。孔子听到卫国的变乱，说："高柴会逃出来，仲由一定会死掉。"孔悝立庄公为卫国君王。庄公担忧以前的大臣，想将他们全部铲除。先对司徒瞒成说："我在外面颠沛流离很长时间，您也请尝试一下。"瞒成回去后告诉褚师比，想要和他攻打庄公，没有成功。

十六年经

十有六年春王正月己卯，卫世子蒯聩自戚入于卫，卫侯辄来奔。

二月，卫子还成出奔宋。

夏四月己丑，孔丘卒。

十六年传

【原文】

十六年春，瞒成、褚师比出奔宋。

卫侯使鄢武子告于周曰："蒯聩得罪于君父、君母^①，逋窜于晋。晋以王室之故，不弃兄弟，置诸河上。天诱其衷，获嗣守封焉，使下臂胗敢告执事。"王使单平公对，曰："胗以嘉命^②来告余一人，往谓叔父：余嘉乃成世^③，复尔禄次。敬之哉！方天之休^④。弗敬弗休，悔其可追？"

夏四月己丑，孔丘卒。公诔之曰："旻天不吊，不憗遗一老，俾屏余一人以在位，茕茕余在疚。呜呼哀哉尼父^⑤！无自律。"

【注释】

①君父君母：君父，对父为国君者的称呼。君母，庶子称父之正妻为君母。

②嘉命：敬称别人的告语，指好消息。

③嘉乃成世：嘉，祝贺。乃，你。成世，继承父亲的世业。

④休：吉庆，美善，福禄。

⑤尼父：对孔子的尊称。孔子字仲尼，故称。

【译文】

鲁哀公十六年春季，瞒成、褚师比出逃到宋国。

卫庄公派鄩武子禀告周朝，说："蒯聩从君父君母那儿受到责罚，逃亡到晋国。晋国因为同为姬姓王室的缘故，没有抛弃兄弟，把他安置在戚邑。上天用它的旨意引导，蒯聩才得以继承王位保有封地。让我冒昧地前来禀告。"周王派单平公答道："你把好消息带来告诉给了我。回去对叔父说：'我赞许你继承父亲的事业，恢复你的爵禄，要敬慎行事啊！上天才会赐予你福禄。不敬慎就得不到福禄，后悔的时候还追得上吗？'"

夏季四月十一日，孔丘去世。哀公致悼词说："上老天不开眼，不肯留给我这位国老，让他庇护我处于国君的位置上。现在我就要孤零零地忧愁成病啊。呜呼哀哉！尼父，我失去了律己的榜样。"

【原文】

子赣曰："君其不没于鲁乎！夫子之言曰：'礼失则昏，名失则愆。'失志为昏，失所为愆。生不能用，死而诔①之，非礼也；称一人，非名也。君两失之。"

六月，卫侯饮孔悝酒于平阳，重酬之。大夫皆有纳焉。醉而送之，夜半而遣之。载伯姬于平阳而行。及西门，使贰车反祏于西圃。子伯季子初为孔氏臣，新登于公，请追之，遇载祏者，杀而乘其车。许公为反祏，遇之，曰："与不仁人争明，无不胜。"必使先射，射三发，皆远许为。许为射之，殪②。或以其车从，得祏于橐中。孔悝出奔宋。

【注释】

①诔：在丧礼上叙述死者的生平事迹，表示哀悼。

②殪：杀死。

【注释】

子赣说："君王不能在鲁国得以善终吧！他说：'礼仪丢弃就会惑乱，名分丧失就有过错。'失去意志是惑乱，失去身份是过错。孔子活着的时候他不能任用，死后却致悼词，这不符合礼仪；用'一人'这个说法，不符合他的身份。君王将礼仪和身份都抛弃了。"

六月，卫庄公在平阳请孔悝喝酒，重重地酬谢他，大夫们都收到了庄公赠送的礼品。喝醉了送孔悝离开，半夜将他打发走。孔悝用车子载着伯姬前往平阳。到达西门的时候，派副车回到西圃孔氏宗庙中取出装着神主的石函。子伯季子起初是孔氏的家臣，刚刚做了卫庄公的大夫。请求追赶孔悝，在路上遇到载着石函的副车，就杀掉他然后坐上他的车。许公为回去迎接石函，碰上子伯季子，便说："和你这样不仁的人争夺高下，不可能不取胜。"一定要让子伯季子先射，射了三箭，都远远偏出许为。许为一箭射向子伯季子，就将他射死了。有人坐子伯季子的车跟上去，在袋子里发现了石函。孔悝便出逃到宋国。

【原文】

楚大子建之遇谗也，自城父奔宋；又辟华氏之乱①于郑。郑人甚善之。又适晋，与晋人谋袭郑，乃求复焉。郑人复之如初。晋人使谍于子木，请行而期②焉。子木暴虐于其私邑，邑人诉。郑人省之，得晋谍焉，遂杀子木。其子曰胜，在吴，子西欲召之。叶公③曰："吾闻胜也诈而乱，无乃害乎？"子西曰："吾闻胜也信而勇，不为不利。舍诸边竟，使卫藩焉。"叶公曰："周仁之谓信，率义之谓勇。吾闻胜也好复言，而求死士，殆有私乎！复言，非信也；期死，非勇也。子必悔之。"弗从，召之，使处吴竟，为白公。请伐郑，子西曰："楚未节④也。不然，吾不忘也。"他日，又请，许之，未起师。晋人伐郑，楚救之，与之盟。胜怒，曰："郑人在此，仇不远矣。"

【注释】

①华氏之乱：指宋国华定、华亥等杀宋群公子，劫持宋元公一事。发生于鲁昭公十二年。

②期：约定。指约定袭击郑国的日期。

③叶公：即沈诸梁，字子高。楚国的大夫。

④未节：节，法则。未节意思是没有走上正轨。

【译文】

楚国太子建遭受诬陷的时候，从城父逃往宋国。又进入郑国躲避宋国的华氏之乱，郑国十分好地对待他。又去往晋国，同晋军谋划袭击郑国，为这个原因请求重新回到郑国。郑国还是像以前一样对待他。晋军派遣间谍同太子建取得联系，在打算回晋国的时候同子建约好了袭击郑国的日期。太子建在他的封邑里实施暴虐之政，封邑的人告发了他。郑国前来查探，发现了晋国的间谍。郑国就诛杀了太子建。太子建的儿子名叫胜，在吴国。子西想将他召回楚国。叶公说："我听说胜这个人，奸诈并且放肆，不会给楚国带来灾害吗？"子西说："我听说胜这个人，诚信并且勇敢，不做没有好处的事情。把他安置在边境上，让他保卫边疆。"叶公说："符合仁爱叫做诚信，遵循道义叫做勇敢。我听说胜这个人，一定会兑现自己的诺言，并且访求不怕死的人，是有什么私心吧？任何话都兑现，这不是诚信；任何事都不怕死，这不是勇敢。您一定会后悔的。"子西不听从。召回胜，让他居住在同吴国接壤的楚国边疆，称他为白公。胜请求讨伐郑国。子西说："楚国的政事尚未节制完备。要不是这样，我不会忘记讨伐郑国。"过了些时候，胜又请求，子西答应了。胜还没有出兵，晋国开始讨伐郑国，楚国救援郑国，同郑国举行了盟誓。胜愤怒地说："郑军来到这里，我们的仇人不远了。"

【原文】

胜自厉①剑，子期之子平见之，曰："王孙何自厉也？"曰："胜以直闻，不告女，庸为直乎？将以杀尔父。"平以告子西。子西曰："胜如卵，余翼而长之。楚国，第②我死，令尹、司马，非胜而谁？"胜闻之，曰："令尹之狂也！得死③，乃非我。"子西不悛。胜谓石乞曰："王与二卿士，皆五百人当之，则可矣。"乞曰："不可得也。"曰："市南有熊宜僚者，若得之，可以当五百人矣。"乃从白公而见之。与之言，说。告之故，辞。承之以剑，不动。胜曰："不为利谄，不为威惕，不泄人言以求媚者，去之。"

【注释】

①厉：同"砺"，磨砺。
②第：次序，这里指任命官职的次序。
③得死：得到好死，得到善终。

胜亲自磨剑，子期的儿子平看到这件事，问："您为什么亲自磨剑呢？"他说："我是凭借性情坦率出名的，要是不告知你原因，哪能称得上坦率呢？我要杀掉你父亲。"平把胜的话告诉了子西。子西说："胜就像鸟蛋，在我的羽翼庇护下而长大。按照楚国的任命次序，如果我一死，令尹、司马这些职位，不归于胜还归于谁呢？"胜听到子西的话，说："令尹太张狂了！他要是能自己死了，我就不是人。"子西仍然不加悔改。胜对石乞说："君王和子期、子西两位卿士，用五百人对付，就已经足够。"石乞说："找不出五百人。"又说："听说集市南面有个叫熊宜僚的，要是得到他，就可以当做有五百人。"石乞就跟随白公会见宜僚。白公和他谈话，石乞觉得很满意。他们将事情告诉他，宜僚拒绝了。用剑指住他，他不为所动。胜说："这个人不因为利益而巴结，不因为威胁而恐惧，不泄漏别人的话去讨好他人，我们放弃他吧。"

【原文】

吴人伐慎，白公败之。请以战备献，许之，遂作乱。秋七月，杀子西、子期于朝，而劫惠王。子西以袂掩面①而死。子期曰："昔者吾以力事君，不可以弗终。"抉豫章以杀人而后死。石乞曰："焚库、弑王。不然，不济。"白公曰："不可。弑王，不祥；焚库，无聚，将何以守矣？"乞曰："有楚国而治其民，以敬事神，可以得祥，且有聚矣，何患？"弗从。叶公在蔡，方城之外皆曰："可以入矣。"子高曰："吾闻之，以险徼幸者，其求无餍，偏重必离②。"闻其杀齐管修③也，而后入。

【注释】

①掩面：遮住脸，表示自惭。
②偏重必离：偏重，不公平。离，离心。
③管修：楚国的贤大夫，齐国管仲的后代。

【译文】

吴军攻打慎邑，白公打败了他们。白公请求进献从吴军所获得的战利品，楚惠王答应了。他就趁机发动叛变。秋季，七月，在朝堂上杀死子西、子期，然后劫持楚惠王。子西用袖子遮住脸死去。子期说："从前我凭借力气侍奉君王，不能不这样结束。"拔起一株豫樟树来击杀叛兵然后死去。石乞说："烧掉府库杀死君王。不这样事情不能成功。"白公说："这样不行。杀死君王不吉利，烧掉府库就没有积蓄，以后用什么来守卫国家呢？"石乞说："得到楚国就治理百姓，用恭敬之心来侍奉神灵，这种方式可用来获得吉祥，而且取得积蓄，还担心什么呢？"白公不肯听从。叶公住在蔡邑，方城以外的人都说："可以进兵国都了。"叶公说："我听说，用冒险的方式侥幸取得成功的，他的贪欲没有满足的时候，办事不公百姓一定会背弃他。"听说白公杀了齐国的管修，就率兵攻入郢都。

【原文】

白公欲以子闾①为王，子闾不可，遂劫以兵。子闾曰："王孙若安靖楚国，匡正王室，而后庇焉，启之愿也，敢不听从？若将专利以倾王室，不顾楚国，有死不能。"遂杀之，而以王如高府②。石乞尹门。圉公阳穴宫，负王以如昭夫人之宫。

【注释】

①子闾（lú）：楚平王的儿子，名启。
②高府：楚国的别府，正宫以外的宫室。

【译文】

白公想立子闾做楚国的君王，子闾不答应，白公就用武力劫持了他。子闾说："您要是能够安定平静楚国，匡扶整顿王室，然后立我为军王，这是我的愿望。又怎么会不听从呢？要是你想专权谋取私利，从而倾覆王室，不顾及楚国的利益，我即使死都不会顺从你。"白公便杀死子闾，带着惠王进入高府，石乞把守府门。圉公阳在宫墙上挖出一个洞，背着惠王逃到昭夫人的宫中。

【原文】

叶公亦至，及北门，或遇之，曰："君胡不胄？国人望君如望慈父母焉，盗贼之矢若伤君，是绝民望也，若之何不胄？"乃胄而进。又遇一人曰："君胡胄？国人望君如望岁焉，日日以几①，若见君面，是得艾也。民知不死，其亦夫有奋心，犹将旌君以徇于国；而又掩面以绝民望，不亦甚乎！"乃免胄而进。遇箴尹固帅其属，将与白公。子高曰："微二子者，楚不国矣。弃德从贼，其可保乎？"乃从叶公。使与国人以攻白公，白公奔山而缢。其徒微②之。生拘石乞而问白公之死③焉。对曰："余知其死所，而长者使余勿言。"曰："不言将烹。"乞曰："此事克则为卿，不克则烹，固其所也，何害？"乃烹石乞。王孙燕奔頯黄氏④。沈诸梁兼二事，国宁，乃使宁为令尹，使宽为司马，而老于叶。

【注释】

①几：同"冀"，企盼。
②微：藏匿。
③死：尸，指尸体。
④頯（kuí）黄氏：吴国的地名，在今安徽宣城境内。

【译文】

叶公也在这时候率兵抵达，到了北门，有人遇见他，说："您为什么不戴上头盔呢？国内的人们盼望您就像盼望慈爱的父母。叛军的箭要是射伤您，就断绝了百姓的希望啊。怎么不戴上头盔呢？"叶公就戴上头盔进城。又遇到一个人对他说："您为什么要戴上头盔呢？国内的人们盼望您就像盼望收成的时节，天天计算着日子。要是能见到您的面，就得以安心了。百姓知道自己不会有生命危险，人人有了奋战的决心。还打算将您的名字写在旗帜上在都城中巡行，您却反而遮住脸来断绝人们的希望，不也太过分了吗？"叶公就脱下头盔进城。碰到箴尹固，率领他的部下准备前往帮助白公。叶公说："要是没有子西、子期，楚国就不成其为国家。抛弃有德之人追随叛乱者，你还能保全自己吗？"箴尹固就跟从叶公。叶公派他和都城的人们攻打白公。白公逃到山上自缢而死，部下藏起了他的尸体。叶公活捉石乞，盘问白公尸体所在的地点。石乞答道："我知道他尸体埋藏的地点，但白公让我不要说。"叶公说："不说就烹了你。"石乞说："发动叛变这种事，成功就可以做卿，不成功就会被烹，本来就是应有的结果。有什么妨碍呢？"叶公就烹了石乞。王孙燕逃亡到頯黄氏。叶公身兼令尹、司马二职，楚国安定下来后，就让宁担任令尹，宽担任司马，自己回叶邑养老。

【原文】

卫侯占梦，嬖人求酒于大叔僖子，不得，与卜人比，而告公曰："君有大臣在西南隅，弗去，惧害。"乃逐大叔遗。遗奔晋。卫侯谓浑良夫曰："吾继先君，而不得其器①，若之何？"良夫代②执火者而言，曰："疾与亡君，皆君之子也，召之而择材焉可也。若不材，器可得也。"竖告大子。大子使五人舆豭从己，劫公而强盟之，且请杀良夫。公曰："其盟免三死。"曰："请三之后有罪杀之。"公曰："诺哉！"

【注释】

① 器：宝器，指象征王位的祭器。
② 代：代替。代替执火者意思是屏退左右而对卫庄公密言。

【译文】

卫庄公占卜他做的梦，他的宠臣向太叔僖子要酒，没有得到，就跟卜人勾结起来，告诉卫庄公说："您有一个强势的臣子在西南角，不除掉他，恐怕您会被他所害。"庄公就驱逐了太叔遗。太叔遗逃向晋国。

卫庄公对浑良夫说："我继承了先王的王位，却没有得到他的宝器，怎么办呢？"浑良夫代替了执烛的侍者，然后进言，说："疾和废黜的君王辄，都是您的儿子。召辄前来然后考量他的才能，这是可以的。要是没有才能，（废掉他）宝器就可以得到了。"小僮把通告太子疾。太子派五个人用车载着公猪跟从自己，挟持卫庄公然后强迫跟他举行盟誓，并要求诛杀浑良夫。卫庄公说："跟他盟誓的时候说过可以赦免他三次死罪。"太子说："三次请求赦免之后，再犯罪就要诛杀他。"卫庄公说："好啊！"

"一带一路"背景下宁波港转型发展对策研究

龙力见

一、引言

当前,随着我国"一带一路"建设的深入推进,经济全球化的持续深入发展,全球许多国家,特别是"一带一路"沿线国家都处于经济转型发展的关键阶段。我国国家主席习近平在 2013 年出访中亚和东南亚国家期间,先后提出共建"丝绸之路经济带"和"21 世纪海上丝绸之路"(以下简称"一带一路"倡议)。同时,党的十九大报告也提出了要推动我国形成全方位对外开放新格局。"一带一路"建设实际上就是统筹国内国外两个大局,实现更高层级对外开放的重要路径。"一带一路"沿线国家多数是经济欠发达的发展中国家,总人口约 44 亿,占全球总人口的 63%,经济总量约 21 万亿美元,占全球经济总量的 29%,是世界上发展潜力最大的区域。"一带一路"建设对我国沿海港口建设与发展将产生重大影响,是沿海港口转型发展和对外开放的重要历史机遇。我国沿海港口需要紧密结合"一带一路"建设的需求,创新对外开放发展的新思路,积极对接"一带一路"沿线国家转型发展的具体方向与内容,促进新兴经济体之间港口发展的战略合作,打造服务国际经贸、人文合作的战略平台。

宁波港是我国古代海上丝绸之路的重要始发港之一,享有"活化石"的美誉,处于亚太地区战略要冲,在我国"一带一路"建设中具有重要的地位。"一带一路"建设既是统筹国内国外两个大局,促进全方位对外开放的重要抓手,也是推动宁波更深层次对外开放,提升宁波政治、经济、文化等全面发展的重要契机。尤其是习近平主席在"一带一路"国际高峰论坛上提出宁波等古港是

"活化石"的概念，凸显了宁波港口地位的重要性。但是，宁波港也存在着转型发展的问题，港口大而不强。宁波正在努力创建国家级"一带一路"建设综合试验区，这是从战略层面深度参与国家"一带一路"建设。宁波港需要从国际视野、国家思维、地方模式三维角度积极参与"一带一路"建设综合试验区的建设，借力推动宁波港由国际大港向国际强港转型，全面提升宁波港口经济圈的辐射带动作用以及加强港口与城市深度融合，使得宁波成为"一带一路"战略枢纽城市。

二、宁波港发展的现状以及主要问题分析

(一)宁波港转型发展现状

1.港口综合实力不断增强

宁波港围绕"以港兴市、以市促港"发展战略得到了快速发展，由从前的区域性内河小港发展成为了现代化国际大港，港口竞争力不断提升。一是港口基础设施不断完善。截至 2016 年年底，宁波—舟山港共有生产性泊位 624 个，其中万吨级以上大型生产性泊位 150 余个，拥有 3 座设备配置最先进的 30 万吨级及以上原油码头，宁波—舟山港的航道可供 30 万吨级巨轮自由进出，40 万吨级以上的超级巨轮可候潮进出。宁波—舟山港年原油吞吐能力达 5200 万吨，拥有停靠目前世界上最大吨位的船舶的能力，是我国拥有大型和特大型深水泊位最多的港口，同时也是我国大型船舶挂靠最多的港口。二是港口码头服务高效。宁波港在工艺流程、员工队伍、集装箱业务操作等方面都处于国内外同级别港口的领先水平，顺畅高效的装卸效率不仅可有效减少在港费用，而且能为提升后续挂靠港的准班率创造条件，截至 2017 年年底，宁波—舟山港集装箱吞吐量达 2460.7 万 TEU，在我国港口排名第 3 位，世界港口排名第 4 位。

2.国际影响力持续提升

宁波港依托天然良港优势，有着独特的区位优势，国际影响不断增强。一是区位条件优越。宁波港位于中国大陆海岸线的中段，是长三角和大运河的出海口、长江经济带和大陆沿海东部海岸线的交汇处、"海上丝绸之路"的始发